Anne Jacobs
Bibliotheks- und Informationsmanagement in der juristischen Praxis
Praxiswissen

Praxiswissen

Anne Jacobs

Bibliotheks- und Informationsmanagement in der juristischen Praxis

DE GRUYTER
SAUR

ISBN 978-3-11-030129-8
e-ISBN 978-3-11-030154-0
ISSN 2193-0198

Library of Congress Cataloging-in-Publication Data
A CIP catalog record for this book has been applied for at the Library of Congress.

Bibliografische Information der Deutschen Nationalbibliothek
Die Deutsche Nationalbibliothek verzeichnet diese Publikation in der
Deutschen Nationalbibliografie; detaillierte bibliografische Daten
sind im Internet über http://dnb.dnb.de abrufbar.

© 2013 Walter de Gruyter GmbH, Berlin/Boston
Zeichnungen: Angela Holzmann, aha Design, München; Oliver Köjer, Duisburg
Satz: Medien Profis GmbH, Leipzig
Druck und Bindung: Strauss GmbH, Mörlenbach
♾ Gedruckt auf säurefreiem Papier
Printed in Germany

www.degruyter.com

Vorwort

Die Tätigkeit des Juristen gilt als eine der sogenannten „wissensintensiven Berufe". Zur Organisation der großen Informationsmengen, die bei der juristischen Arbeit entstehen, kann spezielles Informations-Know How extrem hilfreich sein. Das Handbuch versteht sich als Einführung und Nachschlagewerk für den Aufbau und die Organisation einer juristischen Informationseinrichtung, sowie für das alltägliche Informations- und Wissensmanagement eines jeden Juristen. Neben den allgemeinen theoretischen Grundlagen liegt der Fokus dieses Buches insbesondere bei der Informationspraxis. Durch meine langjährige Tätigkeit als Leiterin von Informationseinrichtungen in juristischen Unternehmen – zunächst in einer multidisziplinären Großkanzlei, später beim Auf- und Ausbau eines Spin-offs zu einer etablierten Kanzlei – konnte ich über die Jahre umfangreiche Erfahrungen über die jeweiligen Informations- und Wissensbedürfnisse unterschiedlicher Kanzleitypen und juristischen Berufe sammeln. Das Buch richtet sich daher nicht ausschließlich nur an Bibliothekare und Informationsspezialisten in Rechtsanwaltskanzleien, sondern ebenfalls an Informationsprofis in Behörden, Rechtsabteilungen von Unternehmen, Steuerberatungs- und Wirtschaftsprüfungssozietäten oder aber auch schlichtweg an diejenigen Juristen, die ihr persönliches Informations- und Wissensmanagement für die eigene berufliche Praxis optimieren möchten.

Zur besseren Übersicht, gliedert sich das Buch in zwei Teile. Im ersten Teil werden der Aufbau und die Organisation einer juristischen Bibliothek oder Informationsvermittlungsstelle erläutert. Gerade für größere juristische Institutionen ist es sinnvoll, das Informationsmanagement zu bündeln, und von einer professionellen Fachkraft betreuen zu lassen. Da aber kleinere Institutionen oftmals nicht die notwendigen Ressourcen dazu besitzen, soll das Buch auch dem Quereinsteiger als kurze Einführung in die Grundlagen des Aufbaus und der Organisation einer juristischen Bibliothek dienen. Der zweite Teil des Buches bietet eine Einführung in das Informations- und Wissensmanagement in der juristischen Praxis. Hier wird insbesondere auf juristische Fachinformationsquellen eingegangen. Aber auch das Thema Wissensmanagement und weitere Informationsdienstleistungen werden vorgestellt. Ergänzende Hinweise zu den einzelnen Themenabschnitten finden Sie anschließend im Anhang in einem ausführlichen Adress- und Linkverzeichnis.

Da sich das Internet und das Angebot der Datenbank- und Fachinformationsanbieter in einem ständigen Wandel befindet, können sich die im Buch erwähnten Internetadressen, Inhalte oder technischen Details – trotz meiner sorgfältigen Recherche – zum Teil recht schnell ändern. Ich bitte daher um Verständnis, dass Verlag und Autorin für solche Hinweise keinerlei Gewähr übernehmen.

Aus Gründen der besseren Lesbarkeit ist das Buch in der männlichen Form geschrieben. Dies beruht nicht auf eine Diskriminierung des weiblichen Geschlechts. Selbstverständlich richtet sich das Buch gleichermaßen an Leserinnen und Leser!

Zahlreiche Ideen und Anregungen für dieses Buch entstanden aus meiner Tätigkeit als Bibliothekarin bei Haarmann Hemmelrath & Partner und als Information Professional bei ARQIS Rechtsanwälte. Allen Kolleginnen und Kollegen, mit denen ich in den letzten Jahren zusammenarbeiten durfte – vom Referendaren, über den Associate bis hin zum Partner – gilt daher mein Dank. Erst durch die vielen Rechercheanfragen, Gespräche und gemeinsamen Projekte konnte ich die notwendigen Erfahrungen sammeln, um ein solches Buch zu verfassen. Des Weiteren möchte ich denjenigen Kolleginnen und Kollegen aus anderen Kanzleibibliotheken danken, mit denen ich seit Jahren im Bibliotheksnetzwerk verbunden bin. Der gemeinsame Erfahrungsaustausch ist stets eine echte Bereicherung für mich. Für die zahlreichen Anregungen und kritischen Anmerkungen danke ich Britta, Hans, Ulla und Veronique. Schließlich danke ich Frau Dr. Alice Keller und Frau Claudia Heyer vom de Gruyter Verlag für die Unterstützung bei der Erstellung dieses Buches und der guten verlagstechnischen Betreuung.

Düsseldorf im Februar 2013
Anne Jacobs

Inhalt

Verwendete Marginalien —— **XI**

Teil I: **Aufbau und Organisation einer juristischen Bibliothek oder Informationseinrichtung**

1 **Einführung —— 1**

2 **Juristische Bibliotheken und Informationseinrichtungen —— 2**
2.1 Typen juristischer Informationseinrichtungen —— 2
2.1.1 Kanzleien —— 3
2.1.2 Behörden —— 5
2.1.3 Rechtsabteilungen im Unternehmen —— 8
2.1.4 Wirtschaftsprüfungs- und Steuerberatungssozietäten —— 9
2.1.5 Juristische Forschungseinrichtungen —— 9
2.2 Gremien und Verbände für juristische Informationseinrichtungen —— 10
2.3 Vertiefung —— 12

3 **Die juristische Informationsvermittlungsstelle im Allgemeinen —— 14**
3.1 Aufbau einer juristischen Informationsvermittlungsstelle —— 14
3.2 Einzelne Medien und Publikationsformen im juristischen Umfeld —— 18
3.3 Der bibliothekarische Geschäftsgang —— 20
3.3.1 Bestandsaufbau und Medienauswahl —— 22
3.3.2 Erwerbung —— 24
3.3.3 Erschließung —— 26
3.3.4 Zeitschriften- und Fortsetzungsverwaltung —— 30
3.3.5 Technische Buchbearbeitung —— 32
3.3.6 Buchbinder —— 33
3.3.7 Aufstellung der Bibliothek —— 34
3.3.8 Ausleihe / Benutzung —— 35
3.4 Bibliothekstechnik —— 36
3.5 Organisation der Informationsvermittlungsstelle —— 38
3.5.1 Buchhaltung, Rechnungsbearbeitung und Statistik —— 39
3.5.2 Personalmanagement —— 41
3.5.3 Internes Marketing und Öffentlichkeitsarbeit —— 45
3.5.4 Die Informationsvermittlungsstelle in der Krise – mit Veränderungen umgehen —— 47
3.6 Vertiefung —— 49

Teil II: Informations- und Wissensmanagement in der juristischen Praxis

1 Einführung —— 55

2 Wie werden Informationen und Wissen gemanagt? —— 56
2.1 Daten – Information – Wissen —— 57
2.2 Planung des Informationsmanagements —— 57
2.3 Verfügbare Ressourcen —— 58
2.4 Informationsmanagement und Informationsbedarf der juristischen Institution —— 59
2.4.1 Informationsmanagement in großen Institutionen —— 60
2.4.2 Informationsmanagement in kleinen Institutionen —— 61
2.4.3 Ermittlung des Informationsbedarfs —— 61
2.5 Externe Literatur- und Informationsbeschaffung —— 62
2.6 Vertiefung —— 64

3 Fachinformationen —— 67
3.1 Allgemeines —— 67
3.1.1 Was sind Fachinformationen? —— 67
3.1.2 Gedruckt oder elektronisch? – Welche Medienform ist die Richtige? —— 67
3.1.3 Datenbankauswahl – die Qual der Wahl —— 69
3.1.4 Lizenzen und Lizenzverträge —— 70
3.1.5 Vertiefung —— 73
3.2 Rechtsinformationen —— 75
3.2.1 Einführung —— 75
3.2.2 Kommerzielle Rechtsdatenbanken —— 75
3.2.3 Dokumente öffentlicher Stellen —— 80
3.2.4 Spezielle Informationsquellen für ausgewählte Rechtsgebiete —— 89
3.2.5 Social Media für Juristen —— 96
3.2.6 Vertiefung —— 97
3.3 Fachinformationen Steuerrecht und Bilanzierung —— 99
3.3.1 Einführung —— 99
3.3.2 Steuerrecht —— 99
3.3.3 Bilanzierung und Wirtschaftsprüfung —— 102
3.3.4 Vertiefung —— 103
3.4 Wirtschaftsinformationen —— 104
3.4.1 Einführung —— 104
3.4.2 Kommerzielle Wirtschaftsdatenbanken —— 104
3.4.3 Unternehmensinformationen —— 105
3.4.4 Markt- und Brancheninformationen —— 113
3.4.5 Presserecherchen —— 114
3.4.6 Personeninformationen —— 115
3.4.7 Vertiefung —— 116

4 Wissensmanagement in juristischen Institutionen —— 117
4.1 Einführung —— 117
4.2 Wissensmanagement im Unternehmen —— 120
4.3 Wissensmanagement und Technik —— 121
4.4 Was verstehen Juristen unter „Wissensmanagement" oder „Know How"-Management? —— 122

4.5	Wissensmanagementstrategien im juristischen Umfeld —— **124**	
4.6	Chancen und Möglichkeiten für Informationsspezialisten im juristischen Wissensmanagement —— **129**	
4.7	Vertiefung —— **131**	

5 Erweiterte Dienstleistungen und Services von juristischen Informationsspezialisten —— 133
- 5.1 Recherche und Informationsvermittlung —— **133**
- 5.2 Medien- und Informationskompetenzvermittlung —— **134**
- 5.3 Current Content-Dienste —— **135**
- 5.4 News-Alerts —— **136**
- 5.5 Document Management —— **137**
- 5.6 Social Media Management —— **138**
- 5.7 Business Development / Competitive Intelligence —— **140**
- 5.8 Vertiefung —— **141**

6 Schlussbemerkung —— 144

Teil III: **Anhang**

Adressen —— 147
Newsletter und RSS-Feeds —— 163
Links —— 167
Literaturverzeichnis —— 171
Sachregister —— 173
Über die Autorin —— 175

Verwendete Marginalien

Zur besseren Übersicht werden im Buch unterschiedliche Symbole als Marginalien verwendet. Dies haben die folgenden Bedeutungen:

Checkliste:
Checklisten dienen als Arbeitshilfen. Durch gezielte Fragen sollen Arbeitsaufgaben gezielt abgearbeitet werden.

FAQ:
Häufig gestellte Fragen aus der täglichen Arbeitspraxis werden hier beantwortet.

Rechtsnorm:
Um auch den juristischen Hintergrund für ein bestimmtes Vorgehen zu erläutern, werden einzelnen Rechtsnormen als Gesetzestext aufgeführt.

Tipps & Tricks:
Hier werden Tipps, Hintergrundinformationen, Literaturhinweise aber auch Warnungen gegeben.

Übungen:
Am Ende jedes Kapitels wird zur Vertiefung eine Übung angeboten. Die aufgeführten Fragen helfen, das Gelesene zu reflektieren.

Übersicht:
Die Übersichten bieten Hinweise zu Ressourcen, Werkzeugen und Arbeitsabläufen in übersichtlicher Darstellung.

Zitat:
Zitate aus verschiedenen Textquellen werden hier wiedergegeben.

Teil I: **Aufbau und Organisation einer juristischen Bibliothek oder Informationseinrichtung**

1 Einführung

Der Literatur- und Informationsbedarf von Juristen ist im Allgemeinen sehr groß. Dementsprechend hat eine Bibliothek im juristischen Umfeld einen recht hohen Stellenwert. Allerdings verwaltet diese heutzutage nicht mehr nur Bücher. Sie ist vielmehr für die Verwaltung und Organisation sämtlicher Medien und Informationsmittel verantwortlich. Hierzu zählen beispielsweise Bücher, Zeitschriften (auch einzelne Zeitschriftenartikel), Zeitungen, CD-Roms, DVDs, Datenbanken, teilweise auch Links zu kostenlosen Datenbanken im Internet. Im Unternehmensumfeld können dies aber auch spezielle Sammlungen, wie z. B. Geschäftsberichte, Vertragsdokumentationen oder Materialiensammlungen, sein. So vielfältig heutzutage die verwalteten Informationsmittel sind, so zahlreich sind auch die Bezeichnungen für die Informationseinrichtung: Spricht man in der öffentlichen Verwaltung heute noch klassisch von „Bibliothek" oder „Bibliothek und Dokumentation" gibt es gerade in der freien Wirtschaft viele kreative Bezeichnungen: „Bibliothek und Information", „Informationsvermittlungsstelle", „Abteilung Fachinformation", „Library and Information Services", „Centre for Library and Information Services", „Information and Knowledge Services", „Library and Education".... Ganz egal wie die Bibliothek oder Informationseinrichtung benannt wird, der grundlegende Inhalt und die grundlegenden Tätigkeiten dieser Institution sind überall dieselben.

Der erste Teil des Buches soll eine Hilfestellung zum grundlegenden Aufbau und der Organisation einer juristischen Informationseinrichtung bieten. Zunächst werden daher die einzelnen Arbeitsgebiete eines Juristen und die dort vorkommenden Informationseinrichtungen bzw. Möglichkeiten zur Informationsversorgung vorgestellt. Im Anschluss beschäftigen wir uns mit der juristischen Informationseinrichtung en détail. Vom Aufbau einer ganz neuen Bibliothek und Informationsvermittlungsstelle über die verschiedenen Medien, die häufig von Juristen genutzt werden tasten wir uns an das klassische Bibliotheksmanagement heran: den bibliothekarischen Geschäftsgang und seine Besonderheiten für juristische Bibliotheken. Da jede Informationseinrichtung – und sei sie noch so klein – nicht ohne etwas Management auskommt, werden im Anschluss noch ein paar Tipps zu Buchhaltung, Statistik, Personalmanagement, Marketing und Öffentlichkeitsarbeit, sowie zum Changemanagement gegeben.

2 Juristische Bibliotheken und Informationseinrichtungen

Bei juristischen Bibliotheken handelt es sich in der Regel um wissenschaftliche Spezialbibliotheken. Spezialbibliotheken sind Bibliotheken, deren Bestand sich meistens auf ein oder wenige Fachgebiete beschränkt. In unserem Fall sind dies die Rechtswissenschaften und angrenzende Fachgebiete. In Bezug auf das Fachgebiet unterscheiden sich grundlegend die Spezialbibliotheken von Universitätsbibliotheken oder Universalbibliotheken, die üblicherweise Literatur aus allen Wissensgebieten sammeln. Der Zweck einer Spezialbibliothek wird durch die jeweilige Trägerorganisation bestimmt, dem die Bibliothek angehört. Die Bibliothek oder Informationseinrichtung ist daher in den meisten Fällen ein Teil einer Institution und nicht selbständig tätig. Die Hauptaufgabe einer Spezialbibliothek besteht in der Literatur- und Informationsversorgung der Angehörigen dieser Trägerorganisation. Hierzu zählt vor allem die Medien- und Informationsvermittlung aus dem eigenen Bibliotheksbestand, aber auch die Vermittlung von Literatur und Informationen aus externen Quellen – sei es aus anderen Bibliotheken und Informationseinrichtungen, aus dem Internet oder aus Datenbanken. Ein besonderes Merkmal vieler Spezialbibliotheken ist die Aktualität und die Tiefe des Bestandes. Dies ist insbesondere für juristische Bibliotheken und Informationseinrichtungen ein wichtiges Kriterium, da der Jurist bei der Arbeit mit oder an Gesetzestexten auf die neueste Literatur angewiesen ist.

Im Allgemeinen ist zu sagen, dass die Arbeit in Spezialbibliotheken heutzutage weit über eine rein bibliothekarische Tätigkeit hinausgeht. Spezialbibliotheken sind vielmehr Medien- und Informationszentren als auch Wissensnetzwerke einer Institution. Die „klassische" juristische Bibliothek oder Informationseinrichtung gibt es jedoch nicht. Juristen üben in ihrer Berufspraxis teilweise unterschiedlichste juristische Tätigkeiten aus. Daher können sich auch die einzelnen juristischen Informationseinrichtungen aufgrund teils sehr unterschiedlicher Trägerorganisationen stark voneinander unterscheiden.

Das folgende Kapitel soll einen kurzen Überblick über die einzelnen Tätigkeitsbereiche von Juristen und ihre Randgebiete bieten, und einen einführenden Einblick in die unterschiedlichen Informationseinrichtungen am jeweiligen juristischen Arbeitsplatz gegeben. Juristische Bibliotheken und Informationseinrichtungen sind untereinander gut vernetzt. Gerade in kleinen Bibliotheken ist dieser Austausch unerlässlich. Am Ende des Kapitels wird daher ein Überblick über verschiedene Gremien und Verbände für juristische Informationsspezialisten und juristische Informationseinrichtungen gegeben.

2.1 Typen juristischer Informationseinrichtungen

Juristen haben in ihrer Berufspraxis sehr verschiedene Arbeitsfelder: als Richter oder Staatsanwalt vor Gericht, in der öffentlichen Verwaltung, als Rechtsanwalt in einer Kanzlei oder als Syndikusanwalt in einem Unternehmen. Egal wo ein Jurist tätig ist, überall benötigt er Fachliteratur und Informationen um seine Arbeit professionell auszuüben. Wer, wenn nicht Bibliothekare und Informationsspezialisten wären besser geeignet, um diese zu verwalten und zu vermitteln?

So heterogen die Berufsgruppe der Juristen ist, so unterschiedlich können aber die einzelnen juristischen Informationsbedürfnisse und auch die entsprechenden Informationseinrichtungen sein. Um die Tätigkeit der Juristen näher kennen zu lernen, werden erst einmal die verschiedenen Arbeitsumgebungen und die dortige typische Medien- und Informationsversorgung kurz vorgestellt.

2.1.1 Kanzleien

Der überwiegende Teil der Juristen in Deutschland ist als Rechtsanwalt tätig. Laut der Bundesrechtsanwaltskammer (BRAK) waren zum 1. Januar 2012 knapp 160.000 Rechtsanwälte in Deutschland zugelassen. Nur ein geringer Teil der Volljuristen (ca. 10–20 %) ist jedoch in einer der renommierten Wirtschaftskanzleien tätig. Der überwiegende Teil der Rechtsanwälte führt seine anwaltliche Tätigkeit in Eigenregie oder in kleinen Einheiten mit wenigen Berufskollegen aus.

In Kanzleien – in großen, wie in kleinen – gibt es täglich ein hohes Maß an Informationen, die verarbeitet werden müssen. Grundsätzlich ist ein Rechtsanwalt nach §43a Abs. 6 BRAO zur Fortbildung verpflichtet. Dies bedeutet nicht nur, dass er in regelmäßigen Abständen Seminare zu seinen Rechtsgebieten besuchen muss. Er muss sich auch in Sachen Gesetzgebung, Rechtsprechung und praktischer Tätigkeit permanent auf dem Laufenden halten. Dies geschieht oftmals durch die Lektüre von juristischer Literatur (Bücher oder Fachartikel) und aktueller Rechtsprechung. Des Weiteren benötigt ein Rechtsanwalt auch allgemeine Informationen zu aktuellen wirtschaftlichen, politischen und gesellschaftlichen Themen. Insbesondere bei Anwälten, die Unternehmen beraten, werden Wirtschaftsinformationen (z. B. zum Mandanten und seiner Branche) benötigt. Gleichzeitig wird bei der täglichen Arbeit eines Anwalts viel relevantes Wissen produziert, das zu einem späteren Zeitpunkt wiederverwertet werden kann – sofern es vernünftig aufbereitet wird. Hierzu zählen beispielsweise Muster für Schriftsätze und Verträge oder Checklisten.

Aufgrund der hohen Arbeitsbelastung, die in den meisten Kanzleien herrscht, haben Rechtsanwälte normalerweise wenig Zeit und keine Kenntnisse um Medien, Informationen und Wissen professionell zu organisieren. Da aber ein gut funktionierendes Informations- und Wissensmanagement dem Anwalt nicht nur Zeit sondern auch Geld spart, ist es in vielen Fällen sinnvoll, wenn diese Tätigkeit in einer Kanzlei von einem Informationsspezialisten übernommen wird. Ziel einer Informationseinrichtung in einer Rechtsanwaltskanzlei ist daher die Entlastung der Anwälte durch professionelles Informations- und Wissensmanagement.

Die wenigsten Bibliothekare und Informationsspezialisten haben jedoch juristische Kenntnisse. Diese sind für die Leitung einer juristischen Informationsvermittlungsstelle auch nicht das ausschlaggebende Kriterium. Die Bereitschaft diese Lücken zu füllen sollte aber schon gegeben sein. Für Bibliothekare ohne juristischen Hintergrund ist es daher wichtig, sich nach und nach in die Thematik einzuarbeiten und sich darüber auf dem Laufenden zu halten, was sich in der Branche tut. Dabei kann das juristische Hintergrundwissen natürlich auch bei der Arbeit durch „Training on the Job" erworben werden.

Über die folgenden Themen sollte man informiert sein:
- Aktuelle rechtliche Themen: Welche Gesetzesvorhaben sind im Gange? Welche entscheidenden Urteile gab es?
- Aktuelle Informationen in der Kanzleibranche (über Branchenzeitschriften wie Juve, Legal Week, The Lawyer)
- Welche Informationen gibt es zu den wichtigsten Mandanten?

Darüber hinaus sollten Informationsspezialisten über das aktuelle wirtschaftliche, politische und gesellschaftliche Tagesgeschehen auf dem Laufenden sein.

Es gilt: Je besser ein Informationsspezialist über die Arbeit der Rechtsanwälte seiner Kanzlei informiert ist und Bescheid weiß, desto zielgerichteter kann er für sie arbeiten.

2.1.1.1 Großkanzleien

Nur ca. 10 bis 20 % der Volljuristen sind in Großkanzleien tätig. Anwälte in Großkanzleien beraten hochkomplex zu allen Fragen des Wirtschaftsrechts. Ihre Mandanten sind in der Regel Unternehmen und nur sehr selten Privatpersonen. Sie stehen unter hohen Belastungen, da die Arbeitszeit der Großkanzlei-Anwälte häufig eine 60–70 Stunden Woche beträgt. Die Stundensätze eines Anwalts können dabei Beträge von ca. 150,00 € pro Stunde für einen Junior Associate bis ca. 700,00 € pro Stunde für einen Partner betragen. Die Erwartungen der Mandanten an die Qualität der juristischen Arbeit sind natürlich dementsprechend hoch. Seit der Weltwirtschaftskrise hat sich der Druck auf die Großkanzleien allerdings noch verstärkt. Viele Unternehmen sind nicht mehr bereit die horrenden Honorare zu zahlen und lassen viele juristische Tätigkeiten, für die sie früher Wirtschaftskanzleien mandatiert haben, nun von Inhouse-Juristen erledigen. Für Großkanzleien ist es daher in den letzten Jahren notwendig geworden, die Arbeit intern umzuverteilen. Konnten früher teilweise noch Zeiten und Aufwendungen für Literaturbeschaffung und juristische Recherchen dem Mandanten in Rechnung gestellt werden, sind diese mittlerweile nur noch selten weiterbelastbar. Kann die Literatur- und Informationsbeschaffung jedoch an anderes Personal weitergegeben werden, erspart dies dem Anwalt Zeit, die er für die eigentliche Mandatsarbeit nutzen kann. Durch dieses effizientere Arbeiten wird es ihm ermöglicht, eine höhere Anzahl an weiterbelastbaren Stunden zu arbeiten und diese dem Mandanten in Rechnung zu stellen. Bibliothekare und Informationsspezialisten können daher eine große Unterstützung für Rechtsanwälte sein.

Bibliotheken und Informationseinrichtungen sind bereits seit mehreren Jahren in Großkanzleien fest etabliert. Sie zählen meist zur internen Verwaltung oder zu den so genannten „Business Services". Die meisten Standorte einer Großkanzlei haben jeweils ihre eigene Bibliothek. In vielen Kanzleien sind aber die einzelnen Kanzleibibliotheken zu einem kanzleiweiten „Bibliotheksverbund" zusammengeschlossen. Bibliothekssystem, -organisation und auch die Erschließung der Medien erfolgen gemeinsam, einheitlich und hochprofessionell. Neben der reinen Bibliotheksverwaltung und Recherchen übernehmen Kanzleibibliotheken oftmals noch weitere Aufgaben innerhalb des Unternehmens. Hierzu gehört beispielsweise die Verhandlung und Verwaltung von Datenbanklizenzen oder die Organisation bzw. Unterstützung beim „Know How Management".

2.1.1.2 Mittelständische Wirtschaftskanzleien, Boutiquen und Spin-offs

Neben den Großkanzleien hat sich in den letzten Jahren ein weiterer Kanzleitypus entwickelt. In mittelständischen Wirtschaftskanzleien – häufig auch als Anwaltsboutique bezeichnet – sind bis zu 50 Berufsträger auf einem oder mehreren Rechtsgebieten tätig. Die Boutiquen beraten auf ihren wenigen Rechtsgebieten mit hochspezialisiertem Know How.

Gerade in den letzten Jahren gab es immer wieder Ausgliederungen von Anwalts-Teams aus Großkanzleien, die neue Kanzleien gegründet haben. Diese Ausgründungen, auch „Spinn-offs" genannt, bieten im Grunde das gleiche Know How und erledigen die gleiche juristische Arbeit wie die großen. Kleine Teams, eine ausgewogene Work-Life-Balance und flache Hierarchien in den mittelständischen Kanzleien bieten für Wirtschaftsanwälte eine interessante Alternative zur klassischen Großkanzlei.

Die flachen Hierarchien spiegeln sich auch oftmals im Verhältnis zwischen Rechtsanwalt und nichtfachlichem Mitarbeiter (wie z.B. Bibliothekar oder Informationsspezialist) wider. Jedoch ist das „Backoffice", die Verwaltung der Kanzlei, in mittelständischen Kanzleien oftmals nicht so umfangreich wie in Großkanzleien.

Es kommt zu dem Paradoxon, dass die Arbeit in mittelständischen Kanzleien derjenigen in Großkanzleien gleicht, das starke Backoffice und die organisatorischen Möglichkeiten des Großkanzleinetzwerkes zwar bekannt sind, in der Boutique dazu aber die notwendigen Ressourcen (personell wie finanziell) zum Teil fehlen. Dies gilt ebenfalls für die Bereiche Bibliothek, Informations- und Wissensmanagement. Die Rechtsanwälte kennen zwar das Angebot und die Möglichkeiten aus der Großkanzlei, aus Kosteneffizienz wird aber versucht, nur das Notwendigste anzuschaffen. Auch das starke Bibliotheksnetzwerk, das die einzelnen Standortbibliotheken einer Großkanzlei bilden, ist in der Boutique nicht vorhanden. Wenn überhaupt, so gibt es nur eine Informations-Fachkraft im Unternehmen die als „Solo-Librarian" eine klassische One-Person-Library unterhält. Oftmals wird aber auch die Bibliothek in einer mittelständischen Kanzlei von einem Quereinsteiger, einer Sekretärin oder studentischen Hilfskraft mitbetreut.

2.1.1.3 Kleine Kanzleien

Da es in Deutschland nur wenige Großkanzleien und nur einige mittelständische Kanzleien gibt, ist der überwiegende Teil der Rechtanwälte in kleinen und Kleinstkanzleien mit nur wenigen Anwälten tätig. Zahlreiche Rechtsanwälte sind auch Einzelkämpfer und schlagen sich als „One-Man-Show" durch. In kleinen Kanzleien ist daher professionelles Informations- und Wissensmanagement aufgrund sehr knapper Ressourcen häufig nicht möglich. Wenn es eine „Bibliothek" gibt, wird sie von einer Sekretärin, einer Rechtsanwaltsfachangestellten oder einer studentischen Hilfskraft „mal eben nebenbei" mitbetreut. Aber auch hier gibt es Möglichkeiten in kleinem Rahmen und mit wenig Aufwand, die in der Kanzlei vorhandenen Medien und Informationen zu organisieren. Entscheidend in kleinen Kanzleien ist nicht, die Literatur und Information vor Ort zu haben, sondern vielmehr überhaupt zu wissen, was es an juristischer Fachinformation gibt, wie und wo diese besorgt werden können. Auch sollte gerade in kleinen Kanzleien gründlich überlegt werden, ob ein Medium als gedrucktes Werk oder als Online-Ausgabe erworben werden soll. Es ist daher ratsam, eine Person (vielleicht eine Sekretärin oder Rechtsanwaltsfachangestellte) zum „Informationsprofi" zu ernennen und ihr die Möglichkeit zu bieten nach und nach das Wissen über vorhandene Rechtsinformationsquellen und ihrer Beschaffung aufzubauen.

2.1.2 Behörden

Ein weiterer beliebter Tätigkeitsbereich für Juristen ist der Öffentliche Dienst. Die einzelnen Einrichtungen des öffentlichen Dienstes werden auch als Behörden bezeichnet. Unter Behörde versteht man nach §1 Abs. 4 VwVfg: jede Stelle, die Aufgaben der öffentlichen Verwaltung wahrnimmt. Sie dient insbesondere zur Erfüllung der Dienstleistungen des Staates an die Bürger. Es gibt verschiedene Arten von Behörden.

Hierzu zählen insbesondere:
- Parlamente
- Ministerien
- Gerichte
- Behörden auf regionaler und kommunaler Ebene
- Bundeseinrichtung mit Forschungsaufgaben
- Organisationen und Projekte öffentlicher Stellen
- Diplomatische Vertretungen

Nur knapp 20 % der Juristen sind im Öffentlichen Dienst beschäftigt. Sie sind hier beispielsweise als Richter, Staatsanwälte, Referenten oder Sachbearbeiter in der Verwaltung tätig. Trotz der knappen Stellen und dem im Vergleich zu den Wirtschaftskanzleien deutlich niedrigerem Gehalt, sind die Stellen in der öffentlichen Verwaltung bei Volljuristen heiß begehrt. Dies hängt unter anderem mit den geregelten Arbeitszeiten, der ausgewogenen Work-Life-Balance und den sicheren Arbeitsplätzen zusammen.

Bibliotheken und Informationseinrichtungen sind in Behörden weit verbreitet und etabliert. Sie sind diejenigen juristischen Bibliotheken, die in der Allgemeinheit am Bekanntesten sind und gehören zum festen Bestandteil ihrer jeweiligen Behörde. Derzeit gibt es in Deutschland über 1.000 Behördenbibliotheken. Diese sind verantwortlich für die Informationsversorgung ihrer Behörde vor Ort. Zur Verfügung gestellt werden dabei Literatur und Informationen, die für tägliche Arbeitsprozesse, strategische Entscheidungen und Stellungnahmen im Tagesgeschäft benötigt werden (s. Bibliotheksdienst, 2004, S. 627). Behördenbibliotheken sind somit primär für die Literaturversorgung der eigenen Mitarbeiter zuständig. Ein großer Teil der Behördenbibliotheken (nicht alle!) kann aber auch von externen Personen genutzt werden. Bei einem berechtigten (wissenschaftlichen) Interesse, stehen diese Bibliotheken, auch externen Gästen zur Verfügung. Insbesondere Juristen und Jurastudenten sind häufig zur Nutzung zugelassen.

Behördenbibliotheken sind eine sehr heterogene Bibliotheksgruppe. Dies hängt unter anderem damit zusammen, dass sie unterschiedlich groß sein können. Neben zahlreichen kleinen Bibliotheken mit oftmals nur einer bibliothekarischen Fachkraft gibt es auch einige große Bibliotheken mit bis zu 100 Mitarbeitern.

In Behördenbibliotheken sind Bibliothekare aus den unterschiedlichen Dienstgraden (mittlerer, gehobener und höherer Dienst) anzutreffen. Während hauptsächlich in den großen Behördenbibliotheken auch wissenschaftliche Bibliothekare mit juristischen Kenntnissen tätig sind, werden gerade in kleineren Behörden nur Bibliothekare mit Diplom- oder Bachelorabschluss, sowie Famis eingesetzt. Auch für diese Bibliotheksfachkräfte ist es wichtig, dass sie sich in das Themengebiet ihrer Behördenbibliothek einarbeiten und über aktuelle Geschehnisse, die die Behörde betreffen, auf dem Laufenden halten. Natürlich kann auch hier ein gewisses Maß an juristischem Hintergrundwissen durch „Training on the Job" erworben werden.

Des Weiteren können die Bestände in Behördenbibliotheken sehr unterschiedlich sein. Dies hängt mit dem jeweiligen Tätigkeitsbereich und Arbeitsschwerpunkt einer Behörde zusammen. Aus diesem Grund ist auch nicht in jeder Behördenbibliothek ein umfangreicher Bestand an juristischer Literatur vorhanden. Während Gerichtsbibliotheken hauptsächlich juristische Literatur in ihrem Bestand verwalten, verfügen z. B. die Bibliotheken der Bundesinstitute überwiegend Literatur zu ihrem jeweiligen Arbeitsschwerpunkt und nur grundlegende Literatur zum Recht.

Tipps & Tricks
In vielen Behörden gibt es Sicherheitskontrollen. Wenn Sie Behördenbibliotheken als externer Nutzer aufsuchen wollen, sollten Sie immer einen aktuellen Personalausweis mit sich führen, damit Sie durch die Kontrolle am Eingang kommen. Auch ist es sinnvoll sich vorab telefonisch bei der Bibliothek anzumelden.

2.1.2.1 Parlamentsbibliotheken und Ministerialbibliotheken

Zu den Parlamentsbibliotheken gehören die Bibliotheks- und Informationseinrichtungen des Bundestags- und des Bundesrats, sowie der einzelnen Landtage. Ihre Aufgabe besteht in der Literatur- und Informationsversorgung der Abgeordneten und der Mitarbeiter des Hauses. Bei berechtigtem Interesse, können die Bibliotheken zum Teil auch von externen Nutzern benutzt werden.

Auch jedes einzelne Ministerium auf Bundes- und auf Landesebene hat seine eigene Bibliothek. Der Bestand dieser Bibliotheken besteht allerdings nicht ausschließlich aus juristischer Literatur. Auch Literatur zu den einzelnen Fachgebieten, die ein Ministerium betreut, wird hier gesammelt und bereitgestellt.

2.1.2.2 Gerichtsbibliotheken

Der Beruf des Richters oder des Staatsanwaltes gehört noch immer zu den beliebtesten Berufen von Volljuristen. Für die rechtliche Prüfung eines Falles, zu Entscheidungsfindung und zur Abfassung von Urteilen wird regelmäßig juristische Fachliteratur benötigt. Für die Literaturversorgung der Richter und Staatsanwälte sind die Gerichtsbibliotheken verantwortlich. Aber auch die an den Gerichten zugelassenen Rechtsanwälte und Referendare in der Ausbildung sind regelmäßige Besucher dieser Bibliotheken.

Neben dem Aufbau und der allgemeinen Organisation der Gerichtsbibliothek ist das Bibliothekspersonal auch für die Zusammenstellung von Handapparaten für die einzelnen Richter verantwortlich. Neben der Gerichtsbibliothek ist in den obersten Gerichten auch noch eine Dokumentationsstelle zu finden. Beide Bereiche bilden meist eine organisatorische Einheit und sind gemeinsam für die Bereitstellung von Informationen für die Mitarbeiter ihres Hauses zuständig.

2.1.2.3 Weitere Behördenbibliotheken

Neben Parlamenten, Ministerien und Gerichten gibt es noch eine ganze Reihe an weiteren Behörden auf Bundes- und Landesebene. Aufgabe dieser Behörden ist in der Regel die Beratung von Ministerien und verschiedenen politischen Gremien aber auch allgemeine Forschungstätigkeit auf Bundes- oder Landesebene. Zu diesen Institutionen gehören beispielsweise:
- Behörden auf regionaler und kommunaler Ebene
  (z. B. Bibliothek des Deutschen Städtetags, Köln)
- Bundeseinrichtungen mit Forschungsaufgaben
  (Bundesforschungsanstalt, Bundesanstalt, Bundesamt, Bundesinstitut; z. B. Bibliothek des Bundesamts für Seeschifffahrt und Hydrographie, Hamburg; Bundesinstitut für Berufsbildung, Bonn)
- Organisationen und Projekte öffentlicher Stellen
  (z. B. Bibliothek der Gesellschaft für internationale Zusammenarbeit (GIZ) GmbH)
- Diplomatische Vertretungen

Selbstverständlich müssen die Mitarbeiter dieser Behörden ebenfalls mit Literatur versorgt werden. Daher verfügen die meisten dieser Einrichtungen ebenfalls über eigene Bibliotheken. Gerade in diesen Institutionen sind natürlich nicht nur Juristen tätig. Der Bestand der Bibliothek oder Informationseinrichtung bezieht sich dementsprechend primär auf die Fachgebiete, die die jeweilige Behörde behandelt, und nur sekundär auf juristische Fachliteratur. Da viele dieser Institutionen mit Forschungsaufgaben betraut sind, können viele Behördenbibliotheken als klassische

Forschungsbibliotheken angesehen werden. Sie ähneln daher sehr den Bibliotheken von Forschungsgesellschaften (z. B. Max Planck, Fraunhofer). Der Unterschied besteht hier hauptsächlich in der Trägerschaft.

2.1.3 Rechtsabteilungen im Unternehmen

Eine nicht unbedeutende Anzahl an Juristen ist in Rechtsabteilungen von Unternehmen beschäftigt. Die Arbeit in einer Rechtsabteilung kann sehr vielfältig sein und ist abhängig von der Tätigkeit und Branche des jeweiligen Unternehmens. Aufgabe einer Rechtsabteilung ist es, das Unternehmen in allen anfallenden operativen und administrativen Rechtsfragen zu beraten. Dies kann sowohl durch Inhouse-Beratung als auch durch Beauftragung und Koordination externer juristischer Berater geschehen. Auch wenn in den meisten Unternehmen rechtliche Fragen aufkommen und ein entsprechender Beratungsbedarf besteht, kann sich nicht jedes Unternehmen eine eigene Rechtsabteilung leisten. Gerade kleine und mittelständische Unternehmen beschäftigen normalerweise keine eigenen Unternehmensjuristen und sind auf externe Berater angewiesen.

Die Arbeit der Unternehmensjuristen beschränkt sich längst nicht mehr nur auf die Gestaltung von Verträgen im allgemeine Vertrags- und Gesellschaftsrecht. Aufgrund der rechtlichen Entwicklungen in den letzten Jahren haben die Bereiche Arbeitsrecht, Aktien- und Kapitalmarktrecht, sowie Kartell- und Wettbewerbsrecht zunehmend an Bedeutung gewonnen. Auch Fragen zum Thema Corporate Governance und die interne Beratung und Koordination bei Fusionen und Übernahmen (Mergers & Acquisitions (M&A)) haben zugenommen und stellen ein weiteres Aufgabengebiet der Inhouse-Juristen dar.

Wie diesem komplexen Tätigkeitsbereich anzusehen ist, scheint der Literatur- und Informationsbedarf eines Unternehmensjuristen ähnlich hoch zu sein, wie in einer Kanzlei. Allerdings sind die finanziellen Mittel der Rechtsabteilungen für Literatur und Datenbanken meistens – im Gegensatz zu Kanzleien – recht begrenzt, sodass oftmals nur eine kleine Handbibliothek aufgebaut werden kann. Gerade in Unternehmen spielt Kosteneffizienz eine wichtige Rolle. Diese macht natürlich auch nicht halt vor der jeweiligen Rechtsabteilung. Auch wenn in größeren Abteilungen der Literaturbestand schon eine ganz ordentliche Größe einnehmen kann, ist er aber normalerweise immer noch zu klein um eine eigene bibliothekarische Fachkraft einzustellen. Hier ist es oftmals üblich, dass die „Bibliothek" von einer Sekretärin mitbetreut wird. Diese läuft dann oftmals parallel zur eigentlichen Bibliothek oder Fachinformationsabteilung im Unternehmen. Ein Grund dafür ist häufig, dass die Fachinformationsstelle nur Literatur und Informationen zum Fachgebiet des Unternehmens und zu allgemeinen Wirtschafts- und Managementthemen vorhält, und rechtliche Themen hier eher als exotisch gelten. Daher kann die unternehmenseigene Fachinformationseinrichtung nur schwerlich Know How zu Rechtsinformationen aufbauen. Nichts desto trotz kann es für die Rechtsabteilung sinnvoll sein, ihre Kooperationsmöglichkeiten mit der Fachinformationsabteilung auszutesten, um von deren allgemeinen Know How in Sachen Literatur- und Informationsbesorgung zu profitieren.

Im Allgemeinen sind die Bedingungen für die Literatur- und Informationsversorgung in einer Rechtsabteilung ähnlich, wie für kleine Kanzleien. Wichtig ist es, überhaupt einen Zugang zu rechtlichen Literatur- oder Informationsquellen zu ermöglichen. Ob diese nun als gedrucktes Werk oder Online-Zugang, Flatrate oder über Einzeldokumentenabruf (Pay-per-document) ermöglicht werden, spielt hier eine größere Rolle, als es in Kanzleibibliotheken von Großkanzleien der Fall wäre. Oftmals müssen die Rechtsinformationen gar nicht im Haus vorhanden sein. Es genügt, wenn sie extern beschafft werden können. Für eine Rechtsabteilung könnte es daher sinnvoll sein, wenn eine Person in der Abteilung nach und nach das Wissen über vorhandene Rechtsinformationsquellen und ihrer Beschaffung aufbaut. Diese Person muss nicht unbedingt ein Jurist sein.

2.1.4 Wirtschaftsprüfungs- und Steuerberatungssozietäten

Wirtschaftsprüfungs- und Steuerberatersozietäten sind keine juristischen Institutionen im eigentlichen Sinne. Da ihr Bedarf an Informationen zum Steuer- und Bilanzrecht und der nahe Bezug zu anderen rechtlichen Themen dem Informationsbedarf und der allgemeinen Arbeitsweise in Rechtsanwaltskanzleien ähnelt, werden sie hier ebenfalls aufgeführt.

Die Anzahl an Wirtschaftsprüfer und Steuerberatersozietäten in Deutschland ist beachtlich. So gibt es derzeit in Deutschland ca. 14.000 Wirtschaftsprüfer in ca. 2.700 Wirtschaftsprüfungsgesellschaften und knapp 80.000 Steuerberater in ca. 8.500 Steuerberatungsgesellschaften. Gerade in den letzten Jahren ist jedoch eine starke Konzentration auf dem Markt der Wirtschaftsprüfer zu beobachten.

Wirtschaftsprüfungs- und Steuerberatungssozietäten stehen oftmals in sehr engem Kontakt zu Rechtsanwälten. Ähnlich wie diese, gehören Wirtschaftsprüfer und Steuerberater zu den beratenden Berufen. Gerade bei der Beratung von Unternehmen arbeiten diese drei Professionen häufig gemeinsam Hand in Hand. Es ist daher nicht verwunderlich, dass so einige Sozietäten eine multidisziplinäre Beratung – Rechtsberatung, Wirtschaftsprüfung und Steuerberatung – aus einer Hand anbieten. Auch die großen Wirtschaftsprüfungsgesellschaften haben in den letzten Jahren kleine Abteilung in der Rechtsberatung aufgebaut. Daneben spielt die allgemeine Unternehmensberatung ebenfalls eine Rolle.

Die Bibliotheken und Informationseinrichtungen in Wirtschaftsprüfungs- und Steuerberatungssozietäten sind von ihrem allgemeinen Aufbau und ihrer Funktion, den reinen Kanzleibibliotheken der Großkanzleien sehr ähnlich. Unterschiede gibt es aber beispielsweise im Literaturbestand. Wie man sich denken kann, werden in Steuerberatungs- und Wirtschaftsprüfungssozietäten hauptsächlich Literatur und Fachinformationen zum Steuerrecht und Bilanzrecht benötigt. Darüber hinaus besteht ein verstärkter Bedarf an allgemeiner Wirtschaftsliteratur und -Informationen (Unternehmensinformationen, Brancheninformationen, Presseinformationen, Personeninformationen). Abgerundet wird dies durch allgemeine juristische Literatur.

2.1.5 Juristische Forschungseinrichtungen

Nur ein Bruchteil an Juristen ist in der klassischen Forschung und Lehre tätig. Da jedoch die Studierendenzahlen in den Rechtswissenschaften bereits seit Jahren kontinuierlich steigen, ist die juristische Forschung wichtig für die juristische Ausbildung und zur kontinuierlichen Weiterentwicklung des deutschen Rechts.

Juristische Forschungsbibliotheken werden für die Zwecke genutzt, die für Bibliotheken am typischsten sind: für Forschung und Lehre und zur Unterstützung des juristischen Nachwuchses im Studium. Eine kleine Anzahl an Bibliotheken hat sich ausschließlich der juristischen Forschung verschrieben. Zu erwähnen wären hier insbesondere die juristischen Bibliotheken der Max-Planck-Gesellschaft. Diese Forschungsbibliotheken sind primär für die Literaturversorgung der Forscher der

Max-Planck-Gesellschaft zuständig. Bei einem berechtigten (wissenschaftlichen) Interesse, stehen die Bibliotheken auch externen Gästen zur Verfügung. Die Institute sind im Folgenden:
- Max-Planck-Institut für ausländisches und internationales Privatrecht, Hamburg
- Max-Planck-Institut für ausländisches öffentliches Recht und Völkerrecht, Heidelberg
- Max-Planck-Institut für Geistiges Eigentum, Wettbewerbs- und Steuerrecht, München
- Max-Planck-Institut für europäische Rechtsgeschichte, Frankfurt am Main
- Max-Planck-Institut für ausländisches und internationales Sozialrecht, München
- Max-Planck-Institut für ausländisches und internationales Strafrecht, Freiburg

Die juristischen Max-Planck-Institute haben ihre Schwerpunkte im ausländischen und internationalen Recht verschiedener Rechtsgebiete. Dementsprechend ist auch im Bestand der Bibliotheken ein hoher Anteil an ausländischer Literatur zum jeweiligen Rechtsgebiet zu finden. Des Weiteren wird viel „Graue Literatur" erworben. Die Forschungsschwerpunkte der jeweiligen Forscher an den Instituten haben ebenfalls einen Einfluss auf den Bestandsaufbau der jeweiligen Bibliothek. Von der Organisation und der Ausstattung her sind die MPG-Bibliotheken hochprofessionell. Sie profitieren vom starken Bibliotheksnetzwerk im Verbund der Max-Planck-Gesellschaft.

Als weitere juristische Forschungsbibliotheken gelten die Instituts- und Fachbibliotheken an den Universitäten. Je nach Ausrichtung der Universitätsbibliothek als einschichtiges oder zweischichtiges Bibliothekssystem kann die Organisation und Ausstattung sehr unterschiedlich sein. In einem einschichtigen Bibliothekssystem kann eine juristische Fachbibliothek eine unselbständige Zweigstelle einer Zentralbibliothek sein, die an das Netz der Universitätsbibliothek angeknüpft ist. Der Bestandsaufbau und die Fachinformationsversorgung werden hier in der Regel durch einen Fachreferenten getätigt. Im Gegensatz dazu gibt es in einem zweischichtigen Bibliothekssystem neben einer Zentralbibliothek zahlreiche parallel existierende kleine Institutsbibliotheken. Diese haben häufig einen sehr speziellen Bestand, der sich noch stärker an den Forschungsinteressen und -Schwerpunkten der jeweiligen Professoren an den Instituten ausrichtet.

Eine weitere Forschungsbibliothek mit einem besonderen juristischen Bestand ist die Staatsbibliothek in Berlin – Stiftung preußischer Kulturbesitz. Sie verantwortet das Sondersammelgebiet Recht (SSG Recht). Sondersammelgebiete sind Sammelschwerpunkte, die von der Deutschen Forschungsgemeinschaft gefördert werden. Die teilnehmenden Bibliotheken sollen die Literatur zu ihren Sammelgebieten möglichst vollständig sammeln, damit von jedem wissenschaftlich relevanten Werk in Deutschland mindestens ein Exemplar in irgendeiner Bibliothek verfügbar ist. Die „Stabi" ist zwar keine juristische Bibliothek im eigentlichen Sinne, da sie aber einen besonderen Bestand an juristischer Literatur hat, der vor allem für Forschungszwecke interessant ist, wird sie hier mit aufgeführt. Nähere Informationen zum Sondersammelgebiet Recht finden Sie unter: http://staatsbibliothek-berlin.de/sammlungen/sondersammelgebiete/rechtwissenschaft/

2.2 Gremien und Verbände für juristische Informationseinrichtungen

Netzwerke sind heutzutage unerlässlich, um in der Berufswelt bestehen zu können. Gerade im Bibliotheksbereich gibt es mittlerweile zahlreiche Gremien und Verbände, die für juristische Bibliothekare und Informationsspezialisten interessant sind. Hierzu zählen beispielsweise die folgenden:

Arbeitsgemeinschaft für juristisches Bibliotheks- und Dokumentationswesen (AJBD)

Die AJBD ist eine Vereinigung von juristischen Spezialbibliotheken, Dokumentationsstellen und weiteren juristischen Einrichtungen aus Deutschland, Österreich und der Schweiz. Die meisten Mitglieder sind institutionelle Mitglieder aber auch eine persönliche Mitgliedschaft ist möglich. Die AJBD veranstaltet jährlich Fortbildungen (oftmals im Rahmen des Bibliothekartages). Daneben ist sie Herausgeberin der Zeitschrift „Recht, Bibliothek, Dokumentation" (RBD).
Nähere Informationen: www.ajbd.de

Arbeitsgemeinschaft der Parlaments- und Behördenbibliotheken (APBB)

Die Interessen der Bibliotheken und Dokumentationsstellen in Parlamenten und Behörden werden von der APBB vertreten. Mitglieder dieser Arbeitsgemeinschaft sind vor allem Parlaments-, Ministerial- und Gerichtsbibliotheken; Behördenbibliotheken des Bundes, der Länder und der Gemeinden, aber auch Bibliotheken von Körperschaften, wie z. B. Industrie- und Handelskammern oder Bibliotheken kirchlicher Institutionen. Derzeit verzeichnet die APBB ca. 500 Mitgliedsbibliotheken unterschiedlicher Größe. Bekannt ist sie für ihr sehr umfangreiches Fortbildungsprogramm, das häufig auch für Informationsspezialisten aus anderen juristischen Institutionen interessant ist.
Näher Informationen: www.apbb.de

Arbeitsgemeinschaft für Spezialbibliotheken in Deutschland (ASpB)

Die ASpB ist ein Zusammenschluss von Spezialbibliotheken und Informationseinrichtungen in Forschungsinstituten, Unternehmen, Behörden, Museen, oder kirchlichen Einrichtungen im deutschsprachigen Raum. Derzeit verzeichnet sie ca. 1000 Mitglieder. Bekannt ist sie für ihre hochkarätige Tagung, die alle zwei Jahre an wechselnden Orten stattfindet.
Nähere Informationen: www.aspb.de

OPL-Kommission des BiB

Für Kleinstbibliotheken und Bibliotheken mit nur einer Fachkraft wurde vor einigen Jahren im Berufsverband Information Bibliothek (BIB) eine spezielle Kommission gegründet. Die Kommission für One Person Libraries (OPL) fördert den Austausch von Kleinstbibliotheken mit meist nur einer bibliothekarischen Fachkraft. Zu erwähnen wären insbesondere die regionalen Gesprächskreise und Stammtische, die in mehreren deutschen Großstädten existieren. In Ihnen sind auch zahlreiche Kanzleibibliotheken und Bibliotheken von Wirtschaftsprüfungs- und Steuerberatungsgesellschaften vertreten, sodass durch das OPL-Netzwerk schnell Kontakt zu Gleichgesinnten geknüpft werden kann. Spezielle Fortbildungsveranstaltungen für OPLs finden regelmäßig auf den Bibliothekartagen und bei der ASpB-Tagung statt. Sehr hilfreich sind auch die von der Kommission herausgegebenen Checklisten.
Nähere Informationen: http://www.bib-info.de/kommissionen/kopl.html

Deutsche Gesellschaft für Informationswissenschaften und Informationspraxis (DGI)

Hervorgegangen aus der Deutschen Gesellschaft für Dokumentation stellt die DGI den Berufsverband für Dokumentare, Informationswissenschaftler und Informationsvermittler dar. Zur Fortbildung ihrer Mitglieder veranstaltet sie regelmäßig die DGI-Konferenz und die Praxistage. Auch ist die DGI Herausgeber der Zeitschrift „Information, Wissenschaft & Praxis" (IWP).
Nähere Informationen: www.dgi-info.de

Natürlich gibt es darüber hinaus noch weitere nationale Gremien und Verbände im Bibliotheks- und Informationsbereich. Da eine komplette Beschreibung aller Vereine den Rahmen sprengen würde, werden die wichtigsten weiteren Verbände nur namentlich genannt:
- Berufsverband Information Bibliothek e.V. (BIB):
  www.bib-info.de
- Deutscher Bibliotheksverband e.V. (DBV):
  http://www.bibliotheksverband.de
- Verein deutscher Bibliothekare e.V. (VdB):
  http://www.vdb-online.org
- Bibliothek und Information Deutschland e.V. (BID):
  http://www.vdb-online.org

Internationale Verbände für juristische Bibliotheken
- International Association of Law Libraries (IALL):
  http://iall.org
- International Federation of Library Associations (IFLA) – Section Law Libraries:
  http://www.ifla.org/en/law-libraries
- American Association of Law Libraries (AALL):
  http://www.aallnet.org
- British and Irish Association of Law Librarians (BIALL):
  http://www.biall.org.uk

2.3 Vertiefung

Zur Vertiefung des Themas können Sie die folgenden Fragen beantworten:

In was für einer Organisation bin ich tätig?

Welche Stellung hat die Bibliothek oder Informationseinrichtung innerhalb dieser Organisation?

Welche Literatur- oder Informationsbedürfnisse haben meine Kunden?

Welchen Berufsverbänden und Netzwerken gehöre ich an? Wie kann ich diese Kontakte und Verbindungen für meine Arbeit nutzen?

3 Die juristische Informationsvermittlungsstelle im Allgemeinen

In vielen juristischen Institutionen – egal ob Gericht, Kanzlei, Wirtschaftsprüfungs- oder Steuerberatungssozietät – ist die Bibliothek oftmals das Prunkstück des Unternehmens. In ihr stehen nicht nur die Fachliteratur und das sogenannte externe explizite Wissen, sie dient vielmehr als Studienort, Begegnungsstätte oder Ruhepol der Institution. Des Weiteren erfüllt sie nicht selten repräsentative Zwecke, tauchen doch Bilder von der Bibliothek häufig in Imagebroschüren, auf der Homepage und sonstigen Marketingmitteln auf. Eine solche Bibliothek oder Informationsvermittlungsstelle, wie sie in der Fachsprache auch gerne genannt wird, baut sich natürlich nicht von alleine auf. Im folgenden Kapitel werden daher der Aufbau und die Organisation einer juristischen Informationsvermittlungsstelle näher beschreiben. Besonderer Fokus wird dabei auf Bibliotheken in der freien Wirtschaft, also in Kanzleien, Wirtschaftsprüfungs- und Steuerberatungssozietäten, sowie in Unternehmen, gelegt. Aber auch für Bibliotheken in öffentlich rechtlicher Trägerschaft können diese Hinweise hilfreich sein.

Zunächst wird dabei der Aufbau mit seinen grundlegenden Überlegungen zur Bibliothek und ihrer Einbettung in die Organisation erläutert. Anschließend werden die wichtigsten Publikationsformen im juristischen Umfeld vorgestellt. Danach werden die einzelnen Schritte des bibliothekarischen Geschäftsgangs mit ihren besonderen Anforderungen für juristische Bibliotheken behandelt. Abschließend werden noch auf die speziellen technischen Anforderungen und das allgemeine Management einer juristischen Bibliothek eingegangen.

3.1 Aufbau einer juristischen Informationsvermittlungsstelle

Der Aufbau einer juristischen Bibliothek oder Informationsvermittlungsstelle ist ein Projekt, das nicht unterschätzt werden sollte. Sorgfältige und gut überlegte Planungen sind daher sinnvoll und ersparen später im laufenden Betrieb Informationsspezialisten viel Arbeit und graue Haare.

Erstellen Sie eine Projektdokumentation!

Tipps & Tricks:
Projektdokumentation
Die Erstellung einer Projektdokumentation oder eines Projekttagebuchs kann sehr nützlich sein. Regelmäßige Reports erleichtern später das Nachvollziehen von Handlungsentscheidungen und sind außerdem ein gutes Mittel, um Vorgesetzen die erbrachten Leistungen zu präsentieren. Dies kann auch hilfreich bei später anstehenden Gehaltsverhandlungen sein.

Beim Aufbau einer Informationsvermittlungsstelle sind vorab einige grundlegende Überlegungen anzustellen. Zunächst sollte sich der Informationsprofi einen Überblick über die Ausgangslage verschaffen, um sich ein Bild von der zukünftigen Bibliothek, ihrer Position und Funktion innerhalb der Trägerorganisation machen zu können. Die folgenden Fragen können hierzu einen Anstoß bieten:

Ermittlung der Ausgangslage

Trägerinstitution:
- In welcher Institution soll die Informationsvermittlungsstelle angesiedelt werden? (Behörde, Kanzlei, Forschungseinrichtung, Unternehmen)
- Wie groß ist die Institution? (Anzahl der Niederlassungen, Anzahl der Mitarbeiter insgesamt, Anzahl der Mitarbeiter an dem Standort der Informationsvermittlungsstelle)
- National oder international?
- Deutschstämmig oder ausländische Herkunft?
- Handelt es sich bei dem Standort an dem die Bibliothek aufgebaut werden soll um die Unternehmenszentrale oder um eine Zweigniederlassung?
- Wenn es eine Zweigniederlassung ist, gibt es in der Zentrale eine Bibliothek?
- Wird die Zentralbibliothek von einer bibliothekarischen Fachkraft betreut?
- Kann die Bibliotheksorganisation der Zentrale auf den deutschen Standort übernommen werden?

Hintergrundinformation:
In großen Unternehmen (z. B. internationale Großkanzleien), bei denen in einer deutschen Zweigniederlassung eine Bibliothek aufgebaut werden soll, ist es immer sinnvoller mit der Bibliothek der Zentrale zu kooperieren. Der Bibliothekar muss dann nicht das Rad neu erfinden, spart sich sehr viel Zeit und Arbeit, kann mit den Kollegen der Zentrale kooperieren und ein gemeinsames Team bilden. Gerade in großen Unternehmen ist es wichtig, dass der Informationsspezialist sich starke Verbündete sucht, und unternehmensweit eine Bibliothekseinheit bildet. So entsteht eine Win-Win-Situation für beide Informationseinrichtungen. Selbstverständlich muss der Einfluss der Zentralbibliothek auf den deutschen Bibliotheksstandort berücksichtigt werden. Schließlich will man sich ja nicht die Butter vom Brot nehmen lassen. Entscheidungs- und Einflussmöglichkeiten für die anderen Standorte auf die gemeinsame Bibliothekspolitik im Unternehmen sollten vorab geklärt werden.

- Welche Tätigkeitsschwerpunkte/Beratungsschwerpunkte hat das Unternehmen? (nur reine Rechtsberatung oder auch Wirtschaftprüfung und Steuerberatung? Bei Rechtsabteilungen: In welcher Branche ist das Unternehmen tätig und welche Rechtsgebiete sind für diese Branche besonders relevant?)
- Inwieweit soll die Institution in den kommenden 5 bis 10 Jahren wachsen? (am lokalen Standort? Insgesamt?)

Aktuelle Position der Bibliothek im Unternehmen:
- Wie sieht das Organigramm des Unternehmens aus?
- Wo befindet sich die Bibliothek derzeit innerhalb des Organigramms?
- Wo soll die Bibliothek langfristig positioniert werden?
- Welche Position / welchen Stellenwert hat diese Bibliotheksleitung innerhalb der Institution?
- Wer ist Vorgesetzter der Bibliotheksleitung? Wem muss Bericht erstattet werden? (Bibliothekspartner, Office Manager, Head of Administration)
- Wer hat welche Entscheidungskompetenzen?

Tipps & Tricks:
Jour Fix
Vereinbaren Sie mit Ihrem direkten Vorgesetzen ein regelmäßiges kurzes Jour fix, bei dem Sie alle aktuellen Neuerungen und Fragen mit ihm besprechen können. Das Treffen braucht nur 10 bis 30 Minuten zu dauern. Hauptsache es findet regelmäßig statt. Gerade am Anfang dürfte der Klärungsbedarf groß sein, sodass ein wöchentliches kurzes Meeting sinnvoll wäre. Später im normalen Betrieb reicht wahrscheinlich ein monatliches Treffen. Legen Sie einen festen regelmäßigen Termin fest, sodass sich beide Parteien darauf einstellen und an diesen Termin gewöhnen können.

Richten Sie einen Jour Fixe ein!

Der Bibliothekskunde und seine Literatur- und Informationsbedürfnisse in der juristischen Institution:
- Wer sind die Nutzer der Bibliothek?
- Welchen Literatur- und Informationsbedarf haben diese?
- Welche Arbeitsschwerpunkte haben die Nutzer?
- In welchen Rechtsgebieten sind sie tätig?
- Werden spezielle Branchen beraten?
 (z. B. Gesundheitsindustrie, Energieunternehmen, Textilbranche)
- Bezieht sich die juristische Arbeit auf bestimmte Länderschwerpunkte?
 (z. B. China, Russland, Brasilien?)
- Sind die fachlichen Mitarbeiter der Institution nur beratend tätig, oder darüber hinaus auch wissenschaftlich?
- Veröffentlichen die Mitarbeiter Publikationen? Halten sie fachliche Vorträge? Oder sind sie vielleicht auch in der Hochschullehre tätig?

Bibliotheksbestand:
- Ist bereits ein Grundbestand vorhanden?
- Gibt es Buchhändler oder Datenbankanbieter mit denen bereits zusammengearbeitet wird? Welche (weiteren) Dienstleistungen bieten diese an?

Um sich einen Überblick zu verschaffen, sollte zunächst der vorhandene Bestand geordnet und sortiert werden. Anhand des bisherigen Bestands und des erstellten Nutzerprofils kann dann anschließend ein Erwerbungsprofil erstellt werden.

Mit Hilfe des Erwerbungsprofils wird dann zunächst ein Bestand mit der grundlegenden Literatur (Monographien, Loseblattsammlungen, Zeitschriften, eventuell Datenbanken) angeschafft. Dies ist der so genannte Grundbestand der Bibliothek. Er bildet die Basis für den weiteren kontinuierlichen Aufbau der Informationsvermittlungsstelle.

Folgende Fragen können beim Aufbau des Grundbestands hilfreich sein:
- Wie kann mir mein bisheriger örtlicher Buchhändler behilflich sein?
- Kann ich irgendwo Schnäppchen ausfindig machen und nutzen? (Antiquariate, Kanzleien, die sich gerade auflösen; Rabatte bei umfangreichen Bestellungen ausländischer Titel (keine Buchpreisbindung))

Erschließung:
- Gibt es bereits eine Liste mit den vorhandenen Büchern oder sogar eine Datenbank mit dem Bibliotheksbestand?
- Gibt es bereits eine Systematik?
- Wenn ja, ist diese für die Arbeitsschwerpunkte der Institution passend? Muss sie erweitert oder reduziert werden?
- Wenn nein, gibt es eine kooperierende Institution, von der ich die Systematik übernehmen und später auf die Bedürfnisse unserer Bibliothek anpassen kann?

Budget:
Die Informationsvermittlungsstelle sollte von Beginn an mit einem festen Budget arbeiten. Sofern von der Leitung noch keins vorgegeben wurde, müsste dieses als Erstes ausgehandelt werden. Zunächst werden dabei zwei verschiedene Budget-Töpfe benötigt:

1. Ein Budget für den grundlegenden Aufbau der Bibliothek, das gegebenenfalls sowohl die Einrichtungsmöbel als auch den Grundbestand an Büchern, Zeitschriften und eventuell Datenbanken beinhaltet.
2. Ein jährliches Budget für Medien (print und elektronisch) und Gebrauchsmaterialien (Buchbindekosten, Büromaterialien etc.).

Zu klären wäre ebenfalls, ob die Bibliothek nur für die Anschaffung von Printmedien, oder aber auch für die Verwaltung und Verhandlung von Datenbanklizenzen zuständig ist. Gerade in Großkanzleien und größeren Behörden werden Lizenzverträge für Datenbanken, die von sehr vielen Mitarbeitern genutzt werden, zentral für die gesamte Institution (und für alle Standorte) ausgehandelt. Dies muss nicht zwangsweise über die Bibliothek geschehen, sondern kann auch beispielsweise durch die IT-Abteilung oder den zentralen Einkauf erfolgen. Sofern die Bibliotheken nicht die Lizenzverträge aushandeln, ist es sinnvoll, sie zumindest in die Auswahl und Verwaltung mit einzubinden, da gerade die Informationsspezialisten die Datenbanken mit am häufigsten nutzen und auch bessere Kenntnisse über den Fachinformationsmarkt und dessen Angebote haben.

Räumlichkeiten:

Auch wenn zahlreiche Medien, die in einer Institution genutzt werden, heutzutage nur noch in elektronischer Form vorhanden sind, spielen gerade im juristischen Bereich die Printmedien immer noch eine relevante Rolle. Daher müssen für diese auch Lager- und Präsentationsfläche eingeplant werden. Wie bereits oben beschrieben, ist die Bibliothek häufig auch Repräsentationsraum und Begegnungsstätte eines Unternehmens. Die Bibliotheksräume sollten daher möglichst zentral gelegen sein, damit sie von allen Mitarbeitern des Unternehmens gut zu erreichen sind. Folgende Fragen wären bezüglich der Räumlichkeiten zu klären:

– Ist ein Bibliotheksraum vorhanden?
– Wenn ja, ist dieser für den Bibliotheksbestand ausreichend?
– Wie sehen die räumlichen Entwicklungsmöglichkeiten für die Bibliothek in den kommenden 5–10 Jahren aus?
– Wo befindet sich der Arbeitsplatz der Bibliotheksfachkraft?
– In der Bibliothek oder gibt es ein separates Büro in der Nähe der Bibliothek?
– Sind in der Bibliothek Arbeitsplätze für die Bibliotheksnutzer vorhanden?
– Gibt es vielleicht einen Bibliotheks-PC auf dem spezielle Software oder spezielle Datenbanken installiert wurden?

Personal:
– Wer hat sich bisher um die Bibliothek „gekümmert"?
– Hat die Bibliothek Unterstützung, z. B. in Form von studentischen Hilfskräften?
– Gibt es die Möglichkeit, Projekt- oder Werkverträge für besondere Situationen zu vergeben?
– Sind langfristig weitere feste Stellen geplant, oder wird die Informationsvermittlungsstelle eine so genannte One Person Library (OPL; Bibliothek mit nur einer Fachkraft) bleiben?

Tipps & Tricks:
Machen Sie Ihren Vorgesetzten deutlich, dass fachlich ausgebildete Bibliothekare günstiger sind als Juristen und sie diese durch professionelle Informationsarbeit entlasten und Tätigkeiten abnehmen, die beispielsweise nicht an den Mandanten weiterbelastet werden können. Durch die Entlastung durch die Bibliothek kann sich der Jurist voll und ganz auf seine (Mandats-)Arbeit konzentrieren und somit zum Umsatz der Kanzlei beitragen. Um einen solchen Service zu bieten braucht aber der Bibliothekar ebenfalls Entlastung vom „Kleinkram", wie z. B. Anfertigung von Kopien, Einsortierung von Loseblattsammlungen, Botengänge und Literaturbesorgungen in anderen Bibliotheken. Da Studenten günstiger sind als Bibliothekare, sollten diese zur Entlastung der Bibliotheksfachkraft eingestellt werden, damit diese wiederum die Juristen entlasten kann.

IT:

Natürlich müssen auch bereits beim Aufbau einer Informationsvermittlungsstelle die technischen Voraussetzungen geklärt werden. Die hier aufgeführten Fragen dienen nur zur Ermittlung der Ausgangssituation. Auf das Thema Bibliothekstechnik in juristischen Institutionen wird später noch im entsprechenden Abschnitt eingegangen.

- Gibt es bereits ein Bibliothekssystem? Wenn nicht, wird ein zusätzliches Budget für die Anschaffung eines solchen zur Verfügung gestellt?
- Wer kümmert sich im Unternehmen um die IT?
- Kann die IT-Abteilung sich ggf. auch um die Bibliotheks-IT kümmern?
- Gibt es eventuell noch weitere Kooperationsmöglichkeiten zwischen der Bibliothek und der IT-Abteilung?

Kooperieren Sie mit der IT-Abteilung

Tipps & Tricks:
Informationsvermittlungsstelle und IT
Bei mehreren Projektthemen bezüglich des Informations- und Wissensmanagements gibt es Schnittstellen zwischen der Informationsvermittlungsstelle und der IT-Abteilung. Während sich Letztere in der Regel mit technischen Fragen auseinander setzt, sind Informationsprofis Spezialisten für den Inhalt (den Content), der bei Informationsprojekten generiert wird. Beide Abteilungen haben also unterschiedliche Sichtweisen auf die gleichen Themen, und können somit erfolgreiche Synergien in einem Projekt bilden. Themen bei denen Kooperationsmöglichkeiten bestehen könnten wären beispielsweise Document-Management / Content-Management oder der Einsatz von Social Media im Unternehmen.

3.2 Einzelne Medien und Publikationsformen im juristischen Umfeld

Heutzutage besteht eine Bibliothek nicht mehr nur aus Büchern. Im juristischen Umfeld sind eine ganze Reihe an unterschiedlichen Medien zu finden und auch bei den gedruckten Werken gibt es verschiedene Publikationsformen. Die häufigsten Medien- und Publikationstypen in juristischen Informationseinrichtungen werden hier kurz vorgestellt.

Monographien

Das, was der normale Leser als „ein Buch" bezeichnet, wird im fachlichen Sprachgebrauch als „Monographie" bezeichnet. Eine Monographie ist eine Publikation, in der ein einzelnes, begrenztes Thema umfassend behandelt wird. Monographien sind nicht Teil einer Serie oder ein Aufsatz in einer Zeitschrift. Aus bibliothekarischer Sicht handelt es sich um ein einbändiges Werk und nicht um ein mehrbändiges Fortsetzungswerk.

Fortsetzungswerke und Serien

Im Gegensatz zur Monographie sind mehrbändige Werke oder Fortsetzungswerke Publikationen, bei denen einzelne Teile oder Bände in unterschiedlichen zeitlichen Abständen nacheinander erscheinen. Nach einer bestimmten Anzahl von Bänden wird ein Fortsetzungswerk abgeschlossen. Hierin unterscheidet sich ein Fortsetzungswerk von einer Serie, die nicht auf einen bestimmten Abschluss angelegt ist, und ständig fortgeführt werden kann.

Loseblattsammlungen

Eine besondere Form von Fortsetzungswerken, die bei juristischer Literatur sehr häufig anzutreffen ist, sind Loseblattsammlungen. Gemeint sind Publikationen, die aus zahlreichen einzelnen Blättern bestehen, die durch eine Klemmvorrichtung zusammengehalten werden. Dank dieser Vorrichtung können an jeder beliebigen Stelle des Werkes einzelne Blätter jederzeit ausgetauscht werden. Dies ist sinnvoll wenn einzelne Teile eines Werkes rasch veralten und daher ergänzt werden müssen, ohne dass jedes Mal ein komplett neues Buch gedruckt werden muss. Gerade Gesetzestexte und -kommentierungen unterliegen einem ständigen Wandel und die diesbezügliche Literatur muss schnell und kostengünstig aktualisiert werden können. Loseblattsammlungen sind dafür eine sinnvolle Lösung. Die Pflege und Verwaltung von Loseblattsammlungen erfordert allerdings für die Informationsvermittlungsstelle einigen Arbeitsaufwand.

Zeitschriften

Zeitschriften gehören, neben Zeitungen und zeitschriftenartigen Reihen, zu den so genannten Periodika. Dies bedeutet, dass Zeitschriften in regelmäßigen Abständen (periodisch) erscheinen. Periodika gehören ebenfalls zu den fortlaufenden Sammelwerken. Inhaltlich bestehen sie meist aus mehreren verschiedenen Beiträgen (Artikeln oder Aufsätzen). Von der Zeitschrift abzugrenzen ist die Zeitung, die einen aktuellen und universellen Inhalt bietet.

Gerade für das Fachpublikum spielen Fachzeitschriften eine wichtige Rolle. Sie beinhalten zahlreiche Artikel zu aktuellen Themen aus dem jeweiligen Fachgebiet und bieten daher ein wichtiges Informationsmittel, um sich fachlich auf dem Laufenden zu halten. Die Anzahl an juristischen Fachzeitschriften ist in den letzten Jahren immens gestiegen. Jährlich kommen mehrere neue Zeitschriftentitel auf dem Markt, sodass es mittlerweile nicht einfach ist zu entscheiden, welcher Titel für die Informationseinrichtung interessant ist, und welcher nicht.

Heutzutage sind viele Zeitungen und Zeitschriften nicht mehr nur in gedruckter Form erhältlich, sondern zunehmend auch elektronisch als Datenbank oder CD-Rom-Version. Beim Abonnieren einer Zeitschrift ist daher vor allem zu beachten, in welcher Form – gedruckt oder elektronisch – die jeweilige Zeitschrift abonniert werden soll.

CD-Roms

Waren CD-Roms in den Neunziger Jahren des 20. Jahrhunderts zahlreich in Bibliotheken anzutreffen, spielen sie mittlerweile nur noch eine untergeordnete Rolle. Bei vielen juristischen Büchern sind sie jedoch weiterhin als Beilage enthalten. Gerade bei Formularsammlungen und Handbüchern beinhaltet die beiliegende CD-Rom meist die im Buch aufgeführten Mustertexte in elektronischer Form (meist als doc- oder rtf-Datei), sodass der Jurist das gewünschte Vertragsmuster nicht komplett abtippen muss, sondern direkt in dem Musterdokument arbeiten kann.

Datenbanken

Eine große Anzahl an Medien einer Bibliothek liegt heutzutage elektronisch in Form von Datenbanken vor. Sie sind als Informationsressource nicht mehr wegzudenken. Datenbanken haben den Vorteil, dass sie große Massen an Daten beinhalten können, vielfältige Suchmöglichkeiten bieten und oftmals auch außerhalb der physischen Bibliothek, direkt am Arbeitsplatz des Bibliothekskunden genutzt werden könnten. Im juristischen Bereich haben sich in den letzten Jahren einige Fachdatenbanken auf dem Rechtsinformationsmarkt etabliert. Hierzu zählen insbesondere die Datenbanken Juris und Beck-Online. Aber auch zahlreiche weitere Datenbankangebote von weiteren Verlagen haben die juristische Informationslandschaft weitaus belebt. Ein kurzer Überblick über die gängigen Rechtsdatenbanken wird später im Abschnitt „Rechtsinformationen" gegeben.

Freie Quellen im Internet

Neben den kostenpflichtigen juristischen Datenbanken, gibt es zum deutschen Recht zahlreiche kostenlose Portale im Internet, die Rechtsinformationen beinhalten. Gerade Gesetzestexte, Richtlinien, Parlamentsdrucksachen und Verwaltungsvorschriften werden kostenlos und für jedermann zugänglich ins Internet gestellt. Auch auf diese freien Rechtsinformationsquellen wird später im Abschnitt „Rechtsinformationen" detaillierter eingegangen.

Geschäftsgang

3.3 Der bibliothekarische Geschäftsgang

Die Bibliotheksverwaltung gliedert sich in dem so genannten Geschäftsgang. Hierunter wird der gesamten Arbeitsablauf in Bibliotheken – von der Medienauswahl bis zur Bereitstellung des Mediums für den Kunden – verstanden.

Der Bibliothekarische Geschäftsgang besteht aus folgenden Teilschritten:
– Medienauswahl (Vorakzession)
– Erwerbung
– Bestandserschließung (Formal- und Inhaltserschließung)
– Technische Buchbearbeitungen
– Bereitstellung

Der allgemeine Geschäftsgang in juristischen Bibliotheken unterscheidet sich nicht wesentlich von demjenigen in anderen Bibliotheken. Bei manchen Medientypen, wie z. B. Loseblattsammlungen, gibt es allerdings einige Besonderheiten. Der folgende Abschnitt beschreibt daher nur kurz den Ablauf des bibliothekarischen Geschäftsgangs in juristischen Bibliotheken.

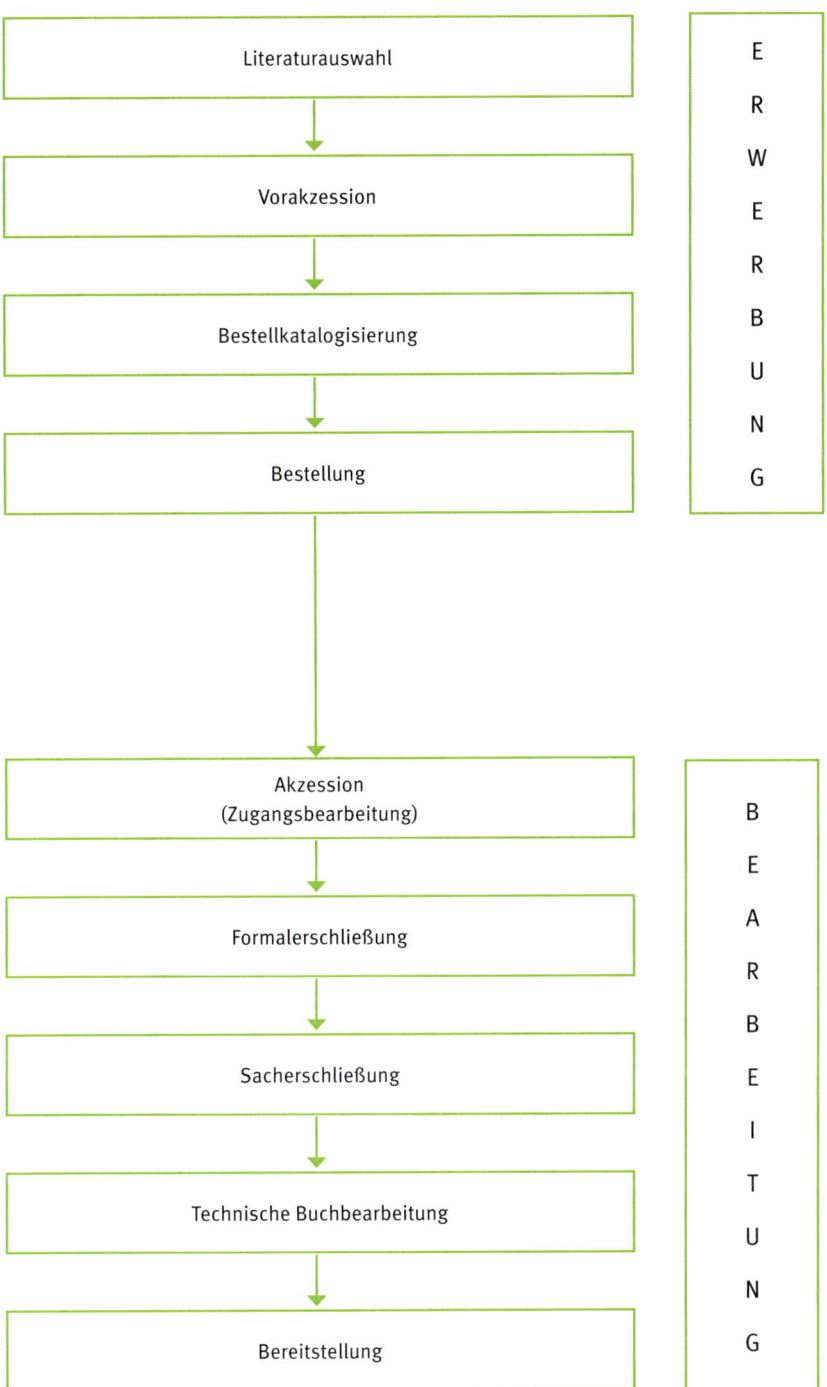

Abb. 1: Geschäftsgang

3.3.1 Bestandsaufbau und Medienauswahl

In einer Bibliothek ist es wichtig, den Bibliotheksbestand kontinuierlich und sinnvoll auf- und auszubauen. Der Bestandsaufbau gewährleistet, dass die für den Bibliothekskunden benötigten Medien in der Bibliothek vorhanden sind. Zum Bestandsaufbau einer Bibliothek gehört zum einen die Erwerbung neu erschienener Medien, aber auch die Bestandspflege, also die Ergänzung von Lücken zu einem bestimmten Thema und die Aktualisierung beim Erscheinen von Neuauflagen, sowie die Aussonderung von veralteter, nicht mehr benötigter Literatur.

Ausgangsbasis für den Bestandsaufbau und die zukünftige Medienauswahl ist das Erwerbungsprofil. Es entscheidet welche Arten von juristischen Medien, zu welchem Rechtsgebiet und in welcher Tiefe (z. B. nur Standardliteratur oder auch graue Literatur) erworben wird. Gleichzeitig ist das Erwerbungsprofil Leitfaden und Hilfsmittel bei der Medienauswahl, die den ersten Schritt des bibliothekarischen Geschäftsgangs darstellt.

Die Auswahl der Medien und Literatur für die Bibliothek wird fachlich auch als „Vorakzession" bezeichnet. Sie muss zielgerichtet nach den Aufgaben der Bibliothek erfolgen. Bei einer juristischen Bibliothek bedeutet dies, ausgerichtet an den Fachgebieten und Tätigkeitsschwerpunkten der jeweiligen Juristen. Hierbei kommt es nicht nur auf die aktuellen Geschehnisse, sondern auch auf die zukünftigen Entwicklungen der Bibliothek und der gesamten juristischen Institution an.

Planen Sie den Bestandsaufbau langfristig.

Tipps & Tricks:
In einer Kanzlei ist eine Fluktuation bei Anwälten nichts Ungewöhnliches. Wird bekannt, dass ein neuer Partner in die Kanzlei eintritt, der ein neues, von der Kanzlei nicht behandeltes, Rechtsgebiet betreut, muss dies im Bestandsaufbau berücksichtigt werden. Dies bedeutet, dass ab sofort auch Literatur zu diesem Fachgebiet erworben werden muss. Auch muss dies im Gesamtbudget mit berücksichtigt werden. Das Gleiche gilt aber auch für ausscheidende Juristen, die bisher in einem Rechtsgebiet beraten haben, in dem nunmehr in absehbarer Zeit nicht weiter beraten werden soll. In diesem Fall wird in der Kanzleibibliothek voraussichtlich keine Literatur zu dem Thema mehr benötigt. Sollten Zu- oder Abgänge dem Informationsspezialisten bekannt werden, ist es sinnvoll, sich mit dem direkten Vorgesetzten (Bibliothekspartner oder Office Manager) zusammenzusetzen und das weitere Vorgehen zu besprechen.

Praxisbeispiel 1:
Rechtsanwalt Dr. Müller ist Partner in einer Kanzlei und leitet die Praxisgruppe Umweltrecht. Zum Ende des Jahres verlässt er mit seinem gesamten Team das Unternehmen. Die Kanzleileitung beschließt, dass die verlorenen Kapazitäten im Umweltrecht bis auf weiteres nicht wieder ersetzt werden sollen.
Für die Informationsvermittlungsstelle bedeutet dies, dass in absehbarer Zeit keine Literatur zum Umweltrecht mehr benötigt wird. Insbesondere die Dissertationen und die Graue Literatur zum Umweltschadensgesetz, die Dr. Müller immer für seine Publikationen benötigt hat, müssen nicht mehr angeschafft werden.

Praxisbeispiel 2:
Dr. Maier ist Referent für Umweltrecht in der Behörde X und Experte für das Thema Umweltschäden. Er verlässt zum Ende des Jahres die Institution. Ein Nachfolger wurde bereits eingestellt.
Für die Bibliothek bedeutet dies, dass auch weiterhin Standardliteratur zum Umweltrecht angeschafft werden muss. Ob darüber hinaus zukünftig weitere Spezialliteratur zu bestimmten Schwerpunkten benötigt wird, und wenn ja, zu welchen Themengebieten, muss mit dem neuen Referenten abgesprochen werden.

Wichtig ist, dass der Informationsprofi sich zunächst einen Überblick über die neu erscheinende Literatur verschafft. Die Sichtung des aktuellen Buchangebots dient der

Vorauswahl der zur Anschaffung eventuell geeigneter Bücher. Folgende Hilfsmittel stehen beispielsweise für die Literaturauswahl zur Verfügung:

Hilfsmittel für die Literaturauswahl

Prospekte und Kataloge von juristischen Verlagen:
Hier werden alle Neuerscheinungen eines Verlages aufgeführt. Verlagskataloge sind in der Regel kostenlos und können bei den jeweiligen Verlagen angefordert werden. Viele Buchhändler, insbesondere juristische Fachbuchhandlungen, bekommen von den Fachverlagen auch eine große Anzahl an Prospekten zugeschickt. Damit Sie sich die Arbeit ersparen, bei jedem juristischen Verlag einzeln die Prospekte anfordern zu müssen, sollten Sie den Buchhändler Ihres Vertrauens fragen, ob er Ihnen regelmäßig die neuesten Kataloge zukommen lassen kann.

Newsletter mit Neuerscheinungen von juristischen Verlagen:
Zahlreiche Verlage erstellen mittlerweile in regelmäßigen Abständen Newsletter mit neuen Verlagsangeboten, die Sie kostenlos per Email beziehen können. Im Gegensatz zu den Verlagskatalogen beinhalten die Newsletter in den meisten Fällen nur eine Auswahl der Neuerscheinungen und nicht das komplette Verlagsangebot.

Neuerscheinungsankündigungen von juristischen Fachbuchhandlungen:
Manche Fachbuchhandlungen, geben eigene Informationsdienste und Newsletter zu Neuerscheinungen heraus. Falls Sie Ihre Literatur überwiegend über eine juristische Fachbuchhandlung beziehen, fragen Sie diese, ob sie einen solchen Service anbietet.

Werbeanzeigen in Fachzeitschriften:
In zahlreichen Fachzeitschriften werden von den juristischen Verlagen Anzeigen zu Neuerscheinungen veröffentlicht. Es lohnt sich daher regelmäßig die einschlägigen gedruckten Zeitschriften, gezielt nach diesen Anzeigen durchzublättern.

Buchbesprechungen (Rezensionen) in juristischen Fachzeitschriften.

Neuerscheinungsdienst der Deutschen Nationalbibliothek:
http://www.dnb.de/DE/Service/DigitaleDienste/ND/nd_node.html

Kuselit Rechtsbibliographie
http://www.kuselit.de

Nach der Auswahl der potentiell zu erwerbenden Literatur wird die Kaufentscheidung getroffen.

Gerade in Kanzleien wird dies häufig nicht von den Bibliothekaren selber entschieden, sondern einem Partner zur Entscheidung vorgelegt. Ein Ausdruck der Neuerscheinung wird einem Partner, der das entsprechende Fachgebiet betreut, als Kaufvorschlag vorgelegt. Dieser entscheidet, ob das Buch gekauft werden soll, und wenn ja, wie (fest oder zur Ansicht) und wie viele Exemplare angeschafft werden sollen.

Tipps & Tricks
Zur Vereinfachung dieses Vorgehens ist es sinnvoll, eine Liste mit allen Entscheidungsträgern und ihren jeweiligen Rechtsgebieten anzulegen. Somit hat man einen schnellen Überblick, welcher Anwalt, Bücher zu einem jeweiligen Rechtsgebiet benötigt.

Des Weiteren wenden sich Juristen aber auch direkt mit speziellen Anschaffungsvorschlägen an die Bibliothek. Hier ist stets abzuklären ob das gewünschte Medium nicht bereits in der Bibliothek vorhanden ist und dem allgemeinen Erwerbungsprofil entspricht. Neben der Erwerbung von Büchern zu den Fachgebieten der jeweiligen Juristen ist es für den allgemeinen Bestandsaufbau aber auch wichtig, Standardliteratur zu Randgebieten zu erwerben und einen gleichmäßigen Bestandsaufbau gewährleisten zu können.

Praxisbeispiel:
Auch in einer zivilrechtlich ausgelegten Kanzlei, kommen immer wieder einmal Fragen zum Strafrecht auf. Daher sollte auch in dieser Kanzleibibliothek zumindest ein aktueller Kommentar zum StGB und zur StPO im Bestand vorhanden sein.

Ist die Entscheidung für den Kauf eines Buches getroffen worden, kann es bestellt werden.

3.3.2 Erwerbung

Nach der allgemeinen Kaufentscheidung muss zunächst überprüft werden, ob das betreffende Medium nicht bereits in der Bibliothek vorhanden ist oder schon bestellt wurde. Dieser Vorgang wird auch als „Dublettenprüfung" bezeichnet. Des Weiteren muss überlegt werden, ob der Titel nicht auf anderen Wegen, z. B. als Geschenk oder durch Tausch, beschafft werden kann. Ist das Medium schon bestellt oder vorhanden, wird die Kaufentscheidung hinfällig und kann „zu den Akten" gelegt werden.

Nun erfolgt die Bestellung des Buches. Hierzu wird zunächst die Bestellart ausgewählt. Die gängigsten Bestellarten sind: fest, zur Ansicht, zur Fortsetzung.

Fest: Das Buch wird endgültig erworben.
Zur Ansicht: Viele Buchhandlungen und auch Verlage bieten die Möglichkeit ein Medium erst einmal für einen gewissen Zeitraum (meistens zwei oder vier Wochen) unverbindlich zu „testen" und bei Nichtgefallen kostenlos zurück zugeben. Der Bibliothekar oder Jurist kann sich das Buch dann in aller Ruhe anschauen und dadurch ein Urteil über seinen Nutzen und Wert gewinnen. Hält das Buch nicht, was es verspricht, kann es vor Ablauf der Ansichtsfrist zurückgegeben werden – vorausgesetzt das Buch ist noch intakt und wurde nicht beschädigt. Bücher, die nach Ablauf der Ansichtsfrist nicht zurückgegeben wurden, werden automatisch in Rechnung gestellt.
Zur Fortsetzung: Zeitschriften und Fortsetzungswerke, insbesondere Loseblattsammlungen, werden in der Regel zur Fortsetzung, also als Abonnement bestellt. Neue Ausgaben und Aktualisierungen werden fortlaufend zugeschickt, bis das Abonnement von der Bibliothek wieder gekündigt wird. Für Standardbücher, bei denen regelmäßig Neuauflagen erscheinen, und diese immer wieder erworben werden (wie z. B. der Palandt), kann es ebenfalls sinnvoll sein, diese als Fortsetzung zu bestellen. Die Neuauflage wird dann automatisch zugeschickt.

Im Anschluss wird der geeignete Lieferant ausgewählt.

Suchen Sie sich einen zentralen Lieferanten.

Tipps & Tricks
Für kleine Bibliotheken, die aus unternehmenspolitischen Gründen nicht dazu verpflichtet sind, ihren Einkauf auf mehrere verschiedene Lieferanten zu verteilen, ist es sinnvoll, sich einen zentralen Buchhändler zu suchen, über den der größte Teil der Literatur- und Medienbestellungen abwickelt wird. Dies erspart dem Informationsspezialisten Zeit und er hat nur einen Ansprechpartner für sämtliche Medienbestellungen. Insbesondere bei Zeitschriften und Fortsetzungen ist häufig Rücksprache mit dem Lieferanten notwendig. Laufen diese Vorgänge alle nur über ein Unternehmen, ist dies eine große Erleichterung für die Bibliothek. Des Weiteren bieten einige Fachbuchhandlungen für Großkunden weitere Dienstleistungen an, die zusätzlich hilfreich sind.

Neben den Medien, die über den normalen Buchhandel vertrieben werden und dort direkt beim Verlag oder einer Buchhandlung bestellt werden, gibt es noch Publikationen die nicht über den Buchhandel bezogen werden können. Diese werden als „Graue

Literatur" bezeichnet. Hierzu gehören beispielsweise Veröffentlichungen von Vereinen und Organisationen wie Tagungsberichte, Institutsschriften, Jahresberichte, Kataloge oder Programmhefte. Graue Literatur wird meist von den herausgebenden Institutionen vertrieben und kann direkt bei diesen bestellt werden. Eine Bestellung „zur Ansicht" ist hier in der Regel nicht möglich.

Gelegentlich kommt es vor, dass Verlage Publikationen unverlangt zur Ansicht an eine Bibliothek versenden. Da es sich hierbei oftmals um sehr spezielle Literatur handelt, ist sehr kritisch zu überlegen, ob die zugesandte Publikation überhaupt benötigt wird. Falls ja, wird sie ganz normal in den Bibliotheksbestand aufgenommen. Soll die Publikation nicht behalten werden, wird sie schnellst möglichst mit einem kurzen Antwortschreiben an den Absender zurückgesendet.

Die Bestellungen, die an den Lieferanten hinausgehen, werden im Bibliothekssystem erfasst und laufend überwacht. Sollte eine Bestellung nach einem gewissen Zeitabstand (z. B. nach drei Monaten) noch nicht geliefert worden sein, wird diese beim Lieferanten reklamiert und angemahnt.

Zugangsbearbeitung (Akzessionierung)

Sobald die Bücher vom Lieferanten zugesendet wurden, erfolgt die Zugangsbearbeitung (Akzessionierung). Den eingegangenen Büchern liegt in der Regel ein Lieferschein oder eine Rechnung bei. Anhand des Bestelldatensatzes im Erwerbungsmodul des Bibliothekssystems wird die Bestellung überprüft und mit dem Lieferschein oder der Rechnung abgeglichen. Die Lieferung wird auch auf Unversehrtheit und Vollständigkeit des Inhalts überprüft. Sollten Medien beschädigt oder verdruckt sein, werden sie an den Lieferanten zum Umtausch zurückgegeben. Anschließend wird die Bestellart festgestellt:

Wurde das Buch **„fest"** bestellt, kann es direkt katalogisiert und inventarisiert werden.

Wurde das Buch **„zur Ansicht"** bestellt, wird es zunächst näher begutachtet. Die Begutachtung von Ansichts-Bestellungen wird in den einzelnen juristischen Institutionen unterschiedlich gehandhabt. Entweder wird sie direkt vom Bibliothekar durchgeführt oder von einem Juristen. Gerade in Kanzleien werden zur Ansicht bestellte Medien meistens einem Partner aus dem jeweiligen Rechtsgebiet zur Kaufentscheidung reingereicht.

Praxisbeispiel:

Die Bibliothek hat vom Buchhändler folgende Titel geliefert bekommen: 5 Exemplare vom Palandt (Bürgerliches Gesetzbuch), 1 Band vom Staudinger, 1 Kommentarzur Zivilprozessordnung und 1 Handbuch zum Umweltrecht.
Der Palandt und der Kommentar zur Zivilprozessordnung wurden als Standardwerke „fest" bestellt. Sie können direkt eingearbeitet werden. Der Staudinger, als mehrbändiges Werk, wurde „zur Fortsetzung" bestellt. Auch er kann von der Bibliothek direkt eingearbeitet werden, da die einzelnen Bände als festes Abo geliefert werden.
Das Handbuch zum Umweltrecht wurde „zur Ansicht" bestellt. Es wird an den Rechtsanwalt Dr. Müller weitergegeben, der in der Kanzlei für das Rechtsgebiet Umweltrecht verantwortlich ist. Der Lieferschein wird dem Buch entnommen, und das Ende der Ansichtsfrist notiert. Sollte Herr Müller seine Kaufentscheidung vor Ende der Ansichtsfrist noch nicht der Bibliothek mitgeteilt haben, wird er kurz vor Fristende von der Bibliothek noch einmal daran erinnert.

Tipps & Tricks:
Sollte in Ihrer Kanzlei die Kaufentscheidung von einem Partner getroffen werden, gehen sie folgendermaßen vor: Legen Sie sich den Lieferschein mit dem Rückgabedatum auf Wiedervorlage, damit Sie den Juristen rechtzeitig an das Ansichts-Exemplar erinnern können. Zu Dokumentationszwecken ist es hilfreich sich die Kaufentscheidung des Anwalts abzeichnen zu lassen. Fügen Sie also dem Buch einen kleinen Zettel bei, den der Anwalt bei Kaufwunsch unterzeichnen soll. Bei späteren Rückfragen, warum ein bestimmtes Buch gekauft wurde, haben Sie so eine Absicherung.

Muster: Ansichts-Exemplar

Bestellt für:
Rückgabedatum:

Autor:
Titel:
Preis:

Kaufen?
☐ Ja   ☐ Nein

Zur Fortsetzung / Abonnement?
☐ Ja   ☐ Nein

Werden die zur Ansicht bestellten Bücher übernommen, können sie ganz normal katalogisiert und inventarisiert werden. Andernfalls werden die Medien samt Lieferschein, bzw. Rechnung an den Lieferanten zurückgegeben. Eine Kopie des Lieferscheins / der Rechnung sollte allerdings für die Akten aufbewahrt werden. Im Bestelldatensatz des Bibliothekssystems wird ebenfalls vermerkt, dass das Buch nicht gekauft, sondern zurückgegeben wurde.

3.3.3 Erschließung

Herzstück einer Bibliothek ist ihr Bibliothekskatalog, in dem alle Medien verzeichnet werden. Der Katalog hat verschiedene Aufgaben. Zum einen soll er den Bibliotheksbestand inventarisieren und ihn dadurch nachweisbar machen. Zum anderen wird mit ihm der Bestand erschlossen und das Ausleihsystem versorgt. Mit Hilfe des Katalogs verschafft die Bibliothek ihren Nutzern eine Übersicht über die vorhandenen Medien. Bestanden früher Bibliothekskataloge aus Karteikartensystemen und Zettelkästen, so hat heutzutage in fast jeder Bibliothek der elektronische Katalog Einzug gehalten. Hierfür werden meistens Module in einem elektronischen Bibliothekssystem verwendet. In manchen ganz kleinen Bibliotheken kann der Katalog auch aus einer Access-Datenbank oder Excel-Tabelle bestehen. Grundsätzlich ist es aber wichtig, dass der Bestand in irgendeiner Form erschlossen wird und dadurch nachweisbar ist, welche Medien in der Bibliothek vorhanden sind.

Es gibt zwei Arten der Erschließung: die formale und die inhaltliche Erschließung. Unter Formalerschließung wird im Allgemeinen die Erfassung der äußerlichen („formalen") Kriterien zu einem Medium verstanden. Hierzu zählen z. B. Autor, Titel, Zusatz zum Titel, Verlagsort, Verlag oder Erscheinungsjahr. Im Gegensatz dazu werden bei der Inhaltserschließung (auch Sacherschließung genannt) die inhaltlichen Kriterien eines Buches erfasst. Gemeinsam dienen Formal- und Inhaltserschließung dazu, dem Nutzer die Möglichkeit zu bieten, im Katalog alle für ihn relevanten Medien innerhalb des Bibliotheksbestands zu finden.

3.3.3.1 Formalerschließung

Für die Formalerschließung gibt es normalerweise verbindliche Regelwerke, nach denen ein Eintrag im Katalog erfolgt. In Deutschland werden üblicherweise die Regeln für die alphabetische Katalogisierung in wissenschaftliche Bibliotheken (RAK-WB) angewendet. Im angloamerikanischen Raum finden dagegen die Anglo American Cataloging Rules (AACR) für die formale Erschließung von Medien Anwendung. Diese Regelwerke sollen allerdings zukünftig von den „Ressource Description and Access" (RDA) abgelöst werden. Hierbei handelt es sich um Standards zur Erschließung von analogen und digitalen Ressourcen in Bibliotheken, Archiven und Museen.

Sinn eines Regelwerkes ist, dass Bibliotheksbestände einheitlich (überall gleich) erschlossen werden. Dies ermöglicht später bei einer eventuellen Zusammenlegung von Bibliotheken oder bei Kooperation von Bibliotheken eine einheitliche Präsentation des Bestandes. Auch wird dadurch die Einarbeitung neuer Mitarbeiter in die Bestanderschließung erleichtert. Aufgrund der elektronischen Bibliothekskataloge ist es heutzutage einfacher geworden, die verschiedenen Bibliotheksbestände einheitlich zu erschließen, da viele Kataloge für jedermann frei verfügbar im Internet einsehbar sind. Des Weiteren gibt es Dank der modernen Technik mittlerweile die Möglichkeit, Fremddaten von anderen Bibliotheken zu übernehmen. Dies ist gerade für kleine Bibliotheken ohne bibliothekarisches Fachpersonal eine interessante Möglichkeit um den eigenen Bibliothekskatalog mit Katalogdaten hoher Qualität zu füllen. Anbieter von Fremddaten sind z. B. die Deutsche Nationalbibliothek, die einzelnen Bibliotheksverbünde und verschiedene Bibliotheksdienstleister, wie z. B. die ekz.

Tipps & Tricks:
Sollten Sie unsicher sein, wie juristische Bücher richtig katalogisiert werden, schauen Sie sich die entsprechende Titelaufnahme bei der DNB oder in einem Verbundkatalog an. Sollten Sie auch keine Fremddaten übernehmen können, so können Sie hier die einzelnen Kategorien einer Titelaufnahme mittels „Copy and Paste" in ihr Bibliothekssystem übernehmen.

Spicken Sie in anderen Katalogen.

Weiterführende Informationen zum Thema Formalerschließung
Zur Vertiefung der Themen Formalerschließung und RAK-WB können die folgenden Hinweise interessant sein:

Literaturtipp:
- Katalogisierung nach den RAK-WB: Eine Einführung in die Regeln für die alphabetische Katalogisierung in wissenschaftlichen Bibliotheken / von Klaus Haller und Hans Popst. - 6., durchges. u. aktualis. Aufl. - Berlin: De Gruyter Saur, 2003 . - 331 S. ISBN 978-3-598-11626-1

Online-Skript:
- Grundlagen der Formalerschließung von Margarete Payer:
  http://www.payer.de/grundlagenfe/fegscr01.htm

Anbieter für Seminare zum Thema Formalerschließung:
- Zentrum für Bibliotheks- und Informationswissenschaftliche Weiterbildung (ZBIW): http://www.fbi.fh-koeln.de/zbiw/zbiw.htm
- Bibliotheksakademie Bayern: http://www.oebib.de/index.php?id=1273

3.3.3.2 Inhaltserschließung

Während bei der Formalerschließung auf die äußerlichen Angaben zu einem Medium eingegangen wird, gilt es bei der Inhaltserschließung den Inhalt des Werkes zu erfassen. In Bibliotheken wird dies in der Regel durch die Vergabe von Schlagwörtern und Notationen, die einer Klassifikation oder Systematik zugeordnet werden, ausgedrückt.

Verschlagwortung

Mit Hilfe von Schlagwörtern wird der Inhalt eines Dokumentes mit wenigen Worten möglichst zutreffend beschrieben. Im Unterschied zu einem Stichwort, werden Schlagwörter einem terminologisch kontrollierten Vokabular entnommen. Dies bedeutet, dass aus einer Liste von vorgegebenen Wörtern, diejenigen ausgewählt werden, die das Dokument am Treffendsten beschreiben. Für die Vergabe von Schlagwörtern gibt es ähnlich wie bei der Formalerschließung vorgegebene Regeln. Im deutschen Bibliothekswesen sind dies die Regeln für die Schlagwortkatalogisierung (RSWK). Das normierte Vokabular für die Schlagwörter im Bibliotheksbereich wird der Schlagwortnormdatei (SWD) entnommen. Es gibt fünf verschiedene Arten von Schlagwörtern: Personalschlagwort, Geographisches oder ethnographisches Schlagwort, Sachschlagwort, Zeitschlagwort, Formschlagwort. Durch die Verknüpfung einzelner Schlagwörter entsteht eine Schlagwortkette.

In den gängigen Bibliothekssystemen gibt es in der Katalogisierungsmaske ein Feld für die Schlagwörter. In einem dahinter liegenden Index kann das normierte Vokabular abgespeichert werden.

Beispiele für die Verschlagwortung juristischer Bücher:

1. Kommentar zum Handelsgesetzbuch
   Verschlagwortung: Deutschland; Handelsgesetzbuch; Kommentar

2. Rehbock: Beck'sches Mandats-Handbuch Medien- und Presserecht
   Verschlagwortung: Deutschland ; Medienrecht; Handbuch

3. Eichele, Karl: Berufung im Zivilprozess
   Verschlagwortung: Deutschland; Berufung <Prozessrecht>; Zivilprozess

4. Schneider, Christof Alexander: Die Kollision Allgemeiner Geschäftsbedingungen im internationalen geschäftsmännischen Verkehr
   Verschlagwortung: Deutschland; Allgemeine Geschäftsbedingungen; Internationales Vertragsrecht; Übereinkommen über Verträge über den internationalen Warenkauf; Rechtsvergleich

Tipps & Tricks
Sollten Sie unsicher sein, wie Sie juristische Bücher verschlagworten sollen, schauen Sie sich die entsprechende Titelaufnahme bei der DNB oder in einem Verbundkatalog an. Oftmals können Sie von dort die Schlagwörter übernehmen.

Klassifikation / Systematik

Mit Hilfe einer Klassifikation oder Systematik werden Gegenstände oder Sachverhalte festgelegten Fächern oder Gruppen zugeordnet. Ziel dieser Systematik ist es, sich innerhalb einer Klasse einen Überblick über die darin geordneten Objekte zu verschaffen und die thematische Suche zu ermöglichen. Anhand der Klassifikation wird jedes Medium der Bibliothek einer bestimmten Klasse zugeordnet und mit einer Notation versehen. Diese bildet dann bei einer systematischen (inhaltlichen) Aufstellung des

Bibliotheksbestandes einen Teil der Signatur, die als Standortbezeichnung für das Medium dient.

Im Bibliothekswesen gibt es zahlreiche Klassifikationssysteme. Viele von ihnen sind für die Erschließung von großen Bibliotheken ausgerichtet. Für Spezialbibliotheken, deren Bestände sich oftmals auf nur ein einziges Fach oder wenige Fächergruppen beziehen, ist es daher nicht leicht, eine geeignete Systematik zu finden. Oftmals muss diese selbst, anhand der speziellen Bedürfnisse der eigenen Bibliothek erstellt werden. Dabei können jedoch die großen Universalklassifikationen eine große Hilfe sein. Die jeweiligen Fächergruppe Recht einer solchen allgemeinen Klassifikation kann als Ausgangsbasis für eine eigenständige Systematik verwendet werden, die auf die eigene Bibliothek angepasst wird.

Beispiel:
Ein Beispiel für eine weit verbreitete Klassifikation, ist die Regensburger Verbundklassifikation (RVK). Die RVK wurde ca. 1964 an der Bibliothek der Universität Regensburg entwickelt und hat sich in zahlreichen Bibliotheken – vor allem in Bayern und Ostdeutschland – etabliert. Unter der Oberklasse „P" werden die Klassen für das Thema „Recht" abgebildet.
Auch einige juristische Bibliotheken nutzen die RVK zur Systematisierung des Bestandes, wie z. B. die Bibliothek des BGH und des BFH.
Nähere Informationen zur Regensburger Verbundklassifikation finden Sie unter:
http://rzbvm001.uni-regensburg.de/sepp/rvko_neu/

Abstracts:
Ein Abstract ist eine kurze Inhaltsangabe, die ein Medium oder Dokument zusammenfassend beschreibt. Der Abstract soll möglichst kurz und neutral geschrieben, das heißt frei von Wertungen sein.

Tipps & Tricks
Orientierung bei der Erstellung eines Abstracts bieten Klappentexte, bereits bestehenden Rezensionen im Internet oder die Ankündigung im Verlagsprospekt.

Social Tagging / Folksonomies:
Eine recht neue Form der inhaltlichen Erschließung von Medien ist das Social Tagging. Hierbei können mehrere Nutzer von Inhalten (z. B. Bücher, Websites, Dokumente) Deskriptoren (Schlagwörter) vergeben. Die in diesem Zusammenhang erstellten Sammlungen von Schlagwörtern werden auch „Folksonomies" genannt. Das Social Tagging wird in der Regel mit Hilfe Sozialer Software realisiert. Die Folksonomies werden meist in einer so genannten Tag Cloud (Wortwolke) dargestellt. Hier können z. B. die Juristen direkt ihre eigene Verschlagwortung an die gesuchte Literatur hinzufügen.

Weiterführende Informationen zum Thema Inhaltserschließung:
Zur Vertiefung des Themas Inhaltserschließung können die folgenden Hinweise interessant sein:

Literaturtipp:
- Bertram, Jutta: Einführung in die inhaltliche Erschließung : Grundlagen – Methoden – Instrumente. Content and Communication
  Würzburg: Ergon, 2005
  ISBN 978-3-89913-442-1

Online-Skript:
- Umlauf, Konrad: Einführung in die bibliothekarische Klassifikationstheorie und -praxis : Mit Übungen
  Berlin: Institut für Bibliotheks- und Informationswissenschaft der Humboldt-Universität zu Berlin, 1999–2006
  (Berliner Handreichungen zur Bibliotheks- und Informationswissenschaft. 67)
  http://www.ib.hu-berlin.de/~kumlau/handreichungen/h67/

Checkliste:
- Checkliste Nr. 9: Umsystematisieren / Jürgen Plieninger. 2005
  http://www.bib-info.de/fileadmin/media/Dokumente/Kommissionen/Kommission%20f%FCr%20One-Person-Librarians/Checklisten/check9.pdf

3.3.4 Zeitschriften- und Fortsetzungsverwaltung

Zeitungen, Zeitschriften, Abonnements und Fortsetzungswerke stechen in der Bibliotheksverwaltung heraus und bedürfen besonderer Aufmerksamkeit, da sie eine umfangreiche Organisation benötigen.

Insbesondre die Überwachung des Eingangs neuer Zeitschriftenhefte oder einzelner Bände, Teile und Ergänzungslieferungen eines Fortsetzungswerkes muss sorgfältig durchgeführt werden, damit keine Lücken entstehen. Hierzu werden spezielle Zeitschriften- und Fortsetzungsverzeichnisse oder -nachweise erstellt.

Zeitschriftenverwaltung

Im Allgemeinen werden bei der Zeitschriftenverwaltung alle Zeitschriften, Zeitungen und Periodika erfasst und der Eingang der einzelnen Hefte und Nummern kontrolliert und verbucht. Hierdurch lässt sich sicher feststellen, ob Zeitschriften regelmäßig und vollständig geliefert wurden, oder ob Lücken eingetreten sind. Wurde ein einzelnes Heft nicht geliefert, muss dieses unverzüglich beim Lieferanten reklamiert werden, da sonst das Heft kostenpflichtig neu bestellt werden muss.

Die Verwaltung der Zeitschriften kann entweder über ein Zeitschriftenmodul im elektronischen Bibliothekssystem oder klassisch über einen Zeitschriftennachweis mittels Karteikarten erfolgen. Beim elektronischen Bibliothekssystem wird zunächst ein Datensatz für jede Zeitschrift angelegt. Jedes einzutreffende Heft wird als „eingegangen" verbucht. Spezielle Funktionen ermöglichen es, Mahnerinnerungen einzurichten, falls ein Zeitschriftenheft nicht innerhalb eines gewissen Zeitraums eingegangen ist. Sollte das vorhandene Bibliothekssystem kein Zeitschriftenmodul besitzen, oder die Bibliothek nur sehr wenige Zeitschriften abonniert haben, sodass sich keine Anschaffung eines zusätzlichen Zeitschriftenmoduls lohnt, so kann die klassische Zeitschriftenverwaltung mittels Karteikarten (so genannte Kardex-Karten) eine sinnvolle Alternative sein. Hierbei wird für jede Zeitschrift eine separate Kardex-Karte angelegt. Diese wird mit dem Titel, der Abkürzung zum Titel, dem Verlag und dem Lieferanten der jeweiligen Zeitschrift versehen. Der Eingang jedes neuen Heftes, bzw. jeder neuen Nummer eines Jahrgangs wird in der Karteikarte eingetragen.

Nachdem der Eingang eines neuen Zeitschriftenheftes aufgenommen wurde, kann der nächste Arbeitsschritt erfolgen. Zunächst sollten eventuell vorhandene Beilagen der Zeitschrift entnommen und separat in der Bibliotheksverwaltung aufbewahrt werden, bis sie schließlich am Ende eines Jahrgangs mit allen Zeitschriftenheften zu einem Zeitschriftenband gebunden werden. Um die Zeitschrift als Eigentum der Bibliothek zu markieren, ist es sinnvoll, jedes Heft auf der Rückseite der Titelseite mit einem Stempel zu versehen. Anschließend werden die meisten Zeitschriften an ihrem Standort in der Bibliothek zur Nutzung ausgelegt. Manche Zeitschriften, die eine besondere Wichtigkeit für einen Teil der Mitarbeiter haben, gehen allerdings zunächst in einen Zeitschriftenumlauf.

Beim Zeitschriftenumlauf wird das jeweilige Heft einer Zeitschrift an bestimmte Personen innerhalb der Institution zirkuliert. Dies geschieht meist in einer festen Reihenfolge, die mittels eines Umlaufzettels an die Zeitschrift geheftet wird. Hat die erste Person auf der Liste die Zeitschrift gelesen, hakt sie ihren Namen auf der Liste ab (oder streicht ihn durch), und gibt die Zeitschrift an die nächst folgende Person auf der Liste weiter. Die letzte Person auf der Liste ist dafür verantwortlich, dass die Zeitschrift zurück an die Bibliothek gereicht wird, die diese dann zur allgemeinen Benutzung freigibt.

Diese Form des Zeitschriftenumlaufs ist nicht immer vorteilhaft. Gerade bei Zeitschriften, die von vielen Personen gelesen werden, dauert es oftmals mehrere Wochen, bis eine Ausgabe aus dem Umlauf zurück in die Bibliothek gelangt. In dieser Zeit ist sie für die übrigen Nutzer nicht verfügbar – es sei denn, die Person wird ausfindig gemacht, bei der sich gerade die Zeitschrift im Umlauf befindet. Eine Alternative hierzu kann das Kopieren oder Versenden von Inhaltsverzeichnissen sein (ein sogenannter Current-Content- oder Table-of-Content-Dienst). Anstatt der Zeitschrift selber, erhält jeder interessierte Mitarbeiter eine Kopie des Inhaltsverzeichnisses der gewünschten Zeitschrift entweder in gedruckter Form oder als Scan per Mail. Bei Interesse an einem speziellen Artikel kann er sich die Zeitschrift sofort in der Bibliothek ansehen, den Artikel kopieren oder kopieren lassen.

Tipps & Tricks:
Sollten Sie über ausreichend Hilfskräfte verfügen, bieten Sie den Mitarbeitern ihrer Institution einen Kopierservice an. Die Mitarbeiter erhalten die gewünschten Inhaltsverzeichnisse und müssen nur der Bibliothek mitteilen, welche Artikel sie benötigen. Die gewünschten Artikel werden dann schnellstmöglichst geliefert. Dadurch können sich die Mitarbeiter besser auf ihre fachliche Arbeit konzentrieren.

Bieten Sie einen Kopierservice an!

Gelegentlich werden von Verlagen unbestellte Probehefte einer Zeitschrift zugeschickt. Falls die Zeitschrift als Abonnement interessant wäre, sollte das Probeexemplar an den verantwortlichen Juristen aus dem jeweiligen Rechtsgebiet zur Info und mit Preisangabe für ein Jahresabonnement weitergegeben werden.

Fortsetzungsverwaltung

Da gerade in juristischen Bibliotheken noch sehr viele Werke als Loseblattsammlungen erscheinen, spielt hier die Fortsetzungsverwaltung eine nicht unerhebliche Rolle. Die Verwaltung von Fortsetzungen verläuft dabei ähnlich, wie bei den Zeitschriften. Auch hier gibt es ebenfalls die Möglichkeit, die Fortsetzungen mittels des Zeitschriften- und Fortsetzungsmoduls im Bibliothekssystem oder traditionell mit Hilfe von Kardex-Karten zu verwalten. Bei der Aufnahme von Fortsetzungen muss jedoch zwischen den mehrbändigen Werken und den Fortsetzungen von einzelnen Teilwerken, wie z. B. Loseblattsammlungen, unterschieden werden. Bei mehrbändigen Werken besteht die Möglichkeit im elektronischen Bibliothekssystem einen Stücktitel anzulegen. Dies bedeutet eine separate Titelaufnahme für jeden einzelnen Band. Alle Bände werden dann mit der Gesamttitelaufnahme mit allen wichtigen Details zur Reihe verbunden. Manche – vor allem kleinere – Bibliothekssysteme bieten nicht die Möglichkeit Gesamt- und Stücktitel zu erstellen, bzw. Datensätze miteinander zu verknüpfen. Hier besteht dann nur die Möglichkeit für jeden einzelnen eingetroffenen Band eine separate Titelaufnahme anzulegen.

Die klassischen Fortsetzungen, wie z. B. die Loseblattsammlungen werden ähnlich wie die Zeitschriften verwaltet. Für jede einzelne Fortsetzung wird wiederum ein Datensatz im elektronischen Bibliothekssystem, bzw. konventionell eine Kardex-Karte erstellt. Diese beinhaltet Angaben zu Verfasser, Titel, Verlag, Lieferant und Art der Erwerbung. Des Weiteren wird der Erscheinungsbeginn des Grundwerkes vermerkt. Jede einzelne eingetroffene Ergänzungslieferung wird im System als „eingetroffen" verbucht, bzw. auf der Kardex-Karte eingetragen. Da Ergänzungslieferungen zu Loseblattsammlungen oftmals nicht am gleichen Tag einsortiert werden, an dem sie in der Bibliothek eintreffen, sollte bei diesen Medien zusätzlich vermerkt werden, wann die jeweilige Ergänzungslieferung einsortiert wurde.

FAQ:
Wie häufig erscheinen Ergänzungslieferungen für eine Loseblattsammlung?
Die Anzahl an neu erscheinenden Ergänzungslieferungen pro Jahr ist bei jeder Loseblattsammlung unterschiedlich. Nähere Informationen zu der Erscheinungsweise sind in den meisten Fällen auf der Homepage des jeweiligen Verlages zu finden. Geben Sie einfach auf der Verlags-Homepage den Titel der Sammlung in die Produktsuche ein. Falls auf der Homepage des Verlags keinerlei Informationen zur Erscheinungsweise zu finden sein sollten, dürfte eine telefonische Anfrage beim Verlag weiterhelfen.

3.3.5 Technische Buchbearbeitung

Nach der Katalogisierung und inhaltlichen Erschließung des Buches sind noch einige Kleinigkeiten zu erledigen, bevor das Medium zur Benutzung in die Bibliothek gestellt werden kann. Um das Medium als Eigentum der Bibliothek, bzw. ihrer Trägerinstitution auszuweisen, muss es eindeutig gekennzeichnet werden. Dies geschieht in der Regel durch einen Stempel im Buch. Bei dem Stempel muss es sich nicht um einen speziellen Stempel der Bibliothek handeln, es reicht der Standard-Adressstempel des Unternehmens, bzw. der Institution. Der Stempel wird in der Regel auf das Vortitelblatt des Buches (die Seite vor dem Titelblatt) angebracht. In der Nähe des Bibliotheksstempels (egal ob über, unter oder neben ihm) wird noch die Signatur und die Inventarnummer des Mediums mit Bleistift eingetragen. Anschließend erfolgt noch die Beschriftung des Buchrückens mit einem Klebeetikett auf dem die Signatur des Buches angebracht wird. Hier gibt es verschiedene Etikettenarten. Häufig werden aber selbstklebende Etiketten genutzt, die manchmal noch mit einem Stück Klebefolie überzogen werden (gerade auf Leineneinbänden halten viele Selbstklebeetiketten ohne Klebefolie nicht). Je nach Ausleihmöglichkeiten wird das Medium noch mit einer Buchkarte, einem Barcode oder einem RFID-Chip versehen.

Ablauf technische Buchbearbeitung:
- Bibliotheksstempel auf Vortitelblatt
- Eintragung der Signatur und der Inventarnummer
- Erstellung eines Signaturschildes für den Buchrücken
- Einkleben von Buchkarte, Barcode oder RFID-Chip für Ausleihe

Heben Sie Beilagen getrennt vom Buch auf.

Tipps & Tricks:
Sollte ein Buch Beilagen, wie z. B. CD-Roms oder DVDs beinhalten, ist es ratsam diese dem Buch zu entnehmen und separat in speziellen Aufbewahrungsbehältern zu lagern. Die Beilage wird ebenfalls mit der Signatur versehen (bei CD-Roms auf der Hülle und am Rand der CD selber). Auch wird die Beilage im Katalogeintrag des Mediums vermerkt. Ein zusätzlicher Aufkleber auf dem Rücken des Buches, kann aber dem Bibliothekskunden als Hinweis auf vorhandenes Zusatzmaterial dienen. Bei Interesse kann dieses dann beim Bibliothekspersonal erfragt werden. Dieses Vorgehen garantiert, dass keine Beilage verschwindet.

3.3.6 Buchbinder

Die meisten Fachzeitschriften werden nach der Lieferung eines kompletten Jahrgangs (meist nach Ablauf eines Jahres), manche aber auch halbjährlich gebunden. Genaue Informationen zur Bindung eines Zeitschriftenbandes können Sie oftmals der Homepage des Verlages, der die Zeitschrift herausgibt, entnehmen.

Um einen Jahrgang dem Buchbinder übergeben zu können, müssen folgende Bestandteile vorhanden sein:
- Alle Zeitschriftenhefte des entsprechenden Jahrgangs
- das Jahresinhaltsverzeichnis
- alle Beilagen des Jahrgangs
  (die genaue Anzahl kann normalerweise dem Jahresinhaltsverzeichnis oder einem Zettel, der mit der Einbanddecke geliefert wird, entnommen werden)
- wenn vorhanden, die entsprechende Einbanddecke (Es gibt Zeitschriften für die beim herausgebenden Verlag gegen ein geringes Entgelt ein passender Einband bestellt werden kann).

Die Hefte werden in der Reihenfolge, in der sie gebunden werden sollen, sortiert. Eventuelle Werbebeilagen in der Zeitschrift können weggeworfen werden.

Wenn der gebundene Zeitschriftenband vom Buchbinder zurückkommt, wird dieser auf Vollständigkeit und Richtigkeit überprüft.

Für die Bindung der Zeitschriften ist es sinnvoll sich einen „Haus- und Hofbuchbinder" zu suchen, mit dem Sie auf Dauer zusammenarbeiten. Einige größere Fachbuchhandlungen arbeiten oftmals mit einem Buchbinder direkt zusammen, bzw. bieten einen Buchbinderservice an. Die Nutzung dieses Buchbinders hätte für die Bibliothek den Vorteil, dass alles wiederum über einen Lieferanten/Kundenbetreuer der Buchhandlung abgewickelt werden kann und sich die Bibliothek somit viel Arbeit erspart. Nichts desto trotz sollten auch andere Anbieter mit berücksichtigt werden. Gerade die Preise für Buchbindungen können von Buchbinder zu Buchbinder stark variieren.

Tipps & Tricks:
Vertragsdokumentationen und Vertragsbibeln
In vielen Kanzleien wird nach Abschluss eines Projektes, wie z. B. einer Unternehmenstransaktion, eine Vertragsdokumentation oder eine so genannte „Vertragsbibel" erstellt. Hierbei handelt es sich um eine Sammlung aller wichtigen Verträge und Dokumente der Transaktion, die zu einem Buch – ähnlich einem Zeitschriftenband – gebunden werden. In der Regel ist es dabei so, dass die Dokumentation komplett vorbereitet, sortiert, und gelayoutet an den Buchbinder überreicht wird, und dieser nur noch den Band mit Einbanddecke und Register versieht. Die Vorarbeiten dazu finden meist in der Kanzlei selber statt. Das Zusammenstellen der Dokumentation, das Layout des Bandes und die Koordination mit dem Buchbinder kann dabei auch von der Informationsvermittlungsstelle übernommen werden.

Vertragsbibeln

Folgende Arbeiten sind bei der Zusammenstellung einer Vertragsbibel zu tätigen:
- Zusammenstellen aller für die Transaktion wesentlichen Dokumente
  (in Absprache mit einem Anwalt)
- Sortieren der Dokumente in die „richtige" Reihenfolge
  (in Absprache mit einem Anwalt; eventuelle unter mithilfe eines Referendars)
- Erstellung eines Deckblattes und eines Inhaltsverzeichnisses
  (in Absprache mit einem Anwalt; eventuell unter mithilfe eines Referendars)
- An den Stellen, an denen der Buchbinder ein Register einfügen soll, werden farbige Trennblätter eingelegt.

Zusammenstellung von Vertragsbibeln

- Eventuell werden noch andersfarbige Trennblätter beschriftet und eingelegt, die einzelne Dokumente oder Abschnitte unterteilen sollen
 (sofern hier vom Buchbinder keine Register erstellt werden sollen).
- Von den zusammengestellten und sortierten Dokumenten wird nun ein Kopierexemplar der Bibel erstellt. Diese Kopiervorlage kann dann in der gewünschten Anzahl an Exemplaren kopiert werden.
- Dem Buchbinder werden genaue Anweisungen zur Bindung der Bibeln zusammengestellt: Farbe des Einbands, Beschriftung der Einbanddecke, Anzahl und Beschriftung der Register.
- Die kopierten Roh-Exemplare und die Bindungsanweisungen können nun dem Buchbinder übergeben werden.

Da das Binden von Vertragsdokumentationen Handarbeit ist, und die Bindung je nach Aufwand preislich sehr unterschiedlich sein kann, ist es sinnvoll, sich vorab beim Buchbinder über die ungefähren Kosten und die Dauer bis zur Fertigstellung zu informieren.

3.3.7 Aufstellung der Bibliothek

Für die Aufstellung der Bücher in der Bibliothek gibt es verschiedene Möglichkeiten. Geläufig sind vor allem die drei folgenden Aufstellungsarten:
- Systematische Aufstellung
 (Aufstellung nach bestimmten Wissensgebieten)
- Mechanische Aufstellung
 (nach dem Zugang der Bibliothek und der vergebenen Zugangsnummer (auch Numerus currens-Aufstellung genannt)).
- Gruppenaufstellung
 (Aufstellung der Bücher nach verschiedenen sachlichen Gruppen)

In kleineren Spezialbibliotheken, zu denen die meisten juristischen Bibliotheken gehören, werden die Bücher in der Regel systematisch aufgestellt. Hierbei werden die Medien nach einem System auf dem Fachgebiet (hier der Rechtswissenschaft) geordnet, sodass sich einige Hauptgruppen und mehrere dazu gehörige Untergruppen bilden. Eine so genannte Systematik wird erstellt. Jedes neu erfasste Medium wird einer der Systemgruppen zugeordnet, die sich auf dem Inhalt des Mediums ergibt. Diese wird dann anschließend in der Signatur (der Standortnummer) ausgedrückt. Die Medien werden also nach der gleichen Reihenfolge ins Regal gestellt, wie sie die jeweilige Systematik oder Klassifikation darstellt. Innerhalb der einzelnen Systemstellen (Systemgruppen) werden die Medien meistens alphabetisch nach Verfasser oder Titel geordnet. Sie können aber dort auch mechanisch nach der Zugangsnummer oder chronologisch nach Erscheinungsjahr sortiert werden.

Für den Bibliothekskunden ist die systematische Aufstellung am Günstigsten, da er so die Literatur zu einem Thema direkt beisammen stehen sieht, und sich so einen schnellen Überblick über die vorhanden Medien verschaffen kann. Allerdings benötigt die systematische Aufstellung viel Raum, da für neu hinzukommende Bücher reichlich Platz auf Vorrat einkalkuliert werden muss.

Signaturen
Zur Bestimmung des genauen Standortes eines Mediums wird eine Signatur vergeben. Die Signatur wird im Katalog im Exemplardatensatz der jeweiligen Titelaufnah-

me verzeichnet. Je nach Art der Aufstellung kann es unterschiedliche Signaturarten geben.

Bei der systematischen Aufstellung, die ja in vielen kleineren Bibliotheken zu finden ist, kommt jedes Buch an diejenige Stelle innerhalb des Bestandes, an der es gemäß seinem Inhalt im Rahmen der verwendeten Systematik eingereiht werden muss. Die Signatur muss folglich die Bezeichnung der Systemstelle oder Systemgruppe, also der Notation, enthalten. An Bibliotheken mit verhältnismäßig kleinem Bestand genügt es, nur die Notation als Signatur zu verwenden. Notation und Signatur sind dann also identisch.

Bei der mechanischen Aufstellung (Aufstellung nach Numerus Currens), die häufig in Magazinen verwendet wird, werden die Bücher nach fortlaufender Nummer eingestellt. Hier wird die fortlaufende Mediennummer, eventuell noch um das Erwerbungsjahr ergänzt, als Signatur verwendet.

3.3.8 Ausleihe / Benutzung

Viele juristische Bibliotheken sind so genannte Präsenzbibliotheken. Die Bücher können nicht ausgeliehen und mit nach Hause genommen werden. Es findet daher keine „richtige" Ausleihe im eigentlichen Sinne statt. Die Medien werden dann oftmals nur vor Ort, also innerhalb der Institution ausgeliehen, damit der Mitarbeiter sie in sein Büro mitnehmen kann, um sie direkt am Arbeitsplatz nutzen zu können. Jedoch ist auch für diese interne Ausleihe ein funktionierendes Ausleihsystem notwendig, damit erkennbar ist, wo sich innerhalb der Institution die Bücher befinden.

Für das Ausleihsystem gibt es verschiedene Möglichkeiten, deren Einsatz auch abhängig von der Größe des Unternehmens, der Größe der Bibliothek und der allgemeinen technischen Ausstattung ist. In großen Bibliotheken mit einem großen Nutzerkreis, die auch über die entsprechende Bibliothekstechnik verfügen, wird die Ausleihe heutzutage über ein entsprechendes Ausleihmodul im elektronischen Bibliothekssystem verwaltet. Jedes Medium wird mit einem Barcode oder RFID-Chip versehen, der durch das Bibliothekssystem eingelesen werden kann. Diese Ausleihe ist schnell und effizient allerdings auch nicht ganz preiswert. Daher sollte vor der Einführung gründlich überlegt werden, ob die Anschaffung eines elektronischen Ausleihsystems einem ausgewogenen Kosten-Nutzenverhältnis gegenüber steht.

Bei kleineren Bibliotheken mit nur wenig Ausleihen lohnt sich häufig ein solches Ausleihsystem nicht. Hier besteht beispielsweise die Möglichkeit auf die klassische Ausleihe mit Hilfe von Buchkarten zurück zugreifen. Dieses Ausleihverfahren wurde früher zumeist in Öffentlichen Bibliotheken angewendet und eignet sich heute noch für kleine Bibliotheken und Ausleihbestände:

In jedem Buch befindet sich eine Buchkarte, auf der Signatur, Verfasser und Titel des Buches vermerkt sind. Sie wird in eine am hinteren oder vorderen Buchdeckel befestigte Buchtasche gesteckt.

Bei der Ausleihe des Buches wird dann die Buchkarte dem Buch entnommen. Nun gibt es verschiedene Möglichkeiten für das weitere Vorgehen:

1. Der Nutzer trägt seinen Namen oder seine Benutzernummer auf der Buchkarte des Buches ein. Die Buchkarte wird von der Bibliothek dann bis zur Rückgabe aufgehoben.
    a. Gibt es eine bestimmte Ausleihfrist, so wird die Buchkarte in einer Kartei sortiert nach dem Rückgabedatum abgelegt. Im Buch selber wird auf einem Fristenblatt, das vorne im Buch eingeklebt ist, ein Datumsstempel versehen.

b. In vielen Kanzleien- und Unternehmensbibliotheken gibt es allerdings keine konkreten Ausleihfristen, sodass die Ausleihe eines Buches unbeschränkt erfolgen kann. In diesem Fall sollte die Karte konkret einem Ausleiher zugeordnet werden, damit ein etwaiger anderer Interessent sich mit derjenigen Person kurzschließen kann.
2. Alternativ kann zu jedem Mitarbeiter Stellvertreterhüllen erstellt werden. Möchte ein Mitarbeiter ein Buch ausleihen, so entnimmt er die Buchkarte, steckt sie in seinen Stellvertreter und diesen dann an die Stelle im Regal, wo das Buch vorher stand. Möchte ein anderer Kollege das Buch dann ausleihen, so sieht er direkt wer derzeit das Buch nutzt.

3.4 Bibliothekstechnik

Technik ist aus unserem heutigen Alltag nicht mehr wegzudenken. Ähnlich sieht es auch bei der Bibliotheksverwaltung aus. Der alte Zettelkatalog mit seinen Katalogkärtchen hat schon seit langem ausgedient, und an seiner Stelle haben sich elektronische Bibliotheksverwaltungsprogramme in der Praxis etabliert. Zur Verwaltung der Medien einer Bibliothek gelten sie heutzutage schon fast als Standard.

Die Anzahl an elektronischen Bibliothekssystemen und ihrer Anbieter ist stets gewachsen, sodass der Markt mittlerweile recht unübersichtlich geworden ist. Die einzelnen Systeme können sehr unterschiedlich aufgebaut und „ausgestattet" sein. Oftmals bestehen sie aus mehreren Modulen. So gibt es neben klassischen Katalogisierungsmodulen auch Module für Erwerbung, Zeitschriften- und Fortsetzungsverwaltung, Buchhaltung und Statistik, Ausleihe oder – für die Recherche durch die Bibliotheksnutzer – den digitalen Bibliothekskatalog, bzw. OPAC (Online Public Access Cataloug), der über Intra- und Internet den Bibliothekskunden zur Verfügung gestellt wird. Neben Systemen, die alle Module beinhalten, gibt es auch spezielle Programme für einzelne Funktionen, wie z. B. Systeme für die Abo- und Umlaufverwaltung bzw. zur reinen Katalogisierung (ohne Erwerbung und Ausleihe).

Aufgrund der Anzahl an Modulen können die preislichen Unterschiede zwischen den verschiedenen elektronischen Bibliothekssoftware-Systemen immens sein. So ist beispielsweise ein kleines Katalogisierungsprogramm für eine kleine Bibliothek in öffentlich-rechtlicher Trägerschaft schon bereits für wenige hundert Euro erhältlich. Ein Bibliotheksprogramm für ein Bibliotheksnetz mit mehreren kleineren Standortbibliotheken, wie es beispielsweise in den meisten Großkanzleien anzutreffen ist, kann inklusive Fortsetzungsverwaltung und Ausleihe aber schon im mittleren sechsstelligen Bereich liegen. Gerade Unternehmen sind seit Beginn der Wirtschaftskrise sehr kostensensibel geworden. Viele von ihnen werden es oftmals nicht einsehen, für eine Bibliothek mit gerade einmal 5.000 Medieneinheiten ein Bibliothekssystem im Wert von 15.000 € oder 20.000 € anzuschaffen.

Für viele Bibliotheken ist es daher von Anfang an wichtig, aussagekräftige Argumente für die Anschaffung einer Bibliothekssoftware zu sammeln. Auch sollte bereits zu Beginn überlegt werden, wofür die Bibliothekssoftware tatsächlich eingesetzt werden soll.

Voraussetzungen für Bibliothekssoftware

Um diese Ausgangslage zu ermitteln, können die folgenden Fragen hilfreich sein:
– Welche Funktionen und Module werden benötigt?
– Welche Funktionen sind absolut notwendig? (must have)
– Welche Funktionen wären toll, sind aber im Notfall verzichtbar? (nice to have)
– Wird das Bibliothekssystem nur für eine Bibliothek an einem Standort benötigt, oder für mehrere Bibliotheken in einem Bibliotheksnetzwerk?

- Muss das System erweiterungsfähig sein?
- Wird die Bibliothek in den kommenden Jahren stark wachsen, sodass auf Dauer ein „größeres" Bibliothekssystem benötigt wird?
- Bekommt die Trägerinstitution in absehbarer Zeit weitere Standorte, deren Bibliotheken in das Bibliothekssystem mit integriert werden sollen?

Nachdem die Vorüberlegungen zum allgemeinen Einsatz und Nutzen eines Bibliotheksprogramms gesammelt wurden, müssen nun im nächsten Schritt geeignete Anbieter und deren Programm ausgewählt werden. Hierfür ist es natürlich auch hilfreich, sich mit anderen Bibliotheken, insbesondere juristischen Bibliotheken, über ihre jeweiligen Bibliotheksprogramme auszutauschen, und von deren Erfahrungen zu profitieren. Die zahlreichen Bibliotheksvereinigungen, Kontakt- und Austauschmöglichkeiten für juristische Informationseinrichtungen wurden ja bereits am Anfang des Buches erwähnt.

Informationen und Austausch zur Bibliothekstechnik erhält man auch über bibliothekarische Mailinglisten und ihre Listenarchive. Die Anbieter der größeren Bibliotheksprogramme sind auch regelmäßig auf bibliothekarischen Fortbildungen, Kongressen und Messen anzutreffen, sodass der Besuch einer Fortbildungsveranstaltung gut nutzen werden kann, um sich dort unverbindlich, aber genauestens über verschiedene Bibliotheksprogramme zu informieren.

Konnten einige geeignete Anbieter ermittelt werden, gilt es nun erste Informationen zu diesen Unternehmen und ihren Produkten einzuholen. Dies kann über eine Recherche auf der Homepage oder über die Zusendung von Informationsmaterialien geschehen. Eventuell ist es auch möglich eine Demoversion zu downloaden, um die Software mit eigenen Daten zu testen.

Wenn Sie sich nun ein näheres Bild von dem Markt, den Produkten und vor allem den eigenen Bedürfnissen und Anforderungen an ein Bibliotheksprogramm gemacht haben, kann es nun in die tiefere Planung gehen: Für die gewünschte Bibliothekssoftware wird ein Lasten- und Pflichtenheft erstellt. Ein Lastenheft oder Anforderungskatalog beschreibt im Allgemeinen alle Forderungen eines Auftraggebers an die Leistung eines Auftragnehmers. In unserem Zusammenhang ist hiermit ein Anforderungskatalog für eine Bibliothekssoftware gemeint, in dem bis ins Detail alle Funktionen und Wünsche aufgeführt werden, die das Bibliotheksprogramm beinhalten soll. Das Lastenheft kann bei Ausschreibungen verwendet und an mehrere mögliche Auftragnehmer verschickt werden. Der potenzielle Auftragnehmer erstellt anhand des Lastenheftes ein Pflichtenheft, in dem er beschreibt, wie er die Anforderungen des Auftraggebers lösen möchte. Anstelle eines separaten Lasten- und Pflichtenheftes besteht auch die Möglichkeit, beides in einem Dokument zu kombinieren, sodass der potentielle Auftraggeber nur noch den Anforderungskatalog (Lastenheft) auszufüllen braucht.

Eine grobe Gliederung für ein Lasten- und Pflichtenheft könnte Fragen zu den folgenden Punkten beinhalten:
- Informationen zum Unternehmen
- Informationen zum Support / zu Schulungsmöglichkeiten
- Systemvoraussetzungen
- Kosten
- Voraussetzungen für einzelne Module
- Erwerbung
- Systematik
- Katalogisierung

Lasten- und Pflichtenheft Bibliothekssoftware

- Eingabemaske
- Bestellvorgang
- Inventarisierung
- Rechnungsbearbeitung
- Etatüberwachung
- Statistik
- Zeitschriftenverwaltung
- Fortsetzungsverwaltung
- Umlauf
- OPAC/Recherche
- Standardsuche / Erweiterte Suche
- Elektronische Ausleihe
- Migration von evtl. bestehenden Titelaufnahmen, wie z. B. Excellisten

Literaturtipp:
Hinweise und Anregungen für die Auswahl eines Bibliotheksprogramms und die Erstellung eines Lasten- und Pflichtenheftes können Sie auch der OPL-Checkliste „Bibliothekssoftware" entnehmen.
http://www.bib-info.de/fileadmin/media/Dokumente/Kommissionen/Kommission%20f%FCr%20One-Person-Librarians/Checklisten/check5_2A.pdf

Nachdem das erstellte Lasten- und Pflichtenheft an die interessantesten Software-Anbieter verschickt, und von diesen ausgefüllt zurückgesendet wurde, können nun die Ergebnisse ausgewertet werden. Dies trennt schon einmal die Spreu vom Weizen, sodass Anbieter, die sowohl aus produkttechnischer Sicht als auch finanziell aus dem Rahmen fallen, ausscheiden. Mit den drei interessantesten Anbietern sollten nun nähere Gespräche erfolgen. Hierzu ist es sinnvoll, sich die Software noch einmal „live" im eigenen Haus präsentieren zu lassen. Bei der Inhouse-Präsentation sollte neben dem Bibliothekspersonal und dem jeweiligen Entscheidungsträger (je nach Organisationsstruktur wäre dies ein Bibliothekspartner, Leiter der Verwaltung, Office Manager, Head of Administration, Geschäftsführer o. ä.) auch ein Mitarbeiter von der IT-Abteilung anwesend sein, da dieser die technische Realisierung und den Einsatz der Software innerhalb der IT-Infrastruktur des Unternehmens beurteilen kann.

Im Anschluss an die Inhouse-Präsentationen kann noch einmal ein ausführlicher Bericht, bzw. ein Memo für die Geschäftsleitung erstellt werden. In ihm sollten Sie die allgemeinen Gründe für den Erwerb und die Implementierung eines Bibliotheksprogramms, die bisherigen Schritte, sowie die Auswahlkriterien und Favorisierung für ein bestimmtes Programm erläutern. Der Bericht dient zum einen der Dokumentation über die bisherigen Tätigkeiten, des Weiteren soll er die Entscheidungsgrundlage für die Geschäftsführung bilden.

Sobald die Entscheidungsträger dem Erwerb des Bibliotheksprogramms zugestimmt haben, kann das Programm gekauft und implementiert werden.

3.5 Organisation der Informationsvermittlungsstelle

Neben den klassischen Tätigkeiten in einer Informationsvermittlungsstelle, wie Erwerbung, Erschließung und das Zurverfügungstellen von Medien fallen noch allgemeine Verwaltungsaufgaben an. Je nach Größe der Informationseinrichtung kann das Management mehr oder weniger Zeit in Anspruch nehmen. Gerade in kleinen Informationsvermittlungsstellen findet das Organisatorische oftmals „so nebenbei" statt.

Trotzdem ist ein gewisses Maß an Organisation für den Erfolg einer Informationseinrichtung unerlässlich.

Der folgende Abschnitt soll einige Grundlagen für die allgemeine Organisation vorstellen. Neben einigen Hinweisen zur Buchhaltung, Rechnungsbearbeitung und zur Statistik wird kurz auf die Themen Personal und Öffentlichkeitsarbeit der Informationsvermittlungsstelle eingegangen. Da gerade die Rechtsbranche sehr schnelllebig ist, und Unternehmen, wie auch Kanzleien seit der Weltwirtschaftskrise stärkeren Veränderungsprozessen ausgesetzt sind, soll zum Abschluss noch das Thema Changemanagement, insbesondere den Umgang der Bibliothek mit Krisen, angesprochen werden.

Hintergrundinformation:
Die Informationseinrichtung als Unternehmen
Auch wenn Bibliotheken und Informationsvermittlungsstellen in den meisten Fällen unselbständige Einrichtungen sind, können sie doch als Dienstleistungsbetriebe angesehen werden. Ihr Zweck ist die Literatur- und Informationsversorgung der Kundengruppe. Hierzu bieten sie verschiedene Dienstleistungen an. Ähnlich wie Unternehmen müssen sie die vorhandenen Ressourcen (Finanzen, Personal, Sachmittel) effizient einsetzen, und ihr Dienstleistungsangebot an den Bedürfnissen ihrer Kunden ausrichten.
Mit diesem Bild der „Bibliothek als Unternehmen" vor Augen, fällt es vielleicht dem Einen oder Anderen leichter, die Wichtigkeit eines guten Bibliotheksmanagements zu erkennen.

Die Informationseinrichtung als Unternehmen

Literaturtipp:
Ein wunderbares Nachschlagewerk zum Thema Bibliotheksmanagement ist die folgende Loseblattsammlung:
Hobohm, Hans-Christian / Umlauf, Konrad: Erfolgreiches Management von Bibliotheken und Informationseinrichtungen : Fachratgeber für Bibliotheksleitung und Bibliothekare / Hrsg.: Hans-Christoph Hobohm; Konrad Umlauf. - Hamburg : Dashöfer, 2002 ISBN 978-3-931832-46-9

Literaturtipp

3.5.1 Buchhaltung, Rechnungsbearbeitung und Statistik

Ganz ohne Zahlen und Rechnen geht es auch in einer Informationseinrichtung nicht. Die Bibliotheks- und Informationsfachkraft ist nicht nur für die Erwerbung und Verfügbarmachung der Medien zuständig. Sie muss auch kontrollieren, ob alle bestellten Medien richtig angekommen und auch fristgerecht bezahlt wurden, bzw. dass nichts bezahlt wird, was nicht auch geliefert wurde. Und natürlich kann nicht einfach wild drauf losbestellt werden, ohne zu überlegen, welche Kosten dabei entstehen. Dies könnte sonst gerade bei Fachliteratur und insbesondere bei Fachdatenbanken zu unangenehmen Überraschungen führen. Daher ist es sinnvoll, einen Erwerbungsetat festzulegen. Auch wenn in Kanzleien oftmals keine Etats vorgegeben werden und die Literaturerwerbung nach dem Motto „Wir kaufen Alles, was die Juristen und Berater haben wollen und benötigen" zu laufen scheint, sollten Sie sich doch ein vernünftiges Rahmenbudget setzen, an das Sie sich halten. Spätestens in der nächsten Krise wird Ihnen die Geschäftsführung Ihre Kosteneffizienz anerkennen und dies bei anstehenden Sparmaßnahmen berücksichtigen.

Checkliste Etatplanung
– Überprüfen Sie zunächst die bisherigen Ausgaben der Informationseinrichtung. Wenn Sie ein Bibliothekssystem mit Buchhaltungsmodul und Statistik besitzen, können Sie die Daten direkt aus dem System nehmen. Andernfalls müssen Sie etwas Fleißarbeit leisten.

Checkliste Etatplanung

- Sollten Sie in der Bibliothek keine Rechnungskopien mehr besitzen, lassen Sie sich diese aus der Buchhaltung geben. In einem Unternehmen müssen Rechnungen bis zu 10 Jahre aufbewahrt werden.
- Tragen Sie in einer Excel-Tabelle für jedes Jahr sämtliche Ausgaben der Informationseinrichtung ein. Unterscheiden Sie in den einzelnen Kategorien (z. B. Monographien, Zeitschriften, Fortsetzungen, Datenbanken, Buchbinder, Verbrauchsmaterialen, Portokosten, Sonstiges). Sie erhalten so einen Überblick, wie viel in den letzten Jahren ausgegeben wurde.
- Aufgrund der bisherigen Ausgaben können Sie nun ermitteln, wie viel durchschnittlich für welche Medienart oder sonstige Position ausgegeben wurde. Auf dieser Basis können Sie ihr Budget für das kommende Jahr planen.

Planen Sie vorausschauend!

Tipps & Tricks:
Vergessen Sie nicht besondere Ereignisse, die große Veränderung in der Medienbeschaffung mit sich führen, in die Etatplanung einzubeziehen. Beispiele hierfür sind der Zugang eines neuen Partners, Gesellschafters oder Ressortleiters, der ein neues Rechtsgebiet betreut, und für den dementsprechend ein neuer Grundstock an Literatur angeschafft werden muss; der Weggang von mehreren Juristen und Beratern, bzw. der Wegfall einer ganzen Abteilung, und die damit anfallende Reduzierung an Mitarbeiterexemplaren. Es kann sogar sein, dass durch Abgänge komplette Rechtsgebiete in einer Behörde oder Kanzlei nicht mehr betreut werden. In diesen Fällen sollte mit dem Vorgesetzen oder der Geschäftsführung abgestimmt werden, ob überhaupt noch Literatur zu diesem Themengebiet benötigt wird.

Rechnungskontrolle

Eine weitere Aufgabe in der Buchhaltung ist die Bearbeitung und Kontrolle der Rechnungen. Jede Rechnung die eingeht, wird auf sachliche und rechnerische Richtigkeit überprüft. Rechnungen werden daher immer mit den Lieferscheinen abgeglichen. Erst wenn alle Positionen, die auf der Rechnung stehen, geliefert wurden, kann die Rechnung zur Zahlung freigegeben werden. Sammelrechnungen, die erst am Ende eines Monats eingehen, werden mit den Lieferscheinen des jeweiligen Monats abgeglichen und bei Richtigkeit anschließend bezahlt. Es zahlt sich daher immer aus, wenn die Lieferscheine noch eine Weile aufbewahrt werden, falls noch Unstimmigkeiten auftreten sollten. Nun kann die Rechnung in die Buchhaltung gegeben und ihre Zahlung angewiesen werden.

Hintergrundinformation

Tipps & Tricks
Hintergrundinformation:
Die sachliche Richtigkeit bezieht sich auf die ordnungsgemäße Ausführung der Lieferung und die Richtigkeit des Einzelpreises, die rechnerische auf alle numerischen Angaben, also auf Gesamtsumme, Rabatt, Skonto usw.

Bei den meisten Kleinstbibliotheken wird die Zahlung von Rechnungen von der zentralen Buchhaltung der Trägerorganisation übernommen. Trotzdem ist es sinnvoll, die eigene „Buchhaltung" ordentlich zu führen, um so einen Überblick über Ausgaben der Bibliothek zu haben. Auch wenn die Informationsvermittlungsstelle keine Zweitkopien von Rechnungen aufbewahren muss (natürlich nur, wenn die Originale bei der Buchhaltung sind), ist es oftmals hilfreich, Rechnungskopien für die Bibliothek anzufertigen. Es gibt immer wieder Situationen, in denen in den alten Rechnungen etwas nachgeschaut werden muss.

Die meisten elektronischen Bibliothekssysteme haben ein Modul zur Verwaltung der Buchhaltung. Jede Einnahme und jede Ausgabe, die die Informationseinrichtung tätigt, werden dort erfasst. Dadurch wird ein ständiger Überblick über den Etat und Haushalt der Informationsvermittlungsstelle gewährleistet. Oftmals ist im Bibliothekssystem direkt ein Statistikprogramm enthalten, sodass immer ein aktueller Überblick über die Finanzsituation möglich ist. Falls das Bibliotheksprogramm kein eigenes Buchhaltungsmodul haben sollte, kann eine Ein- und Ausgabenliste auch einfach über Excel erstellt werden.

Statistik

Statistiken dienen der Analyse und Optimierung des Organisationsablaufes. Sie bieten einen Überblick über aktuelle Entwicklungen und können Hinweise für Optimierungspotenziale geben. Statistiken bieten auch gegenüber dem Management eine wertvolle Argumentationsbasis für die Informationsvermittlungszentrale und ihre Tätigkeiten.

Im Umfeld einer Informationseinrichtung können folgende Statistiken nützlich sein:
- Medienstatistik
  (Wie viele Medien welcher Medienart sind in der Bibliothek vorhanden und wurden im Jahr XY erworben?)
- Finanzstatistik
  (Ein- und Ausgaben der Informationseinrichtung verteilt auf die verschiedenen Positionen im Etat)
- Nutzerstatistik
  (Wie viele Nutzer haben die Informationseinrichtung besucht? Wie viele Dauernutzer und Gelegenheitsnutzer gab es? (Nur sinnvoll bei Ausleihsystem))
- Dienstleistungsstatistiken
  (Statistiken für einzelne Dienstleistungen, wie z. B. Recherchen, Auskünfte, externe Literaturbeschaffung)

Bei vielen elektronischen Bibliothekssystemen ist auch direkt ein Statistikprogramm integriert, bei dem automatisch per Knopfdruck eine Statistik ausgewertet wird. Alternativ kann aber auch schon eine einfache Excel-Tabelle ausreichend sein, um eine aussagekräftige Statistik zu erstellen.

3.5.2 Personalmanagement

Juristische Bibliotheken können unterschiedlich groß und auch dementsprechend unterschiedlich mit Personal ausgestattet sein. In den wenigen größeren juristischen Bibliotheken, wie z. B. die Bibliotheken der obersten Gerichte und den Parlamentsbibliotheken sind mehrere fachliche Mitarbeiter in der Bibliothek und der Dokumentation tätig. Der Mitarbeiterstab kann hier schon eine Größe von bis zu 100 fachlichen Mitarbeitern umfangen. In der überwiegenden Anzahl an Kanzleibibliotheken, kleinen Behördenbibliotheken und Bibliotheken an kleineren Gerichten gibt es dagegen meist nur wenige Bibliotheksfachkräfte. Nicht selten ist nur eine einzige bibliothekarische Fachkraft vorhanden, die zusätzlich durch studentische Hilfskräfte unterstützt wird. Aber auch eine Hand voll Mitarbeiter – sei es Bibliothekare, Quereinsteiger oder studentische Aushilfen – ist als Personal anzusehen, um das sich gekümmert werden muss. Einige Grundlagen in Sachen Personalmanagement und Mitarbeiterführung können daher für jeden juristischen Informationsspezialisten hilfreich sein.

Personalformen

Folgende Personalformen sind beispielsweise in juristischen Bibliotheken antreffen:

Fachliche Mitarbeiter: In größeren juristischen Bibliotheken sind neben der Bibliotheksleitung noch weitere Mitarbeiter mit einer bibliothekarischen oder informationswissenschaftlichen Ausbildung tätig. Dies können sowohl Diplom- oder Bachelorabsolventen aus den Bibliotheks- und IuD-Studiengängen als auch Fachangestellte für Medien und Information (Famis) sein.

Karrierechancen in der freien Wirtschaft

Hintergrundinformation:
Da gerade in der freien Wirtschaft die jeweilige Berufsausbildung bzw. der jeweilige Abschluss nur die formale Eintrittskarte ins Unternehmen darstellt, und es darüber hinaus keine hierarchischen Aufgabenverteilungen gibt, können Unternehmensbibliotheken gerade für Famis und Diplom- bzw. Bachelor-Absolventen eine große Chance darstellen. Hier dürfen sie (ja müssen sogar) Aufgabengebiete übernehmen, die sie im öffentlichen Dienst aufgrund ihres Dienstgrades nicht erledigen dürften. Eine Unterteilung in mittlerer, gehobener und höherer Dienst gibt es in der freien Wirtschaft nicht. Allerdings könnte dies zu (persönlichen) Problemen führen, wenn später wieder ein Wechsel in den öffentlichen Dienst erfolgen soll. Die erlangte Praxiserfahrung berechtigt nämlich nicht automatisch dazu, diese Tätigkeiten auch weiter ausführen zu können. Die formalen Qualifikationen (Laufbahnbefähigung) sind hier in der Regel noch entscheidend.

Angelernte Hilfskräfte: Angelernte Mitarbeiter und Hilfskräfte sind gerade in kleinen Bibliotheken sehr häufig zu finden. Oftmals geraten sie per Zufall in die Bibliothek und bleiben dann dort „hängen". Da es sich um ungelernte Kräfte handelt, sind sie teilweise kostengünstiger als bibliothekarische Fachkräfte. Nicht selten ist es so, dass gerade in kleinen juristischen Institutionen die Bibliothek von einer Sekretärin oder Rechtsanwaltsfachangestellten „mal eben" mitbetreut wird, oder die Bibliothek im Allgemeinen stark mit den Sekretariaten kooperiert.

Studentische Hilfskräfte: Eine besondere Form der ungelernten Hilfskräfte stellen studentische Aushilfen dar. Sie sind oftmals zeitlich flexibel (vor allem in den Semesterferien) und in der Regel aus sozialversicherungsrechtlicher Sicht günstiger als normale Aushilfskräfte (ausgenommen geringfügig Beschäftigte auf 450,00 €-Basis). Allerdings muss bei studentischen Aushilfen berücksichtigt werden, dass sie – je nach Studienplanung – nur für einige Semester die Aushilfstätigkeit ausüben. Die Fluktuation bei studentischen Hilfskräften kann daher entsprechend hoch sein.

Werkstudenten

Tipps & Tricks:
Für besondere Projekte, die auf einen konkreten Zeitraum befristet sind, wie z. B. umfangreiche Katalogisierungsarbeiten, Neuorganisation des Aktenarchivs oder die Digitalisierung von Dokumenten, kann es sich lohnen spezielle Werkstudenten einzustellen. Diese werden direkt befristet für die Zeit des Projektes eingestellt.

Praktikanten: Praktikanten sind meist scheinbar günstige Arbeitskräfte, deren Betreuung aber zum Teil sehr aufwendig sein kann. Sie benötigen viel Zeit und Aufmerksamkeit, sodass der Praktikant in den meisten Fällen erst bei einer längeren Mitarbeit selbständig in der Informationseinrichtung tätig werden kann. Der Informationsspezialist sollte daher im Vorhinein überlegen, ob die Einstellung eines Praktikanten sowohl zeitlich als auch aufgabenmäßig möglich ist, und sich ein solches Praktikum für die Bibliothek ebenfalls in irgendeiner Weise „lohnt".

Aufgaben

Die regelmäßigen Aushilfen können auch ohne großes bibliothekarisches Hintergrundwissen bei zahlreichen einfachen Tätigkeiten unterstützen. Folgende Aufgaben können von ihnen beispielsweise übernommen werden:
- Technische Buchbearbeitung (Aufkleben von Signaturetiketten) (Rück-)ordnen von Büchern,
- Stempeln von Büchern,
- Vorbereitungen für den Buchbinder,
- Kopieren von Artikeln, Fundstellen, Dokumenten
- Scannen von Dokumenten
- Verschicken von Zeitschrifteninhaltsverzeichnissen
- Einsortieren von Loseblattsammlungen
- Einfache Auskunftstätigkeiten
- Erledigung von Botengängen (z. B. Besorgung von Fundstellen aus anderen juristischen Bibliotheken; Besorgung von öffentlichen Dokumenten bei Gerichten).

Tätigkeiten für Aushilfen

Administrative Aufgaben

Im Personalbereich fallen eine ganze Reihe an organisatorische Aufgaben an. Ein Teil davon wird in Unternehmen und Behörden meistens von einer Personalabteilung übernommen. Als Führungskraft kann es allerdings nicht schaden, sich über die diesbezüglichen Abläufe zu informieren. Ein guter Draht zur Personalabteilung ist ebenfalls immer hilfreich, da ein Vorgesetzter oftmals automatisch zur Schnittstelle zwischen dem Mitarbeiter und dem Personalsachbearbeiter wird. Zu diesen administrativen Aufgaben gehören beispielsweise:
- Gestaltung der Arbeitsverträge und Arbeitszeugnisse
- Führung der Personalakte
- Führung der Urlaubskartei
- Erfassung von Krankheitstagen
- Arbeitszeiterfassung
- Lohn- und Gehaltsabrechnung

Neben diesen Aufgaben der Personalabteilung fallen aber auch administrative Aufgaben für den Leiter der Bibliothek und Informationsvermittlungsstelle an. An erster Stelle ist hier die Personal- und Arbeitsplanung zu nennen. Als Leiter einer Bibliothek oder Informationsvermittlungsstelle ist es Ihre Aufgabe sicherzustellen, dass für die anfallenden Aufgaben ausreichend Personal vorhanden ist, und dieses sowohl zeitlich als auch vom Aufgabenbereich her sinnvoll eingesetzt wird. Daher ist es wichtig, einen Überblick über das vorhandene Personal, und deren kurzfristige und mittelfristige Verfügbarkeit zu haben. Gerade Aushilfskräfte benötigen zum Teil eine recht flexible Arbeitsplanung.

Folgende Fragen können bei der Personalplanung hilfreich sein:
- Wann ist wer im Urlaub? (in der nächsten Woche / im nächsten Monat)
- Gibt es in nächster Zeit Zu- oder Abgänge?
- Wird der Arbeitsaufwand und der Tätigkeitsbereich für die Bibliothek innerhalb des nächsten Jahres zu- oder abnehmen?
- Brauche ich dauerhaft zusätzliches Personal oder nur für einen gewissen Zeitraum (z. B. für ein konkretes Projekt)?

Checkliste Personalplanung

Des Weiteren sind Sie als Führungskraft Ihren Mitarbeitern in Bezug auf Aufgaben und Arbeitsplatzbeschreibung weisungsbefugt. Dies bedeutet, dass Sie Ihr Team anleiten und die anfallenden Tätigkeiten zuteilen und koordinieren müssen. Hierbei ist zum Teil Fingerspitzengefühl gefragt, da jeder Mitarbeiter anders tickt und dementsprechend auf die einzelnen Personen eingegangen werden sollte.

Extratipp

Tipps & Tricks
Jeder Jeck ist anders! Berücksichtigen Sie dies bei Ihren Mitarbeitern

Mitarbeiterführung und Mitarbeitermotivation

Die Mitarbeiterführung beinhaltet alle Maßnahmen, die zur Förderung der Kooperation, Koordination und der Kommunikation eines Teams dienen. Mitarbeiterführung bedeutet auch immer Menschenführung. Gute Menschenkenntnis, Einfühlungsvermögen, kommunikative Kompetenzen und die Fähigkeit zu motivieren sind daher Eigenschaften, die als Vorgesetzter oder Teamleiter mitgebracht werden muss.

Bei der Führung von Mitarbeitern gilt das Prinzip: Vertrauen ist gut, Kontrolle ist besser! Dies bedeutet, dass den Mitarbeitern einerseits klare Regeln und Anweisungen vorgegeben, und diese auch überwacht werden müssen. Andererseits muss ihnen aber auch genügend Freiräume gelassen werden, damit sie für das jeweilige Aufgabengebiet freiverantwortlich handeln und auf die eigene persönliche Art und Weise zu den gewünschten Ergebnissen gelangen können.

Vorgesetzte sollen daher nicht nur Leistungen einfordern, sondern auch dementsprechend anerkennen und jeden Mitarbeiter individuell fördern. Das Kunststück bei der Mitarbeiterführung liegt daher darin, die übergeordneten Ziele des Unternehmens und der Informationseinrichtung mit den persönlichen Zielen der Mitarbeiter zu vereinen und auf einen gemeinsamen Nenner zu bringen.

Um diese kontrollierte, aber doch selbstverantwortliche Arbeitsweise von Mitarbeitern zu fördern ist es wichtig, seinem Team konkrete Arbeitsanleitungen und Hilfestellung zu bieten. Solche Arbeitsanleitungen können beispielsweise in Form eines Bibliothekshandbuches erstellt werden. Dieses ist gerade für nicht fachliches Personal hilfreich, und kann ihm eine gute Einführung in die Organisation einer Informationseinrichtung bieten. Im Bibliothekshandbuch werden dann für die wichtigsten Aufgabengebiete die einzelnen Tätigkeitsschritte aufgeführt. Themen, die ein solches Handbuch behandeln könnte sind beispielsweise:

– Erwerbung
– Katalogisierung
– Technische Buchbearbeitung
– Aufstellung in der Bibliothek
– Ausleihe
– Zeitschriften-und Fortsetzungsverwaltung
– Vorbereitung für den Buchbinder
– Recherche und Informationsvermittlung

Gründen Sie ein Bibliotheksnetzwerk!

Tipps & Tricks:
In vielen Großkanzleien bilden die Bibliotheken der einzelnen Standorte ein gemeinsames Netzwerk. Innerhalb dieses „Bibliotheksverbundes" werden die einzelnen Standortbibliotheken nach einheitlichen Vorgaben und Richtlinien geführt. Während an den großen Standorten in der Regel bibliothekarisches Fachpersonal die Bibliothek organisiert, wird sie an kleineren Standorten oftmals von Assistentinnen oder Aushilfskräften betreut. Ein kanzleiweites Bibliothekshandbuch bietet den nichtfachlichen Bibliotheksbetreuern eine sichere Hilfestellung, die jeweilige Standortbibliothek nach den kanzleiweiten Regelungen zu führen.

3.5.3 Internes Marketing und Öffentlichkeitsarbeit

Eine Informationseinrichtung kann noch so gut ausgestattet sein, und der Informationsprofi kann noch so tollen Service bieten, all das bringt nichts, wenn die Kunden nichts davon wissen, und das Angebot nicht kennen. Marketing und Öffentlichkeitsarbeit für die eigene Sache ist daher heutzutage ein Muss für Informationsprofis.

Im Allgemeinen haben Marketing und Öffentlichkeitsarbeit die folgenden Ziele:
– Sie dienen der Steigerung des Bekanntheitsgrades der Informationseinrichtung.
– Sie sind Mittel zur Positionierung der Informationseinrichtung innerhalb ihrer Trägerorganisation.
– In Krisensituationen können Marketing, Öffentlichkeitsarbeit und die dadurch erlangte Bekanntheit entscheidend für die Existenz einer Bibliothek sein.

Da allerdings in vielen (kleineren) Informationseinrichtungen nur sehr knappe Ressourcen bestehen, wird Öffentlichkeitsarbeit hier oftmals nur „nebenbei" betrieben. Vor allem die personelle Ausstattung erlaubt es häufig nicht, sich intensiv um die Themen Marketing und Öffentlichkeitsarbeit zu kümmern. Doch auch trotz dieser knapper Ressourcen gibt es einfache Mittel und Wege Marketing und Öffentlichkeitsarbeit für die Informationseinrichtung zu betreiben.

Einzelne Marketingmaßnahmen können beispielsweise die Folgenden sein:
– Bibliothekskatalog
– Intranet- oder Internetseite der Bibliothek
– Bibliotheksblog
– Neuerwerbungslisten
– Bibliotheksnewsletter
– Flyer, Broschüren und Poster
– Aushänge am Schwarzen Brett
– Stände und Aktionen beim Tag der offenen Tür
– Rechercheanleitungen und -handbücher
– aber auch: Bibliothekseinführung und Datenbank- und Rechercheschulung für neue und alte Mitarbeiter

Marketingmaßnahmen

Neben all diesen Maßnahmen gibt es noch einige subtilere Aktivitäten, die zwar nicht offensichtlich mit Marketing und Öffentlichkeitsarbeit zu tun, jedoch zum Ziel haben die Informationseinrichtung öffentlich bekannter zu machen.

Nr. 1: Klettern Sie von Ihrem bibliothekarischen Elfenbeinturm und seien Sie präsent!
Öffentlichkeitsarbeit hat immer damit zu tun, sich selbst, seine Arbeit und sein Arbeitsumfeld der Öffentlichkeit zu präsentieren. Sie sollten sich als Informationsprofi daher nicht in ihrer Informationseinrichtung verstecken, sondern diese aktiv nach außen vertreten. Zeigen Sie sich außerhalb Ihrer Informationseinrichtung und integrieren Sie sich in Ihre Kundengruppe. Dies steigert den Bekanntheitsgrad der Informationsvermittlungsstelle und ihrer Dienstleistungen. Möglichkeiten dafür gibt es zahlreiche:
– Austausch mit Kunden über Informationsbedürfnisse:
  Reden Sie mit Ihren Kunden: über ihre Informationsbedürfnisse, über ihre Arbeit und ihre Projekte und darüber, wie die Informationseinrichtung den Kunden bei seiner Arbeit unterstützen kann.

- Austausch mit dem Management über Informationsbedürfnisse:
  Das Management ist der VIP-Kunde der Informationseinrichtung. Es benötigt besondere Betreuung durch die Informationsvermittlungsstelle. Suchen Sie ebenfalls regelmäßig das Gespräch mit dem Management. Fragen Sie nach den Informationsbedürfnissen, nach den kurz- und langfristigen Unternehmens- bzw. Institutionszielen, und überlegen Sie dann gemeinsam, wie die Informationseinrichtung zur Erreichung der Unternehmensziele beitragen kann. Erzählen Sie Ihren Vorgesetzen aber auch von Ihren Erfolgen! Oder schreiben Sie gleich einen Jahresbericht über Ihre Informationseinrichtung. In ihm halten Sie dann alle wichtigen Neuerungen, Erfolge und Projekte des abgelaufenen Jahres fest.
- Teilnahme an Besprechungen und Schulungen:
  Nehmen Sie an Besprechungen und Schulungen ihrer Kollegen teil, auch wenn Sie keine Ahnung von dem Fachgebiet haben und anfangs nur „Bahnhof" verstehen werden. Sie werden bald ein Gespür für aktuelle Themen, Arbeitsweisen und Probleme ihrer Kollegen bekommen, und können sich so als Informationseinrichtung ganz anders in den Kollegenkreis einbinden.
- Teilnahme an Social Events (Betriebsausflüge, Weihnachtsfeier, Betriebssport...):
  Auch wenn Social Events nur semi-beruflichen Charakter haben, bieten diese eine wunderbare Möglichkeit in einem ungezwungen Umfeld mit den Kollegen in Kontakt zu kommen, und sie auf eine lockere Ebene kennen zu lernen. Im Management heißt es: „Die besten Geschäfte werden nicht im Meeting getätigt, sondern anschließend beim gemeinsamen Bier an der Bar."

Nr. 2: Der Informationsspezialist ist die Visitenkarte seiner Informationseinrichtung!

Informationsvermittlung und Informationsmanagement ist eine Arbeit von Menschen für Menschen. Die Persönlichkeit und das Auftreten eines Informationsprofis kann daher als Teil der Öffentlichkeitsarbeit gesehen werden. Vergessen Sie nie: Sie und alle ihre Mitarbeiter sind die Visitenkarte Ihrer Informationseinrichtung! Dabei zeigen oftmals schon kleine Verhaltensweisen große Wirkungen. Ein höfliches und freundliches Verhalten den Kunden und allen Mitarbeitern der Trägerorganisation gegenüber, fördert das Image nachhaltiger als aufwendige, kostenintensive Marketingaktionen. Höflichkeitsformen wie „Guten Tag" und „Auf Wiedersehen", „Danke" und „Bitte" oder ein „Kann ich Ihnen behilflich sein?" sollten für den serviceorientierten Informationsspezialisten eine Selbstverständlichkeit sein.

Nr. 3: Sie sind der Informationsexperte im Unternehmen – zeigen Sie dies auch Ihren Kollegen

Machen Sie Ihren Kollegen deutlich, dass Sie auf Ihrem Fachgebiet genauso spezialisiert und qualifiziert sind, wie sie. Gerade Juristen sind häufig sehr selbstbewusst, und übersehen leicht, dass es auch andere Professionen gibt, die ähnlich gut ausgebildet und ebenfalls beruflich engagiert sind. Machen Sie ihnen daher deutlich,

... dass Sie auf Ihrem Fachgebiet Profi sind, und über aktuelle Entwicklungen im Informationsbereich informiert sind.

... dass Sie regelmäßig Fachliteratur zu Ihrem Fachgebiet lesen.

... dass Sie regelmäßig Konferenzen und Fortbildungsveranstaltung besuchen (und fordern Sie die Teilnahme an bibliothekarischen und informationswissenschaftlichen Fortbildungen bei Ihren Vorgesetzen auch ein!).

... dass Sie in Kontakt mit anderen Kollegen aus juristischen Informationseinrichtungen stehen.

Nr. 4: Die beste Werbung sind zufriedene Kunden

Die wirkungsvollste und dabei kostengünstigste Werbemaßnahme sind zufriedene Kunden. Gemeint ist hier das so genannte „Empfehlungsmanagement". Kunden, die zufrieden mit der angebotenen Dienstleistung sind, empfehlen die Informationseinrichtung gerne weiter. Eine hohe Service-Mentalität zahlt sich daher langfristig aus. Dies bedeutet nicht nur auf eingehende Kundenanfragen zu reagieren, sondern auch aktiven Service zu bieten, auch wenn nicht explizit danach gefragt wurde.

Praxisbeispiel:
Aktiver Kundenservice
Rechtsanwalt Meier benötigt Informationen zur aktuellen Reform des Aktienrechts. Er bittet den Bibliothekar, ihm Literatur, Gesetzesmaterialien, Stellungnahmen und Informationen aus der Presse zusammenzustellen. Einige Wochen später, als die Recherche für Herrn Meier längst erledigt wurde, entdeckt der Bibliothekar zufällig einen neuen Artikel zu diesem Thema in einer neu erschienenen Fachzeitschrift. Unaufgefordert lässt sie eine Kopie des Artikels dem Rechtsanwalt zukommen. Herr Meier ist froh und dankbar, dass der Bibliothekar an ihn gedacht hat.

Gerade in Kanzleien wird häufig eine schnelle Hilfe erwartet, wenn sie gebraucht wird. So mancher Jurist benötigt dann eine Information „asap" (as soon as possible) oder am Liebsten: Gestern! Daher ist als juristischer Informationsspezialist ein gewisses Maß an Flexibilität und etwas Kreativität gefordert. Dies alles zahlt sich jedoch aus, wenn der Kunde anschließend zufrieden ist, und seinem Kollegen oder gleich dem ganzen Team von dem tollen Service der Bibliothek oder der Informationseinrichtung berichtet.

3.5.4 Die Informationsvermittlungsstelle in der Krise – mit Veränderungen umgehen

Die Wirtschaft unterliegt ständigen Veränderungen. Gerade Kanzleien befinden sich im permanenten Wandel. Einige Kanzleien fusionieren, andere lösen sich auf, bei den Nächsten löst sich nur eine Praxisgruppe auf und gründet eine neue Einheit, und in weiteren Kanzleien werden Standorte eröffnet oder geschlossen. Des Weiteren ist durchaus bekannt, dass in Beratungsunternehmen die personelle Fluktuation – sowohl bei fachlichen Mitarbeitern als auch im Backoffice – verhältnismäßig hoch ist. Auch in der öffentlichen Verwaltung sind Veränderungen heutzutage nichts Ungewöhnliches mehr. Hier gibt es ebenfalls zahlreiche Umstrukturierungen, sodass Bibliotheken, die jahrzehntelang selbstverständlich ihre Aufgaben erfüllten, nun in Frage gestellt werden.

Mit all diesen Veränderungsprozessen muss der Informationsprofi umgehen. Aber wie soll er das machen? Die erste Reaktion vieler Menschen bei Veränderungen ist meistens: ANGST! Doch im Laufe des Prozesses verändert sich diese Reaktion:

Phasen des Veränderungsprozesses nach Schmidt-Tanger (Schmidt-Tanger 2005):
1. **Schock, Überraschung:** Man wird von der Veränderung überrascht und weiß nicht, wie man reagieren soll
2. **Verneinung, Ablehnung:** Heftige Abwehrreaktion gegen alles Neue. Frei nach dem Motto: „Das haben wir immer so gemacht!"
3. **Rationale Einsicht:** Einsicht, dass nicht alles Neue schlecht sein muss, und dass an dem Alten nicht alles perfekt war.
4. **Emotionale Akzeptanz:** Man nimmt die Veränderung an und lässt sich auf sie ein.

5. **Ausprobieren, Lernen:** Man erlebt die Veränderung in der Praxis, sammelt erste Erfahrungen und lernt mit der Veränderung umzugehen.
6. **Erkenntnis:** Nach einiger Zeit können Vor- und Nachteile der Veränderung objektiv bewertet werden. Man erlangt die Erkenntnis, was die Veränderung gebracht hat.
7. **Integration:** Die Veränderung hat sich mittlerweile so in die bisherige Arbeit integriert, dass sie nicht mehr als Veränderung, sondern als „normal" betrachtet wird.

Diese verschiedenen Reaktionsstufen auf Veränderungen stellen die Theorie dar, sind aber für die praktische Anwendung erst einmal nicht direkt hilfreich. Folgende Fragen spielen aber bei Veränderungen eine Rolle:
- Wie gehe ich als Informationsprofi mit Veränderungen in meiner Institution um?
- Wie verhalte ich mich bei Krisen?
- Oder im Notfall sogar: Wie rette ich meine Bibliothek?

Praxisbeispiel:
Meine persönliche Krise
Nach dem Studium war ich zunächst als Leiterin der Düsseldorfer Bibliothek einer der größten deutschen Wirtschaftskanzleien tätig. 22 Standorte in 14 Ländern, ca. 1.000 Mitarbeiter. Im Jahr 2005 begann diese Großkanzlei aus verschiedenen Gründen sich innerhalb weniger Monate von selbst aufzulösen. Mehrere Gesellschafter kündigten ihren Austritt aus der Gesellschaft an, ganze Teams planten sich anderen Kanzleien anzuschließen, und den ersten Mitarbeitern wurde betriebsbedingt gekündigt. Dies führte natürlich auch bei mir als Berufsanfängerin zu großen Verunsicherungen. Mir blieb in dieser Zeit nur eins: der Weg nach vorne! Ich strengte mich darauf hin noch mehr an und versuchte noch besseren Service zu leisten. Meine Taktik hatte Erfolg: Als Ende 2005 die Großkanzlei in Liquidation trat, hatte ich bereits von einigen Düsseldorfer Partnern ein Angebot erhalten. Sie gründeten gemeinsam eine neue Kanzlei und ich sollte dort von Anfang an die Bibliothek aufbauen und für ein professionelles Informations- und Wissensmanagement sorgen. Ich hatte sehr viel Glück und konnte aus dieser Krisensituation mit erheblichen Vorteilen herausgehen.

Hilfsmittel im Veränderungsprozess

Hier einige Hinweise und Werkzeuge, die bei beruflichen Veränderungsprozessen weiterhelfen, das aktuelle Problem näher zu erörtern:

- **Machen Sie sich bewusst, dass eine Veränderung im Gange ist.**
  Welche Veränderung ist das? Wie könnte das Ergebnis der Veränderung aussehen?
- **Analysieren Sie Ihre aktuelle Situation.**
  Welche Position haben Sie in Ihrer Institution? Welchen Stellenwert hat die Informationseinrichtung innerhalb der Institution? Bei den Mitarbeitern? Beim Management?
- **Welche Auswirkung hat die Veränderung auf die Informationseinrichtung und Ihre Arbeitsstelle?**
  Können Sie mit dieser Veränderung leben? Wenn nein, was können Sie tun, damit die Veränderung nicht eintritt? Gibt es Alternativen für die Veränderung?
- **Verharren Sie nicht in Schockstarre oder Resignation. Greifen Sie an!**
  Angriff ist die beste Verteidigung. Es gilt das Motto: Volle Kraft voraus! Zeigen Sie gerade in der Krise allen Mitarbeitern und dem Management wer Sie sind, und was Sie können. Machen Sie der Institution bewusst, dass es ohne Sie nicht geht.
- **Verstärken Sie Ihre Öffentlichkeitsarbeit!**
  Machen Sie Werbung in eigener Sache.
- **Leisten Sie besseren Service als je zuvor.**
- **Sprechen Sie Klartext!**
  Fragen Sie Ihre Vorgesetzen nach dem Stand der Dinge: Sprechen Sie das Management offen auf Ihre Ängste an. Fragen Sie, welche Auswirkungen die Verän-

derung für die Informationseinrichtung und Ihre Stelle haben könnte. Überlegen Sie gemeinsam mit dem Management, wie Sie die Informationseinrichtung durch die Krise führen können.
- **Für den Notfall: Bitten Sie um Referenzen.**
Gerade in Krisensituationen gibt es hohe personelle Fluktuationen. Die Ratten verlassen das sinkende Schiff. Da man sich ja bekanntlich im Leben immer zweimal trifft, ist es sinnvoll, sich von aussteigenden Kollegen/Kunden im Guten zu trennen. Bieten Sie ihnen an, Kontakt zu halten und bei Fragen (oder auch schon mal einer gesuchten Fundstelle) zur Verfügung zu stehen. Sollte es wirklich hart auf hart kommen, und Sie sich nach einer neuen Stelle umschauen müssen, haben Sie zahlreiche Kontakte in unterschiedlichen juristischen Institutionen, die Ihnen gerne weiterhelfen.
- **Nehmen Sie nichts persönlich!**
Viele Menschen reagieren auf Veränderungsprozesse sehr emotional. Es kann daher passieren, dass Ihre Kollegen Verhaltens- und Ausdrucksweisen an den Tag legen, mit denen Sie nie gerechnet hätten. Versuchen Sie in solchen Situationen die Ruhe zu bewahren und auch bei ungerechtfertigten Aktionen nicht Gleiches mit Gleichem zu vergelten. In den meisten Fällen hat Ihr Kollege nichts persönlich gegen Sie. Er brauchte nur lediglich ein Ventil, um seinen Frust los zu werden. Und Sie waren da leider zur falschen Zeit am falschen Ort.
- **Halten Sie den Kopf hoch!** Es wird alles gut werden!

3.6 Vertiefung

Zur Vertiefung des Themas können Sie die folgenden Fragen beantworten:

Wie ist die aktuelle Ausgangssituation meiner Bibliothek oder Informationsvermittlungsstelle?

Welche Bereiche im bibliothekarischen Geschäftsgang kann ich noch optimieren?

Welche konkreten Maßnahmen zur Verbesserung des Geschäftsgangs möchte ich innerhalb der kommenden 12 Monate realisieren?

Ist meine Bibliothekstechnik ausreichend? Was kann verbessert werden?

Was kann in Bezug auf die allgemeine Organisation der Bibliothek verbessert werden?

Buchhaltung und Statistik

Personal
_____
_____
_____
_____

Internes Marketing und Öffentlichkeitsarbeit
_____
_____
_____
_____

Welche konkreten Maßnahmen zur Verbesserung der allgemeinen Organisation möchte ich innerhalb der kommenden 12 Monate realisieren?

_____
_____
_____
_____
_____
_____
_____
_____

Teil II: Informations- und Wissensmanagement in der juristischen Praxis

1 Einführung

Nachdem im ersten Teil des Buches auf die Verwaltung und Organisation von Literatur und Medien im juristischen Umfeld eingegangen wurde, werden nun im zweiten Teil die Themen Informations- und Wissensmanagement für Juristen behandelt. Hierzu zählt wesentlich mehr, als nur die vorhandenen Bücher, Zeitschriften und Medien zu „organisieren".

Da der Begriff „Informationsmanagement" sehr vage ist, und im allgemeinen Sprachgebrauch unterschiedliche Verwendung findet, wird zunächst eine kurze Einführung in das Thema gegeben. Dabei wird erklärt, wie Informations- und Wissensmanagement sinnvoll geplant, welche Ressourcen hierfür benötigt, und welche Besonderheiten beim Informations- und Wissensmanagement im juristischen Umfeld beachtet werden müssen. Des Weiteren werden Hinweise zur Beschaffung von externer Literatur und Informationen, die nicht in der Informationseinrichtung vorhanden sind, gegeben.

Das darauf folgende Kapitel behandelt die unterschiedlichen Fachinformationen. Nach einer kurzen Einführung, in der die Frage „Was sind denn überhaupt Fachinformationen?" geklärt wird, widmen wir uns den unterschiedlichen Medienformen und klären die jeweiligen Vor- und Nachteile von gedruckten und elektronischen Fachinformationen. Da die Anzahl an elektronischen Fachinformationen ständig zunimmt, werden im Anschluss Kriterien zur Auswahl von Datenbanken, sowie einige Informationen zu Lizenzen und zu Lizenzverträgen aufgeführt. Nach dieser theoretischen Einführung in das Thema, geht es nun in die Praxis: Wir schauen uns an, welche einzelnen Fachinformationsquellen es für die Bereiche Recht, Steuern und Wirtschaft gibt. Neben einführenden Informationen zu den großen Fachdatenbanken werden auch kostenlose Rechtsportale und weitere nützliche Angebote im Internet vorgestellt. Für die berufliche Praxis werden zusätzlich noch Hinweise für die Beschaffung von häufig benötigten speziellen Informationen einzelner Rechtsgebiete gegeben.

Im Anschluss widmen wir uns dem Wissensmanagement. Folgende Fragen werden hierbei geklärt: Was ist Wissensmanagement und was versteht der Jurist darunter? Welche Strategien finden im juristischen Umfeld Anwendung und welche Möglichkeiten haben Informationsspezialisten im juristischen Wissensmanagement?

Zum Schluss des zweiten Teils werden noch einige erweiterte Servicemöglichkeiten für juristische Informationsspezialisten vorgestellt. Diese sollen als Beispiel und Anregung dienen, um das Angebot einer juristischen Informationseinrichtung kontinuierlich auf- und auszubauen.

2 Wie werden Informationen und Wissen gemanagt?

Der Begriff „Informationsmanagement" wird im deutschen Sprachgebrauch sehr unterschiedlich definiert. Je nach Fachdisziplin trägt der Begriff verschiedene Bedeutungen. Während in der Informatik mit „Informationsmanagement" das Management und die Organisation von Informations- und Kommunikationstechnologien und die Errichtung einer Informationsinfrastruktur innerhalb einer Organisation gemeint sind, wird in den Bibliotheks- und Informationswissenschaften hierunter eher das Management von Informationsressourcen verstanden. Hierbei handelt es sich um die Planung, Steuerung und Nutzung aller internen und externen Informationsressourcen innerhalb einer Organisation.
Hierzu zählen zum Beispiel:
- Gedruckte Medien (Bücher, Zeitschriften, Zeitungen)
- Audio- und Video-Dateien
- Inhalte elektronischer Datenbanken
- (sowohl interne als auch externe Datenbanken)
- Internet
- Akten, und weitere interne Dokumente

Die Kunst besteht also darin, alle vorhandenen Informationsressourcen innerhalb der Einrichtung zu koordinieren und gleichzeitig extern verfügbare Informationsressourcen zu kennen und ihre Einsatz- und Nutzungsmöglichkeiten innerhalb der Organisation zu planen. Das Management der internen und externen Informationsressourcen wird selbstverständlich an den jeweiligen Zielen der Trägerorganisation ausgerichtet (vgl. Kuhlen 1995, S. 128).

Aufgabe des Informationsmanagers ist es, die vom Unternehmen benötigten Informationen zu beschaffen, aufzubereiten und den Mitarbeitern langfristig zur Verfügung zu stellen. Dabei gelten nach Stock (Stock, 2000, S. 31) die folgenden Prinzipien:
- Die „richtige" Information
- Zum „richtigen" Zeitpunkt
- Am „richtigen" Ort
- Im „richtigen" Umfang
- In der „richtigen" Form
- Mit der „richtigen" Qualität

Dementsprechend ist es im Endeffekt unwichtig, ob eine Information intern bereits vorhanden ist, oder extern besorgt werden muss. Entscheidend ist, dass sie zur Verfügung gestellt wird, wenn sie benötigt wird.

Informationsmanagement bezieht sich nicht nur auf den Informationsmanager oder auf einige wenige Personen, es hat vielmehr Einfluss auf die gesamte Organisation und ihrer Unternehmenskultur. Da Informations- und Wissensmanagement mehrere Bereiche im Unternehmen betreffen (z. B. Bibliothek und Dokumentation, IT-Abteilung, einzelne Fachabteilungen, Verwaltung, Personalabteilung), können diese Arbeitsbereiche keiner bestimmten Abteilung zugeordnet werden. Informations- und Wissensmanager haben daher eine Schnittstellenfunktion und sollten übergreifend mit den verschiedenen Fachbereichen zusammenarbeiten.

Damit die Informations- und Wissensmanagementaktivitäten erfolgreich sind, ist es auch notwendig, dass die Bedeutung und der Nutzen dieser Maßnahmen vom Management der Organisation anerkannt und unterstützt wird. Da das Sammeln und Teilen, und das explizite Generieren von Informationen und Wissen großen Einfluss auf die Unternehmenskultur haben, sollte dies auch in der gesamten Organisation bewusst gefördert werden. Auch wenn der Informations- und/oder Wissensmanager den größten Teil der Aufgaben übernimmt, ist erfolgreiches Informations- und Wissensmanagement auf die Mitarbeit aller Mitarbeiter angewiesen.

2.1 Daten – Information – Wissen

Entscheidend für die Frage „Wie werden Informationen und Wissen gemanagt?" ist erst einmal ein genaueres Verständnis für diese Begriffe. Ausgegangen wird dabei von dem Verhältnis Daten – Information – Wissen.

Daten:
Unter Daten versteht man die syntaktische Verknüpfung von Zeichen, die unter anderem bezüglich ihres Typs oder ihrer Struktur in Systemen gespeichert werden.

Wissen:
Daten, die in einem Kontext zueinander stehen und dadurch eine Bedeutung erlangen, werden zu Wissen. Wissen gilt als das Ergebnis von Erkenntnisprozessen. Auch handelt es sich dabei um die Fähigkeit einen Gegenstand korrekt zu erfassen („to know that") und gleichzeitig korrekt mit ihm umgehen zu können („to know what").

Information:
Im Gegensatz zum statischen Wissen, gelten Informationen als dynamisch. Sie bilden die Teilmenge des Wissens, das von einer Person in einem konkreten Zusammenhang gebraucht wird. Information kann somit als handlungsrelevantes Wissen oder als „Wissen in Aktion" bezeichnet werden.

„Information ist Wissen in Aktion"
Kuhlen, Informationsmarkt 1995, S. 34

Daten	Information	Wissen
unstrukturiert		strukturiert
isoliert		verankert
kontext-unabhängig		kontextabhängig
geringe Verhaltenssteuerung		hohe Verhaltenssteuerung
Zeichen		kognitive Handlungsmuster
Distinction		mastery capability

Kein sprunghafter, sondern stetiger Qualitätswandel

Abb. 2. Das Kontinuum von Daten und Informationen zum Wissen (Probst, 2003, S. 17)

2.2 Planung des Informationsmanagements

Um ein funktionierendes Informationsmanagement aufzubauen und betreiben zu können, bedarf es einer sorgfältigen Planung. Da Informationsmanagement nicht „mal eben" aus dem Boden gestampft werden kann, ist es ratsam ein spezielles Projekt zum Aufbau eines solchen Systems zu starten. Dabei müssen drei Planungsebenen berücksichtigt werden (Vgl. Fank 1996, S. 163ff):
1. Strategische Planung und Analyse der aktuellen Situation
2. Administrative Planung
3. Operative Planung

Planung des Informationsmanagements

1. **Strategische Planung und Analyse der aktuellen Situation:**

Zunächst sollte die aktuelle Bedeutung der Faktoren Information und Wissen innerhalb der Organisation analysiert werden. Dies dient anschließend der Festlegung konkreter Ziele und Strategien aus denen einzelne Maßnahmen erarbeitet werden können.

Folgende Fragen können bei der Situationsanalyse hilfreich sein:
– Wie soll der Begriff Informationsmanagement innerhalb der Organisation definiert werden?
– Was versteht das Management unter „Informationsmanagement"?
– Warum soll Informationsmanagement in der Organisation eingeführt werden?
– Gibt es bereits Ansätze für Informationsmanagement innerhalb der Organisation?
– Welche Maßnahmen gab es bisher? Waren diese erfolgreich?
– Welche Ziele soll Informationsmanagement haben?
– Welche Strategien sollen dazu befolgt werden?
– Welche konkreten Maßnahmen sollen vorgenommen werden?
– Welche Abteilungen innerhalb der Organisation müssen mit eingebunden werden?
– Welche Mitarbeiter sollen im Informationsmanagement mitarbeiten?
– Gibt es Mitarbeiter die spezielles Know How oder besondere Fähigkeiten besitzen, die sie als „Informationsmanager" qualifizieren?
– Welche technische Infrastruktur wird für die Maßnahmen benötigt?

2. **Administrative Planung:**

Die administrative Planung dient der Überwachung und Steuerung der einzelnen Maßnahmen und Projekte im Informationsmanagement. Bereiche, die hier geplant werden sind beispielsweise:
– Personalmanagement
– Projektmanagement
– Organisation der Technologieinfrastruktur
– Datenmanagement
– Risikomanagement

3. **Operative Planung:**

Die operative Planung beschäftigt sich mit der Nutzung der im Unternehmen vorhandenen Informationen. Hierzu zählen z. B. die aktive Versorgung der Mitarbeiter mit relevanten Informationen oder die Planung einzelner Maßnahmen zum Informationsmanagement. Dabei können die einzelnen Maßnahmen einerseits innerhalb des operativen Geschäfts der Organisation oder im Rahmen konkreter (Informationsmanagement-)Projekte erfolgen.

2.3 Verfügbare Ressourcen

Basis für das Informationsmanagement sind ausreichende Ressourcen. Die wichtigsten davon sind Zeit, Geld, Personal und die technische Ausstattung.

Personal:
Zunächst muss danach geschaut werden, ob genügend Personal vorhanden ist, welches das Informationsmanagement betreuen kann. Dies muss nicht zwangsweise ein einzelner „Informationsmanager" sein, sondern kann auch aus einem Team aus verschiedenen Abteilungen zusammengesetzt werden (z. B. jemand aus der Informationseinrichtung, jemand aus der IT und ein Jurist). Falls nicht genügend oder kein geeignetes

Personal im Unternehmen vorhanden sein sollte, muss überlegt werden, ob ein neuer Mitarbeiter eingestellt, oder ein bereits vorhandener Mitarbeiter durch Weiterbildung entsprechend qualifiziert werden soll. Hierbei sollten Sie genau überlegen, welche Qualifikationen und Fähigkeiten der zukünftige Informationsmanager haben muss.

Zeit:
Soll das Informationsmanagement mit bereits vorhandenen Mitarbeitern aufgebaut werden, muss geklärt werden, ob diese auch genügend verfügbare Zeit haben, bzw. bekommen. Da Informationsmanagement mal nicht so „nebenbei" läuft, muss dies auch bei der Planung mit berücksichtigt werden.

Geld:
Natürlich verursacht auch Informationsmanagement Kosten. Bereits beim Aufbau des Informationsmanagements sollte ein konkretes Budget festgelegt werden. Dabei muss zwischen einmaligen Kosten (z. B. zum Aufbau der IT-Infrastruktur) und laufenden Kosten (z. B. Lizenzkosten für Datenbanken oder Wartungskosten) unterschieden werden.

Technik:
Beim Informationsmanagement spielt auch immer der Einsatz von Informations- und Kommunikationstechnologie eine wichtige Rolle. Zum einen wird diese benötigt um externe Informationsressourcen über Internet und Datenbanken zu beschaffen, zum anderen bedarf es einer gewissen IT-Infrastruktur um die internen und externen Informationen aufzubereiten und im Unternehmen verfügbar zu machen. Bei der Planung des Informationsmanagements muss also geklärt werden, welche technischen Funktionen benötigt werden, ob die benötigte Technik im Unternehmen vorhanden ist, oder ob sie gegebenenfalls angeschafft werden soll.

2.4 Informationsmanagement und Informationsbedarf der juristischen Institution

Wie bereits beschreiben, können juristische Institutionen eine sehr unterschiedliche Größe haben. Zum einen gibt es die großen Behörden und Großkanzleien mit mehreren hunderten Mitarbeitern, teilweise auch auf mehrere Standorte verteilt. Zum anderen gibt es aber auch zahlreiche kleine Behörden und Kanzleien mit nur wenigen Angestellten. Je nach Größe der juristischen Institution kann daher der Informationsbedarf sehr unterschiedlich sein. Auch die Möglichkeiten zur Gestaltung des Informationsmanagements sind dementsprechend abhängig von der Größe.

Allerdings ist der Erfolg eines Informationsmanagements in einer Institution immer abhängig von der Persönlichkeit und dem Engagement des Informationsspezialisten, bzw. der Person, die für das Informationsmanagement verantwortlich ist. So können beispielsweise auch Informationseinrichtungen in großen Institutionen trotz ausreichender Ressourcen und hoher technischer Ausstattung nicht anerkannt und etabliert sein, weil die verantwortliche Person dies nicht propagiert. Andererseits kann auch ein einzelner Informationsprofi in einer kleinen juristischen Institution als „One-Man-Show" viel bewirken, indem er einfach präsent ist, und das vorhandene Informationsangebot kommuniziert.

Man merke: Erfolgreiches Informationsmanagement ist auch immer abhängig von den verantwortlichen Informationsprofis!

2.4.1 Informationsmanagement in großen Institutionen

Es mag einleuchtend sein, dass in großen Institutionen mehr Möglichkeiten bestehen ein professionelles Informationsmanagement aufzubauen als in kleinen Einrichtungen, wie z. B. in einer Ein-Mann-Kanzlei. Gerade in großen Wirtschaftskanzleien ist das Informationsmanagement wichtig, um die Arbeit der Rechtsanwälte, Wirtschaftsprüfer oder Steuerberater zu unterstützen. Aufgrund der hohen Stundensätze, die die Mandanten für die Berater bezahlen, erwarten diese eine professionelle Betreuung durch die Kanzlei, und vor allem, dass die Berater in ihren Rechtsgebieten stets auf dem aktuellen Stand sind. Daher sind auch die Erwartungen an den Informationsservice in Wirtschaftskanzleien und an die einzelnen Informationsspezialisten oftmals sehr hoch. Das Argument „Ich komme an den Aufsatz oder das Urteil nicht ran!" zählt hier nur selten. Dementsprechend sind Großkanzleien meistens in Bezug auf Literatur und Informationen sehr gut ausgestattet. In vielen Fällen werden Datenbanken als Flatrate abonniert und oftmals gibt es hier auch keine Zugriffsbeschränkungen, sodass alle Mitarbeiter uneingeschränkten Zugriff auf alle vorhandenen Informationsressourcen haben. Bei der Literatur wird in der Regel das besorgt, „was gebraucht wird". Es gibt daher bei vielen Informationseinrichtungen in Wirtschaftskanzleien kein festes Budget, sondern eher eine Leitlinie an der man sich ausrichtet.

Darüber hinaus werden in zahlreichen Kanzleien auch alle übrigen vorhandenen Dokumente systematisch erschlossen und verwaltet, um die im Unternehmen vorhandenen Informationen allen Mitarbeitern bestmöglich zur Verfügung stellen zu können. Unterstützt wird dies durch zusätzliche IT-Infrastrukturen, wie z. B. Intranet, Document-Management-Systeme oder interne Datenbanken, zur Verbesserung des kanzleiweiten Informationsaustausches.

Neben der Bereitstellung von Literatur und Datenbanken sind Informationsspezialisten in Wirtschaftskanzleien heutzutage in zahlreiche weitere Aktivitäten innerhalb der Kanzlei eingebunden. So gibt es beispielsweise Kooperationsmöglichkeiten mit der IT-Abteilung oder dem Business Development bei einzelnen Projekten. Die Eigenschaften des Information Professional, die hier zum Tragen kommen, sind die Fähigkeit alle Arten von Informationen zu besorgen, diese aufzubereiten, und den Berater in der gewünschten Form zur Verfügung zu stellen.

Die gute finanzielle Ausstattung der Kanzleibibliotheken klingt für andere Informationsspezialisten auf den ersten Blick wie ein Schlaraffenland. Aber auch hier gibt es seit Beginn der Weltwirtschaftskrise einige Eintrübungen. Zahlreiche Kanzleien sind um Einsparungen bemüht und geben ihr Geld nicht mehr mit so vollen Händen aus, wie noch vor der Krise. Theoretisch wird zwar immer noch alles gekauft, was wirklich notwendig ist, aber es wird mittlerweile häufiger vom Management danach gefragt: „Brauchen wir das wirklich?" Als Informationsspezialist besteht die Kunst darin, all das zu besorgen, was dringend benötigt wird, aber auch vorausschauend zu agieren und die Notbremse dort zu ziehen, wo etwas nur „nice to have" wäre.

Auch in größeren Behörden gehört das Informationsmanagement zum festen Bestandteil der Organisation. Dabei werden die Bereiche Bibliothek, Archiv, Information und Dokumentation häufig als eine Einheit zusammengefasst. Die Kernaufgabe dieser Einheit liegt in der Versorgung der Mitarbeiter der jeweiligen Behörde mit sämtlichen benötigten Informationen.

Allerdings muss berücksichtigt werden, dass der Informationsbedarf in einzelnen Behörden sich oftmals voneinander unterscheidet. Grund dafür, ist die sehr heterogene Aufgabenstellung der unterschiedlichen Behördentypen. Ein noch wesentlich größerer Unterschied im Informationsbedarf besteht allerdings zwischen Kanzleien und Behörden. Wird der Informationsbedarf in Kanzleien immer an den aktuellen

Mandaten gemessen und ist somit fallbezogen, richtet er sich in Behörden nach den allgemeinen Aufgaben der jeweiligen Einrichtung. Er kann sich hier beispielsweise auf die Forschungsarbeit einer Behörde, oder aber auch auf die allgemeine Verwaltungstätigkeit beziehen.

Da die Informationseinrichtungen der meisten Behörden sich in der Regel fest etabliert haben, ist der Rechtfertigungsdruck häufig nicht so hoch, wie derjenige der Informationseinrichtungen in der freien Wirtschaft. Neue Informationsdienstleistungen werden daher oftmals nicht explizit gefordert, wenn sie angeboten werden, aber meistens positiv aufgenommen.

2.4.2 Informationsmanagement in kleinen Institutionen

In kleinen juristischen Institutionen, wie zum Beispiel kleinen Kanzleien oder Rechtsabteilungen von Unternehmen wird Informationsmanagement häufig nur „nebenbei" betrieben. Einen professionellen Informationsmanager gibt es hier in der Regel nicht. Zum Einen fehlen hier oftmals dafür die Mittel, zum anderen muss ehrlicherweise gesagt werden, dass die Informationswege innerhalb der Institution so klein sind, dass zumindest der Austausch von internen Informationen auch noch über den Flurfunk geregelt werden kann. Große technische Maßnahmen sind daher an dieser Stelle in vielen Fällen nicht zwingend notwendig. Für die Besorgung externer Informationen müssen jedoch Alternativen überlegt werden. Informationsmanagement bezieht sich in kleinen Institutionen vielmehr auf das persönliche Informationsmanagement und weniger auf das Management der gesamten Gruppe. Daher ist es auch nicht verwunderlich, dass in kleinen Institutionen sehr kostensensibel gehaushaltet wird. Es wird stärker abgewogen, welche Datenbanklizenzen erworben, welche Zeitschriften abonniert und welche Bücher gekauft werden.

2.4.3 Ermittlung des Informationsbedarfs

Zur Ermittlung des Informationsbedarfs einer juristischen Institution können die folgenden Fragen behilflich sein:

Checkliste: Informationsbedarfs

Informationsbedarf

Inhalte
Welche Informationen werden benötigt?
– Welche internen Informationen werden benötigt?
– Welche externen Informationen werden benötigt?
– Welche Fachinformationen werden benötigt?
  Ausschließlich Rechtsinformationen?
  Fachinformationen nur zu einzelnen Rechtsgebieten (z. B. nur Strafrecht, nur Europarecht)?
  Fachinformationen aus anderen Wissensgebieten (z. B. Wirtschaftsinformationen, Informationen zu gewerblichen Schutzrechten)?
– Werden von einzelnen Abteilungen andere Arten an Informationen benötigt, als von dem überwiegenden Teil der Institution?
  Welche Abteilungen sind dies?
  Welche speziellen Informationen benötigen diese Abteilungen?

Arbeitsweise
Wie arbeiten die Mitarbeiter unserer Institution?
– Überwiegend wissenschaftlich (Forschung und Lehre)?
– Überwiegend projekt-/mandatsbezogen?
– Ad hoc bei aufkommenden Problemen (z. B. im Unternehmen)?
– Sonstiges

Verfügbarkeit und Zugriff
– Wie häufig werden die Informationen zu den einzelnen Themengebieten benötigt?
– Müssen die Informationen stets verfügbar sein, oder reicht es aus, wenn die Informationen zeitnah extern besorgt werden können?
– Werden die Informationen nur Vorort innerhalb der Institution benötigt, oder soll auch ein Zugriff von außerhalb (z. B. von zu Hause aus, unterwegs) erfolgen?

Form
– In welcher Form sollen die Informationen vorliegen? Gedruckt oder digital?

2.5 Externe Literatur- und Informationsbeschaffung

Auch wenn die Bibliothek oder Informationseinrichtung in einer Organisation noch so gut ausgestattet und das Management der internen Informationsressourcen noch so gut organisiert ist, wird man nicht darum herumkommen, einen Teil der Informationen extern zu besorgen. Da heutzutage in vielen Einrichtungen viele Dienstleistungen und Services an externe Anbieter ausgelagert werden, verstärkt dies zusätzlich die Notwendigkeit externer Informationsbeschaffung. Zum Glück gibt es eine Vielzahl an Möglichkeiten Literatur und Informationen zu besorgen – und das häufig sogar zu moderaten Preisen.

Folgende Möglichkeiten zur Beschaffung von juristischer Literatur und Informationen sollten Sie kennen:

externe Informationsbeschaffung

Datenbanken
Juristische Fachdatenbanken gehören mittlerweile zum gängigen Arbeitswerkzeug eines jeden Juristen. Die meisten Anbieter juristischer Fachdatenbanken sind renommierte Verlage, die einerseits elektronische Versionen ihres Verlagsrepertoires in dieser Datenbank anbieten, diese aber andererseits durch allgemeine Rechtsquellen wie Gesetzestexte oder Rechtsprechung ergänzen. Die Mischung dieser verschiedenen Informationsquellen, die komfortablen Suchmöglichkeiten und die Möglichkeit die verschiedenen Quellen untereinander zu verknüpfen, machen Datenbanken zu einem wichtigen Recherche- und Arbeitswerkzeug. Allerdings sind Fachdatenbanken in der Regel nicht günstig, sodass überlegt werden muss, welche Datenbanken (insbesondere welche Inhalte) benötigt werden, und welche Anschaffung daher ratsam ist.

Freiverfügbare Quellen im Internet
Neben kostenpflichtigen Angeboten gibt es auch zahlreiche Datenbanken und Fachportale, die von Behörden kostenfrei für jedermann zur Verfügung gestellt werden. Einzelne Angebote werden im nächsten Kapitel detailliert erklärt.

Elektronische Dokumentlieferdienste
Sollten benötigte Publikationen lokal nicht vorhanden, oder nicht online verfügbar sein, können sie häufig auch über Dokumentlieferdienste besorgt werden. Ein Dokumentlieferdienst ist ein Dienstleister, der Kopien von Fachartikeln aus verschiedenen

Publikationen gegen Entgelt per Post, Fax oder E-Mail liefert. Da die Lieferzeiten meist recht kurz sind, bieten Dokumentlieferdienste eine Alternative zur konventionellen Fernleihe in Bibliotheken. Die Bestellung der Dokumente erfolgt online. Allerdings ist die Besorgung von Dokumenten über Dokumentlieferdienste kostenpflichtig. Insbesondere die Nutzung durch Unternehmen ist im Gegensatz zur Nutzung durch Privatpersonen und Institutionen des Öffentlichen Dienstes recht teuer.

Die bekanntesten Dokumentlieferdienste sind:
- Subito
  http://www.subito-doc.de
- GetInfo
  https://getinfo.de
- Ingenta
  http://www.ingentaconnect.com
- British Library / Document Supply Centre
  http://www.bl.uk/reshelp/atyourdesk/docsupply/index.html
- Infotrieve
  http://www.infotrieve.com/document-delivery-service

(Andere) Öffentlich zugängliche Bibliotheken

Gerade andere Bibliotheken, die sich in der gleichen Stadt befinden, sind oftmals eine hervorragende Quelle, um juristische Fachliteratur zu besorgen. Lassen Sie sich von der örtlichen Universitätsbibliothek oder einer anderen Hochschulbibliothek einen externen Nutzerausweis ausstellen. Auch größere Stadtbibliotheken haben manchmal einen ansehnlichen Bestand an juristischer Literatur. Spezielle juristische Fachliteratur bekommen Sie auch in Parlaments- und Behördenbibliotheken, z. B. vom örtlichen Gericht. Diese können in der Regel von Juristen genutzt werden. Rufen Sie vorab kurz in der Bibliothek an und fragen Sie den Kollegen / die Kollegin, ob Sie vorbeikommen und die Bibliothek nutzen dürfen.

Anfrage bei Behörden oder Verbänden

Manchmal wird eine Spezialinformation zu einem Thema benötigt. Auch wenn alle bekannten Bibliothekskataloge und Datenbanken durchsucht wurden, ist keine Literatur oder irgendeine Publikation zu diesem Thema zu finden. In solchen Fällen hilft es manchmal, wenn man bei einer Behörde oder einem Verband nach einem Experten fragt, der einem weiterhelfen oder zumindest einen Tipp geben kann, an wen man sich wenden oder wo man etwas zu diesem Thema erfahren könnte.

Literaturtipp:
Ein zuverlässiges Nachschlagewerk, um Adressen von Behörden und Verbänden zu finden, ist der „Oeckl" Das Taschenbuch des öffentlichen Lebens:
Taschenbuch des Öffentlichen Lebens – Deutschland 2012 / Albert Oeckl. - 61. Jg. - Bonn: Festland Verl., 2012, 1974 S., ISBN: 978-3-87224-110-8

Literaturtipp

Bibliotheks- und Informationsnetzwerke

Auch berufliche Netzwerke aus dem Bibliotheks- und Informationsbereich können bei der Beschaffung externer Literatur und Informationen helfen. So wurde beispielsweise mit der Mailliste RABE (Recherche und Auskunft für bibliothekarische Einrichtungen) eine spezielle Mailingliste für den Auskunftsdienst an Bibliotheken geschaffen. Nähere Informationen zu dieser Mailingliste finden Sie unter http://listen.hbz-nrw.de/mailman/listinfo/rabe.

Für kleine Bibliotheken und insbesondere Kanzleibibliotheken sind auch die regionalen OPL-Gesprächskreise eine große Hilfe. Speziell die Bibliotheken der Kanzleien und Wirtschaftsprüfungsgesellschaften in den größeren Städten haben teils einen sehr engen Kontakt untereinander, sodass man sich hier auch Tipps holen kann, wo spezielle Literatur oder Informationen besorgt werden können.

Im Allgemeinen sind auch Kontakte zu Berufskollegen in anderen Bibliotheken (mit Beständen zu anderen Themen) sehr hilfreich. Es kommt immer mal wieder vor, dass einem eine Anfrage zu einem Gebiet gestellt wird, dass ganz fernab vom Thema Jura liegt, und auf das so ohne weiteres keinen Zugriff besteht. Wenn in einem solchen Fall der Kontakt zu einem Kollegen in einer Spezialbibliothek zu diesem Thema besteht, ist dies eine große Hilfe! Solche informellen Quellen sind daher nicht zu unterschätzen!

Praxisbeispiel:

Vor einigen Jahren benötigte einer unserer Anwälte eine hygienerechtliche Vorschrift aus einer bestimmten Loseblattsammlung – und diese natürlich so schnell wie möglich! In der Uni-Bibliothek und allen Düsseldorfer Behördenbibliotheken war diese Publikation nicht verfügbar. Eine Bestellung im Buchhandel hätte zu lange gedauert. Auch über einen Dokumentlieferdienst hätte ich das Dokument nicht bekommen. Ich habe dann schließlich eine ehemalige Kommilitonin gefragt, die in einer medizinischen Spezialbibliothek arbeitet. Sie konnte mir zum Glück weiterhelfen.

Einige Wochen später kontaktierte mich diese Kollegin, weil sie eine spezielle Verwaltungsvorschrift benötigte, und nicht wusste, wo sie diese bekommen könnte. Ich konnte mich so bei ihr revanchieren.

2.6 Vertiefung

Zur Vertiefung des Themas können Sie die folgenden Fragen beantworten:

Was wird in unserem Unternehmen unter „Informationsmanagement" verstanden?

Wie ist der aktuelle Ist-Stand beim Informationsmanagement in unserem Unternehmen?

Gibt es ausreichend Ressourcen für das Informationsmanagement?

Personal:

Zeit:

Geld:

Technik:

Wenn nein, welche Ressourcen werden noch benötigt?

Welche externen Quellen zur Literatur- und Informationsbeschaffung nutze ich?

Welche Quellen könnte ich zukünftig auch noch nutzen?

3 Fachinformationen

Das folgende Kapitel gibt einen Überblick über die in der Praxis relevanten Fachinformationen. Nach einer kurzen Einführung in das Thema und die Klärung der Frage „Was sind Fachinformationen?", werden die relevantesten Fachinformation aus den Bereichen Recht, Steuern und Wirtschaft vorgestellt.

3.1 Allgemeines

3.1.1 Was sind Fachinformationen?

Unter Fachinformationen versteht man spezialisierte Informationen zu einem bestimmten Themengebiet, die zur Bewältigung von fachlichen Aufgaben im Beruf, für Wissenschaft und Forschung, in der Wirtschaft oder in der öffentlichen Verwaltung benötigt werden. Das allgemeine Fachinformationswesen besteht unter anderem aus den einzelnen Einrichtungen des Informations- und Dokumentationsbereichs (IuD), sowie Fachverlagen, Fachbuchhandlungen, Datenbankanbieter, die fachliche Datenbanken und Portale bereitstellen und nicht zuletzt aus Bibliotheken, die den Zugang zu fachlicher teils hoch spezialisierter Literatur ermöglichen (Hacker 2000, S. 316). Generell wird in selbständige und unselbständige Fachinformationseinrichtungen unterschieden. Selbständige Fachinformationseinrichtungen stellen Informationen für eine breite Öffentlichkeit bereit. Sie stehen zum Teil in privater Trägerschaft, zum Teil werden sie aber auch vom Staat betrieben oder unterstützt. Unselbständige Fachinformationseinrichtungen dienen der Informationsbereitstellung und -vermittlung innerhalb einer bestimmten Organisation. Dazu gehören beispielsweise Unternehmensbibliotheken, Fachinformationsabteilungen in Forschungsinstituten oder Bibliotheks- und Dokumentationseinrichtungen in Behörden (Vgl. Hacker 2000, S. 317).

Hintergrundinformation:
IuD-Programm der Bundesregierung
Von 1974 bis 77 wurde von der Bundesrepublik Deutschland das „Programm der Bundesregierung zur Förderung der Information und Dokumentation" initiiert, das zum Ziel hatte, Information und Dokumentation planmäßig zentral zu organisieren. Im Rahmen dieses Programms wurden auch die so genannten Fachinformationszentren (FIZ) gegründet, die spezielle Fachinformationen für ihr jeweiliges Fachgebiet der Öffentlichkeit zur Verfügung stellen. Sie sind als selbständige Informationseinrichtungen zu sehen.
Heutzutage werden die Fachinformationszentren zum Teil immer noch vom Staat unterstützt, teilweise sind sie komplett eigenständig. Hervorgegangen aus dieser Fachinformationsinitiative, sozusagen als „FIZ Recht" ist der heutige Datenbankanbieter Juris (Juristisches Informationssystem der Bundesrepublik Deutschland).

Hintergrundinformation

3.1.2 Gedruckt oder elektronisch? – Welche Medienform ist die Richtige?

Auch wenn in vielen Disziplinen der Trend deutlich hin zum elektronischen Medium geht, weg von den gedruckten Büchern, sind Juristen an sich doch noch sehr printfixiert, und schätzen ihre gedruckten Bücher in den Regalen. Außerdem gibt es gerade bei den Juristen immer noch Standardtitel, die (noch) nicht online verfügbar sind. Bestes Beispiel hierfür ist der „Palandt", der als Standard-Kommentar zum Bürgerlichen Gesetzbuch von einem großen Teil der Juristen genutzt wird.

Online vs. print

Ob gedrucktes Werk oder elektronische Ressource – beide Formen haben ihre Vor- und Nachteile. Es kommt immer darauf an, in welcher Situation welches Medium von einer einzelnen Person benötigt wird. Daher kann auch nicht pauschal gesagt werden, was nun „besser" ist – gedruckt oder elektronisch.

Um abwägen zu können, welche Medienform in einer jeweiligen Situation benötigt wird, kann die folgende Gegenüberstellung von gedruckten und Online-Medien eine Entscheidungshilfe bieten:

Vorteile Online-Medien:
- können einfach und flexibel im Internet eingebunden werden
- bieten umfangreiche Recherchemöglichkeiten.
- können interaktiv und multimedial aufbereitet werden.
- können zügig und regelmäßig aktualisiert werden.
- können auch von „unterwegs" genutzt werden.
- eine Verlinkung zu anderen Medien oftmals möglich.
- Oftmals Datenbanken mit umfangreichen Inhalten und einer großen Anzahl an verschiedenen Werken.
- Es muss nicht jedes einzelne Werk separat bestellt werden. Die im Medienpaket erhaltenen Werke werden alle automatisch geliefert.
- Punktueller Zugriff zu Information
- Mehrere Nutzer gleichzeitig

Nachteile Online-Medien:
- sind nur für den aktuellen Gebrauch gedacht.
- Für das gleiche Dokument wird mehrmals gezahlt, wenn es zu unterschiedlichen Zeiten und Anlässen, oder von unterschiedlichen Personen aufgerufen wird.
- Fehlender Gesamtüberblick über den Inhalt des Mediums.
- Es werden meistens nicht alle Werke in der Datenbank benötigt, die mit der Lizenz miterworben und mitbezahlt werden.
- Langfristiger Zugriff auf Medien ungewiss; Insbesondere nach Beendigung der Lizenz (bei Unternehmen verfällt meistens der Content; öffentlich-rechtliche Institutionen können manchmal noch einen Zugriff auf die „erworbenen" Inhalte aushandeln).
- Technische Hilfsmittel zur Nutzung erforderlich.

Vorteile Printmedien:
- machen ein entschleunigtes Lesen und Aufnehmen möglich.
- können wiederholt gelesen werden (wenn eine Fundstelle nach 10 Jahre noch einmal benötigt wird, ist sie weiterhin verfügbar).
- transportieren Inhalte intensiver.
- Man zahlt nur einmal für das Medium.
- Bessere Übersichtlichkeit des Inhalts beim Durchstöbern des Textes.
- Es werden nur die Medien gekauft, die auch wirklich benötigt werden.
- Langfristiger Zugriff auf die Medien.
- Inhalte sind deutlicher in einem Zusammenhang zu lesen.

Nachteile Printmedien:
- Nehmen viel Platz ein.
- Physische Aufbewahrung kostet daher mehr Geld.
- Wenige Recherchemöglichkeiten; meistens auf Inhaltsverzeichnis und Register beschränkt.

- Kann nur einzeln unterwegs genutzt werden.
- Keine Verlinkung zu anderen Medien möglich.
- Sollte zu einem Randgebiet Literatur benötigt werden, muss diese separat angeschafft werden. Dazu wird zusätzlich Zeit benötigt.

3.1.3 Datenbankauswahl – die Qual der Wahl

Ein großer Teil der Fachinformationen sind heutzutage elektronisch in Form von Datenbanken vorhanden. Zum Aufbau eines funktionierenden Informationsmanagements ist daher die Versorgung der Juristen mit den benötigten Fachdatenbanken ein fester Bestandteil. Der Markt an Fachdatenbanken ist im juristischen Bereich mittlerweile recht groß und unübersichtlich geworden und er wächst ständig weiter. Natürlich stellt sich da die Frage: „Welche Datenbank brauche ich?" „Und zu welchen Konditionen?" Die folgende Checkliste hilft bei der Suche nach einer geeigneten Fachdatenbank und bei der Entscheidung für oder gegen eine Datenbank.

Checkliste Datenbankauswahl

Checkliste Datenbankauswahl

Inhalt der Datenbank
Welche Inhalte werden benötigt?
- ausschließlich Spezialinhalte (nur Formulare und Muster; nur Zeitschriften)
- ein komplettes Rechtsgebiet (nur Immobilien- und Baurecht; nur Steuerrecht)
- mehrere Rechtsgebiete und mehrere verschiedene Inhalte
- Fachinformationen aus anderen Wissensgebieten (Unternehmensinformationen, öffentliche Bekanntmachungen, Patent- und Markeninformationen etc.)

Arbeitsweise
- Soll die Datenbank in einer großen Institution oder für einen Einzelnutzer eingesetzt werden?
- Arbeitet die Institution stark spezialisiert und auf einige wenige Fachgebiete konzentriert oder werden alle Rechtsgebiete übergreifend behandelt?
- Wird sehr detaillierte und spezielle Literatur zu einem Rechtsgebiet benötigt oder nur Grundlagenliteratur?

Zugriff
- Soll die Datenbank allen Mitarbeitern zur Verfügung gestellt werden oder nur bestimmten Personen?
- Dürfen die Nutzer nur vom Büro aus Zugriff auf die Datenbank haben oder soll auch ein Zugriff von unterwegs möglich sein? (Kann beispielsweise für die Nutzung bei Due Diligence oder in der Wirtschaftsprüfung interessant sein)
- Wie häufig wird die Datenbank schätzungsweise genutzt? (häufig, gelegentlich, eher selten)

Preismodelle
Wie soll die Zahlungsweise sein?
- Monatspauschale unabhängig von der Nutzung
- Monatspauschale plus zusätzlicher Dokumentenpreise
- Keine Monatspauschale und erhöhter Dokumentenpreis
- Möglichkeit der Zuordnung einzelner Recherchen zu Mandaten / Projekten

Das endgültige Preismodell sollte nach der erwarteten Nutzung richten. Für eine Datenbank, die von den Mitarbeitern nur selten genutzt wird, benötigt man keine Flatrate. Hier reicht in der Regel eine Bezahlung für die abgerufenen Einzeldokumente (Pay per Document).

3.1.4 Lizenzen und Lizenzverträge

Beispiel:
Die Kanzlei Meyer-Lüdenscheidt PartG möchte demnächst die Datenbank „LegalLaw" nutzen. Sie lässt sich von dem Datenbankbieter ABC Law zunächst einen Probezugang geben. Nach einigen Wochen verhandelt die Kanzlei mit dem Datenbankanbieter über Nutzungsverträge. Hierbei stehen ihr verschiedene Nutzungsmöglichkeiten zur Auswahl. Lizensierung einzelner Datenbankmodule oder eine Flatrate über das gesamte Datenbankangebot; Nutzeraccounts für einzelne Mitarbeiter oder Freischaltung für alle Mitarbeiter der Kanzlei über IP-Check und Single Sign-on? Nach einigen Wochen schließt die Kanzlei mit dem Datenbankhersteller einen Vertrag über 10 Datenbanklizenzen (10 Accounts) ab.

Lizenzen und Lizenzverträge spielen bei der Auswahl und Erwerbung von Datenbanken eine immer wichtigere Rolle. Verträge müssen abgeschlossen, die Konditionen für die Nutzung abgeklärt, und die Rechte und Pflichten ausgelotet werden. Gleichzeitig muss geprüft werden, ob die Möglichkeiten des Zugriffs auf das lizensierte Produkt für die Nutzer der Informationseinrichtung sinnvoll sind. All dies erfordert einige Hintergrundkenntnisse zum Thema Lizenzen. Doch was ist eigentlich eine Lizenz? Ganz allgemein bedeutet eine Lizenz, die Erlaubnis Dinge zu tun, die ohne diese Lizenz nicht erlaubt wären.

Besondere Relevanz haben Lizenzen im Urheberrecht, obwohl hier nicht von Lizenzen sondern von Nutzungsrechten gesprochen wird. Gemeint ist hier aber das Selbe. Ganz allgemein kann ein Urheberrecht nach § 29 Abs. 1 UrhG nicht auf eine andere Person übertragen werden. Allerdings kann dieser Person ein Nutzungsrecht eingeräumt werden (§ 31 Abs. 1 UrhG).

Rechtsnorm:
§ 31 UrhG: Einräumung von Nutzungsrechten
(1) Der Urheber kann einem anderen das Recht einräumen, das Werk auf einzelne oder alle Nutzungsarten zu nutzen (Nutzungsrecht). Das Nutzungsrecht kann als einfaches oder ausschließliches Recht sowie räumlich, zeitlich oder inhaltlich beschränkt eingeräumt werden.
(2) Das einfache Nutzungsrecht berechtigt den Inhaber, das Werk auf die erlaubte Art zu nutzen, ohne dass eine Nutzung durch andere ausgeschlossen ist.
(3) Das ausschließliche Nutzungsrecht berechtigt den Inhaber, das Werk unter Ausschluss aller anderen Personen auf die ihm erlaubte Art zu nutzen und Nutzungsrechte einzuräumen. Es kann bestimmt werden, dass die Nutzung durch den Urheber vorbehalten bleibt. § 35 bleibt unberührt.
(4) (weggefallen)
(5) Sind bei der Einräumung eines Nutzungsrechts die Nutzungsarten nicht ausdrücklich einzeln bezeichnet, so bestimmt sich nach dem von beiden Partnern zugrunde gelegten Vertragszweck, auf welche Nutzungsarten es sich erstreckt. Entsprechendes gilt für die Frage, ob ein Nutzungsrecht eingeräumt wird, ob es sich um ein einfaches oder ausschließliches Nutzungsrecht handelt, wie weit Nutzungsrecht und Verbotsrecht reichen und welchen Einschränkungen das Nutzungsrecht unterliegt.

Grundsätzlich wird zwischen einem einfachen und einem ausschließlichem Nutzungsrecht unterschieden. Der Inhaber eines **einfachen Nutzungsrechts** kann das Werk neben mehreren anderen Berechtigten nutzen. Diese Form des Nutzungsrechts ist bei Datenbanklizenzen üblich. Man erhält eine einfache Lizenz über die Nutzung einer Datenbank. Im Gegensatz dazu berechtigt ein **ausschließliches Nutzungsrecht** den Inhaber dazu, jeden Dritten von der Nutzungsmöglichkeit auszuschließen oder selbst anderen Nutzern einfache Nutzungsrechte einzuräumen.

In einem Lizenzvertrag wird allerdings viel mehr geregelt, als nur die Art des Nutzungsrechtes. Bestandteil eines solchen Vertrags können auch die Beschreibung des Lizenzgegenstandes, die Art der Nutzung, die Laufzeit der Lizenz, das Entgelt oder ggf. Vertragsstrafen sein. Da es gerade bei der Vergabe von Lizenzen viele verschiedene Variationen gibt, ist es sinnvoll, von Beginn an für jedes lizensierte Medium die jeweiligen Konditionen zu erfassen, damit innerhalb der Organisation alle Lizenzbedingungen eingehalten werden können.

Praxistipp:
Lizenzverwaltung
Sehr große Bibliotheken setzen mittlerweile spezielle Programme zur Verwaltung ihrer elektronischen Medien ein. Ähnlich wie bei der Katalogisierung erhält jedes elektronische Medium einen Eintrag in der Datenbank, in dem alle relevanten Informationen zur Lizenz aufgenommen werden. Ein solches professionelles Lizenzverwaltungsprogramm lohnt sich selbstverständlich nur, wenn eine große Anzahl an Lizenzen verwaltet werden soll.

Lizenzverwaltung

Natürlich ist ein solches Programm für kleine und mittlere Informationseinrichtungen viel zu aufwendig. Die wichtigsten Details zu den bestehenden Lizenzen sollten trotzdem erfasst werden.

Besonderheit: Konsortialverträge

Eine Besonderheit bei Lizenzverträgen stellen Konsortialverträge dar. Unter einem Konsortium wird in Deutschland einen Zusammenschluss mehrerer, rechtlich und wirtschaftlich eigenständiger Unternehmen zur Durchführung eines bestimmten Geschäfts verstanden. Konsortien werden gegründet, um beispielsweise Auftragshöhe oder Kosten, die für einzelne Institutionen zu hoch wären, auf mehrere Schultern zu verteilen, damit für die jeweiligen Institutionen keine einseitigen Geschäftsrisiken entstehen. Konsortialverträge sind somit ein Mittel um Konditionen und Kosten für (Datenbank-)Lizenzen für eine größere Gruppe einheitlich zu gestalten.

Beispiel: Nationallizenzen
Im Rahmen der Nationallizenzen haben sich beispielsweise zahlreiche deutsche wissenschaftliche Bibliotheken zu einem Konsortium zusammengeschlossen, um Lizenzen für große, möglichst abgeschlossene Datenbanken zu erwerben, und diese allen vorwiegend öffentlich geförderten Hochschulen und Forschungseinrichtungen in der Bundesrepublik Deutschland zur Verfügung zu stellen. Nähere Informationen zu den Nationallizenzen finden Sie unter: http://www.nationallizenzen.de/

Checkliste Lizenzvertrag

Die folgende Checkliste gibt einige Hinweise darauf, was bei einem Lizenzvertrag für elektronische Medien und Datenbanken zu beachten ist. Einige Punkte wurden bereits in der Checkliste Datenbankauswahl angesprochen, der Vollständigkeit halber sind sie noch einmal in dieser Vertragschecklist aufgeführt.

Checkliste Lizenzvertrag

Rahmenbedingungen
- Was wird lizenziert?
- Welches Produkt (eine komplette Datenbank mit mehreren Medien oder einzelne Medien wie z. B. eine Zeitschrift? Welche Titel im Einzelnen)?

Laufzeit und Kündigung
- Welche Laufzeit hat die Lizenz?
(befristet oder unbegrenzt)
- Wie sind Kündigungsfristen, Abbestell- und Umbestellungs-Möglichkeiten geregelt?

Lieferung bzw. Bereitstellung des lizenzierten Materials
- Wie wird der Zugriff auf die Medien gewährleistet?
Zugriff über das Internet oder Datenlieferung an den Lizenznehmer?
- Welche Nutzer werden zugelassen?
- Gibt es einen festgelegten Nutzerkreis oder können auch Gastnutzer das lizensierte Werk nutzen?
- Können Remote User (Fernnutzer) auf das Werk zugreifen?
- Wie werden die Nutzer identifiziert?
(IP-Adressen, Single Sign-on, Passwörter)

Lizenzgebühren bzw. Berechnungsgrundlage
- Wie hoch sind die Lizenzgebühren?
- Einmalige Gebühren oder Pay per Document / Pay per View?
- Können einzelne Module des lizensierten Werkes ab- oder umbestellt werden?

Nutzungsbeschränkungen
Gibt es irgendwelche Nutzungsbeschränkungen z. B. im Hinblick auf:
- Vervielfältigung wesentlicher Teile des Werkes
- Systematische und wiederholte Vervielfältigung
- Weiterverbreitung
- Kommerzielle Nutzung

Nutzungsrechte im Rahmen des Lizenzabkommens
- Für öffentlich zugängliche Informationseinrichtungen: Welche Regelung zur Nutzung des lizensierten Werkes im Leihverkehr gibt es?
- Können Metadaten für die Integration in lokale Infrastrukturen und Informationsdienste verwendet werden?

Pflichten des Lizenzgebers
- Welche Pflichten hat der Lizenzgeber?
- Wird ein permanenter Zugriff zu dem lizensierten Material gewährleistet?
- Können dem Lizenznehmer in regelmäßigen Abständen Nutzungsstatistiken zur Verfügung gestellt werden?
- Informiert der Lizenzgeber rechtzeitig über geplante Änderungen des lizensierten Materials?

Pflichten des Lizenznehmers
- Welche Pflichten hat der Lizenznehmer?
- Verpflichtet sich der Lizenznehmer, bei Kenntnis von Missbrauch umgehend den Lizenzgeber zu informieren und Abhilfe zu schaffen?

Zugriffs- und Nutzungsmöglichkeiten
Wie werden die Zugriffs- und Nutzungsmöglichkeiten geregelt?
- Simultannutzung
- Nutzung an einer speziellen Workstation
- Innerhalb der gesamten Institution

- Per Login auf einer Website
- Wie ist das Digital Rights Management (DRM) geregelt?

Langzeitverfügbarkeit
- Wie wird der Zugang zu den lizenzierten Materialien nach Ende der Vertragsdauer geregelt?
- Wie ist die allgemeine Langzeitverfügbarkeit der Daten gesichert?

Sonderfragen:
- Bei elektronischen Zeitschriften:
  Wird ein Bestandsschutz verlangt, bzw. auch ermöglicht?
- Bei einem Konsortialvertrag:
  In welcher Form werden die teilnehmenden Einrichtungen aufgeführt? Wie können neue Konsortialteilnehmer aufgenommen werden?

3.1.5 Vertiefung

Zur Vertiefung des Themas können Sie folgenden Fragen zu beantworten:

Mit welcher Medienform arbeiten unsere Nutzer vorzugsweise: print oder digital? Was sind die Gründe dafür?

Welche Datenbanken sind in unserer Informationseinrichtung verfügbar? Wie häufig werden diese jeweils genutzt (häufig, gelegentlich, eher selten)?

Wer übernimmt in der Institution die Verwaltung von Lizenzen?

Falls die Informationseinrichtung selbst die Lizenzen verwaltet: Wie wird die Lizenzverwaltung geregelt?

Was kann an der Lizenzverwaltung optimiert werden?

3.2 Rechtsinformationen

3.2.1 Einführung

Nach dieser allgemeinen Einführung in das Thema Fachinformationen wenden wir uns nun speziell den juristischen Fachinformationen zu. Der Bedarf an Rechtsinformationen ist bei Juristen bekanntlich hoch, und auch der Markt und das Angebot haben sich in den vergangenen Jahren kontinuierlich erweitert. Dadurch ist es nicht einfach, den Überblick über diese Fülle an Informationsmöglichkeiten zu bewahren. Die digitale Revolution hat auch die Arbeitsweise des Juristen beeinflusst. Datenbanken und elektronische Medien sind aus der täglichen Arbeit vieler nicht mehr wegzudenken. Trotzdem spielt das gedruckte Buch in den meisten juristischen Bibliotheken immer noch eine wichtige Rolle. Daneben sind gerade bei den juristischen Quellenmaterialien zahlreiche offizielle Publikationen und Dokumente frei im Internet verfügbar, und müssen nicht mehr als gedruckte Bände archiviert, oder als CD-Rom/DVD-Datenbank auf einem Server gespeichert werden. Die Zeiten, in denen sich die Jahrgänge von Drucksachen oder Parlamentsprotokollen in den Regalen stapelten, sind somit vorbei. Für den Nutzer von juristischen Fachinformationen bedeutet dies, sich eine ausgewogene Mischung der gewünschten Medientypen zu Nutze zu machen, um die benötigten Informationen zu bekommen.

Auch wenn alle juristische Fachinformationen die gleiche Intention haben – dem Juristen die benötigten Informationen zu vermitteln – so kann die Art an benötigten Fachinformationen doch sehr unterschiedlich sein. Ein Student der Rechtswissenschaften oder ein Wissenschaftler benötigt in der Regel andere Informationen als beispielsweise ein Rechtsanwalt oder Syndikus im Unternehmen. Wie auch in vielen anderen Fachgebieten unterscheidet sich der Informationsbedarf für die Theorie von dem Informationsbedarf in der Praxis. Der folgende Abschnitt wird daher nur kurz auf die allgemeinen juristischen Fachinformationen eingehen. Da dies ein Buch für Praktiker ist, liegt der Schwerpunkt hier in den Fachinformationen, die in der juristischen Praxis – abseits vom wissenschaftlichen Arbeiten – benötigt werden. Neben den kostenpflichtigen juristischen Informationsprodukten, werden allgemein zugängliche juristische Informationsangebote von Behörden vorgestellt. Im Anschluss werden Hinweise zur Beschaffung ausgesuchter Informationsquellen zu einzelnen Rechtsgebieten gegeben. Schließlich wird noch auf die Informationsgewinnung durch Social Media eingegangen.

Literaturtipp:
Zum allgemeinen Einstieg in die juristische Recherche und ins juristische wissenschaftliche Arbeiten ist das folgende Buch hilfreich:
Vogel, Ivo: Erfolgreich recherchieren – Jura.
Berlin : De Gruyter, 2012
ISBN 978-3-11-027118-8

Literaturtipp

3.2.2 Kommerzielle Rechtsdatenbanken

Neben gedruckten Büchern, Zeitschriften und Loseblattsammlungen sind Rechtsdatenbanken nicht mehr aus der Arbeit des Juristen wegzudenken. Da der Markt an elektronischen juristischen Fachinformationen sowohl in Deutschland als auch international sehr begrenzt ist, haben sich in den letzten Jahren einige wenige Informationsanbieter auf diesem Fachinformationsmarkt etabliert. Bezüglich Inhalt, Umfang,

Recherchemöglichkeiten und Preise gibt es jedoch zwischen den einzelnen Datenbanken erhebliche Unterschiede. Die wichtigsten (kostenpflichtigen) Datenbanken für deutsche und internationale Rechtsinformationen werden hier kurz vorgestellt.

Natürlich gibt es über diese einzelnen Datenbanken hinaus noch zahlreiche weitere kostenpflichtige Datenbankangebote zu den jeweiligen Rechtssystemen anderer Staaten. Jede einzelne hier vorzustellen, würde allerdings den Rahmen des Buchs sprengen.

Auswahl Rechtsdatenbanken

Zur richtigen Auswahl einer Rechtsdatenbank können die folgenden Fragen helfen:
- Welche Rechtsinformationen benötige ich?
(Gesetzesmaterialien, Literatur, Rechtsprechung, Formulare; Benötige ich Informationen zu allen Rechtsgebieten oder nur zu einzelnen Schwerpunkten?)
- Welche regionalen Bereiche sollen die Rechtsinformationen in der Datenbank abdecken?
(Deutschland, Europa, Nordamerika, International?)
- Wie viele Personen in der Institution benötigen Zugriff auf diese Datenbank?
(einer, eine bestimmte Gruppe, alle Mitarbeiter)
- Wie häufig wird die Rechtsdatenbank genutzt werden? Regelmäßig oder nur gelegentlich?
(Falls Sie die Informationen nur gelegentlich benötigen reicht eventuell ein Pay-per-Document Zugriff und Sie müssen keine teure Flatrate abonnieren)
- Welche verschiedenen Zugriffsmöglichkeiten gibt es?
(Pay-per-Document, Flatrate; einzelne Accounts für jeden Nutzer; Single sign on; Freischaltung ganzer IP-Adressen)
- Gibt es mobile Lösungen für den Zugriff auf die Datenbank?
(z. B. Zugriff via Smartphone)
- Wie sieht die preisliche Gestaltung aus?

3.2.2.1 Deutsche Rechtsdatenbanken

Juris

Juris das „Juristische Informationssystem der Bundesrepublik Deutschland" ist die älteste Rechtsdatenbank im deutschsprachigen Raum. Sie wurde in den 1970er Jahren im Rahmen der Fachinformationsinitiative des Bundes als „Fachinformationszentrum Recht" gegründet. Heutzutage ist Juris eine eigenständige Gesellschaft, deren Anteilseigner sich wie folgt aufgliedern:
- Bundesrepublik Deutschland 50,01 %
- Verlag Sdu nv 45,33 %
- Saarland 2,99 %
- Verlegervereinigung Rechtsinformatik Beteiligungsgesellschaft GbR 0,71 %
- Bundesrechtsanwaltskammer 0,24 %
- Deutscher Anwaltverein 0,24 %
- Hans Soldan GmbH 0,24 %
- Haufe-Lexware GmbH & Co KG 0,24 %

Die Datenbank ist sehr umfangreich und beinhaltet verschiedene Quellen:
- Gesetze, Verordnungen und Vorschriften des Bundes- und der Länder, sowohl in den jeweils aktuellen als auch in historischen Fassungen.
- Verwaltungsvorschriften und weitere Vorschriften.
- Europäische Vorschriften und Verträge (EUR-Lex)
- Mehr als 1 Million Entscheidungen, davon über 775.000 im Langtext

- Doppelbesteuerungsabkommen
- Literaturnachweise
- Zeitschriften im Volltext
- Bücher
- Arbeitshilfen

Das Besondere an Juris ist die enge Zusammenarbeit mit den Dokumentationsstellen einzelner großer Behörden (des Bundesverfassungsgerichts, der fünf obersten Gerichtshöfe, dem Bundesamt der Justiz und dem Bundeszentralamt für Steuern), durch die Juris speziell dokumentarisch aufbereitete Entscheidungen und Gesetzesmaterialen erhält.

Zusätzlich werden für die Rechtsprechungs- und Aufsatzdatenbanken regelmäßig etwa 750 Fachzeitschriften aus dem deutschsprachigen Raum ausgewertet. Eine genaue Liste, der von Juris ausgewerteten Zeitschriften können Sie den folgenden Links entnehmen:

http://www.juris.de/jportal/nav/unternehmen/auswertung/fachzeitschriften-rechtsprechung.jsp

http://www.juris.de/jportal/nav/unternehmen/auswertung/fachzeitschriften-aufsaetze.jsp

Neben diesen Angeboten sind mittlerweile auch zahlreiche Zeitschriftenaufsätze und Bücher im Volltext recherchierbar. Juris setzt hier auf die Kooperation mit renommierten juristischen Verlagen. So ist mittlerweile die Datenbank Legios, die bis Ende 2012 vom Otto Schmidt-Verlag herausgegeben wurde, komplett in Juris integriert worden. Die Volltexte der Verlagsangebote sind jeweils mit sämtlichen Inhalten der Juris-Datenbank verknüpft.

Zusätzlich zu einer allgemeinen Ein-Feld-Suche, ähnlich der einer bekannten Internetsuchmaschine, ist eine erweiterte Suche in der Juris-Datenbank möglich. Hier gibt es für jeden Dokumententyp (Gesetze, Rechtsprechung, Literaturnachweise, allgemeine Suche) unterschiedliche Suchmasken.

Link: http://www.juris.de

Beck-Online
Der C. H. Beck Verlag ist einer der renommiertesten juristischen Verlage auf dem deutschen Markt. Zahlreiche Standardwerke, wie der „Schönfelder" oder der „Palandt" werden von diesem Verlag herausgegeben. Das umfangreiche Angebot des Verlags an juristischer Literatur für Wissenschaft und Praxis wird mit der Datenbank Beck-Online abgerundet, in der zahlreiche Verlagspublikationen im Volltext recherchierbar sind.

Über Beck-Online sind die folgenden Inhalte recherchierbar:
- Gesetzestexte und Verordnungen des Bundes und der Länder
- Rechtsprechung (über Zeitschriftenfundstellen oder der eigenen Auswertung (BeckRS))
- Bücher im Volltext: Kommentare, Handbücher, Loseblattsammlungen
- Zeitschriftenaufsätze im Volltexte
- Literaturnachweise: über die Leitsatzkartei (LSK)
- Formularsammlungen

Mittlerweile gibt es in Beck-Online auch einige Inhalte, die speziell für die Online-Datenbank produziert wurden, und gar nicht mehr als Printmedium verfügbar sind. Hierzu zählen beispielsweise die Beck'schen Online-Formulare (BeckOF).

Neben dem eigenen Verlagsangebot beinhaltet Beck-Online auch einige Quellen anderer Verlage. Hierbei handelt es sich hauptsächlich um einzelne juristische Fachzeitschriften.

Eine enge Kooperation verbindet Beck mit dem Nomos-Verlag, der eine Tochtergesellschaft von Beck ist. Der Verlag, der auf Rechts- und Sozialwissenschaftliche spezialisiert ist, bietet seit einiger Zeit mit „Nomos Online" eine eigene Online-Datenbank seiner Verlagsprodukte an, die auf der Beck-Online-Technologie basiert. Nomos Online kann aber auch als Zusatzmodul zum bereits vorhandenen Beck-Online-Zugang abonniert werden.

Link: http://nomos.beck.de/

Bei Beck-Online wird eine einfache Suche („Google-like") und eine erweiterte Suche angeboten. Zusätzliche Filterfunktionen bestehen in den einzelnen Rechtsmodulen, der Dokumentenart, in einzelnen Quellen und dem Zeitraum.

Link: www.beck-online.de

Jurion

Jurion ist eine Online-Datenbank, die es in der heutigen Form erst seit kurzem gibt. Entstanden ist Jurion aus der ehemaligen Datenbank LexisNexis Recht, die in 2010 vom Wolters Kluwer-Verlag übernommen wurde.

In Jurion sind derzeit folgende Inhalte verfügbar:
- Ca. 1,3 Millionen Rechtsnormen und Verwaltungsvorschriften des Bundes und der Länder, sowie der Europäischen Union
- Ca. 850.000 Gerichtsentscheidungen (davon ca. 630.000 im Volltext)
- Mehr als 80.000 Aufsätze aus über 100 Fachzeitschriften
- Bücher (z. B. Kommentare, Handbücher) im Volltext
- Formulare und Muster

Die Datenbank ist modular aufgebaut. Neben einem Basismodul (Jurion Start) können weitere Fachmodule zu einzelnen Rechtsgebieten abonniert werden. Die Volltexte der Bücher und Zeitschriften entstammen den aus der Wolters-Kluwer-Gruppe zugehörigen juristischen Verlagen (z. B. Heymanns, Luchterhand, Werner, ZAP). Sie bieten daher eine gute Ergänzung zu den Inhalten in Beck-Online und den Legios-Inhalten in Juris.

Bei Jurion ist wieder sowohl eine einfache als auch eine erweiterte Suche möglich.
Link: www.jurion.de

3.2.2.2 Internationale Rechtsdatenbanken

Aufgrund der Globalisierung spielen auch internationale Quellen zu anderen Rechtssystemen – vor allem zum anglo-amerikanischen Recht – eine zunehmende Bedeutung. Daher werden hier die drei bekanntesten internationalen Rechtsdatenbanken kurz vorgestellt.

Sehr interessant und beliebt bei deutschen Juristen sind hier die englischsprachigen Quellen zum deutschen Recht (deutsche Rechtsvorschriften, englischsprachige Literatur zum deutschen Recht).

Tipps & Tricks
Die vorgestellten Portale sind von den Inhalten sehr umfangreich und beinhalten jeweils mehrere hunderte Datenbanken. Natürlich werden gerade deutsche Juristen nicht alle Inhalte dieser Datenbanken für ihre Arbeit benötigen. Sollten Sie sich für einen Zugang entscheiden, ist es auf jeden Fall ratsam vorher in Ruhe zu überlegen, welche Inhalte und Module für Ihre Arbeit wirklich benötigt werden.

Westlaw

Eine der größten und bekanntesten Datenbaken zum anglo-amerikanischen Recht ist Westlaw International von Thomson Reuters. Das Portal besteht aus einer Vielzahl von einzelnen Produkten und Datenbanken (derzeit ca. 25.000). Der Schwerpunkt liegt auf dem anglo-amerikanischen Recht (USA; Großbritannien, Kanada, Australien). Es sind aber auch Quellen zum europäischen und internationalem Recht und dem Recht anderer Länder enthalten. Ähnlich, wie bei den deutschen Rechtsdatenbanken, können hier Rechtsvorschriften, Rechtsprechung, Zeitschriftenartikel und Bücher im Volltext recherchiert werden.

Aufgrund der Menge an Inhalten, die über Westlaw verfügbar sind, ist allerdings die Recherche in diesem Informationssystem komplexer als in deutschen Rechtsdatenbanken. Daher ist es sinnvoll vor der ersten Recherche in Ruhe den kostenlosen Research Guide zu studieren:

http://www.westlawinternational.com/files/WLIResearchGuideFall2005.pdf

Hintergrundinformation:
In den Jahren 2001–2007 hatte Westlaw versucht auf dem deutschen Rechtsinformationsmarkt Fuß zu fassen. Die Datenbank Westlaw.de bot allerdings keine konkurrenzfähige Alternative zu den bereits bestehenden Datenbanken und wurde daher 2007 wieder eingestellt.

Hintergrundinformation

Link: http://www.westlaw.com

LexisNexis

Ein weiteres bekanntes Datenbanksystem aus dem anglo-amerikanischen Raum ist LexisNexis. Auch über LexisNexis können Rechtsnormen und Verwaltungsvorschriften, Entscheidungen, Zeitschriftenartikel und Bücher im Volltext recherchiert werden. Der Schwerpunkt liegt hier ebenfalls auf dem anglo-amerikanischen Recht. Zusätzlich sind hier auch wieder mehrere Datenbanken zum Recht einzelner Staaten enthalten.

Bis 2011 gab es eine separate deutschsprachige Datenbank LexisNexis Recht. Diese wurde allerdings an die Wolters-Kluwer-Gruppe verkauft und von ihr, wie bereits beschrieben, in die Datenbank „Jurion" umgewandelt.

Im Unterschied zu allen bisher vorgestellten Datenbaken beinhaltet LexisNexis nicht nur Rechtsinformationen, sondern ist auch bekannt und geschätzt für seine Wirtschaftsinformationen. Über LexisNexis können daher auch die folgenden Inhalte recherchiert werden:
- Unternehmensprofile
- Finanzinformationen und –analysen
- Markt- und Brancheninformationen
- Geschäftsberichte
- Wettbewerbsanalysen
- Presseinformationen, Agenturmeldungen
- Personeninformationen
- Patente und Warenzeichen (USA)

Aufgrund der Fülle und Unterschiedlichkeit der Inhalte ist die Recherche in Lexis-Nexis sehr komplex. Hier sollte vor der ersten Recherche einer der zahlreichen User Guides studiert werden, wie z. B.
LexisNexis Academic User Guide unter:
http://www.lexisnexis.com/documents/academic/academic_migration/LexisNexisAcademicUserGuide-1.pdf
oder der deutsche Rechercheleitfaden für LexisNexis Wirtschaft:
http://www.lexisnexis.de/files/pdf/Rechercheleitfaden_LexisNexis_Wirtschaft.pdf
Link: http://www.lexisnexis.com

HeinOnline
Die Datenbank HeinOnline ist das Online-Portal des juristischen Fachverlags William S. Hein & Co., Inc. Sie existiert seit dem Jahr 2000. Die Inhalte in HeinOnline umfassen das Recht der USA, Großbritannien und der Commonwealth-Staaten. Besonders umfangreich ist der Bestand an Rechtszeitschriften (etwa 2.100) die hier im Volltext recherchierbar sind.

Da HeinOnline keine Inhalte zum deutschen Recht (auch nicht in englischer Sprache) beinhaltet, ist sie bei deutschen Juristen noch nicht so bekannt. Das Portal entwickelt sich aber kontinuierlich in einem beachtlichen Tempo fort, sodass es ratsam sein mag, die Entwicklung dieses Informationssystems weiter zu beobachten.
Link: http://home.heinonline.org

3.2.3 Dokumente öffentlicher Stellen

Ein großer Teil der juristisch relevanten Dokumente werden von öffentlichen Stellen herausgegeben. Oftmals werden diese von der jeweiligen Behörde dem Bürger kostenlos zur Verfügung gestellt. Diese Quellen bilden somit eine Alternative zu den kommerziellen Rechtsdatenbanken. Im folgenden Abschnitt werden die wichtigsten Quellen zum deutschen Recht und zum Europarecht kurz erläutert.

3.2.3.1 Öffentliche Quellen zum Recht des Bundes und der Länder

Gemeinsames Justizportal
Sowohl auf Bundes- als auch auf Landesebene wurde in den letzten Jahren einiges in Bewegung gesetzt, um den elektronischen Rechtsverkehr zwischen Staat und Bürgern zu verbessern, und dem Bürger auf einfachem Wege die Möglichkeit zu bieten, sich über das gültige Recht zu informieren. Aus diesem Grund wurde vom Bundesministerium der Justiz und den Landesjustizverwaltungen ein gemeinsames Justizportal eingerichtet, um einen einfachen und einheitlichen Zugang zu den E-Justice-Diensten und Informationsangeboten anzubieten.

Das Portal dient in erster Linie der Förderung des elektronischen Rechtsverkehrs. Es richtet sich sowohl an Juristen als auch an einzelne Bürger. Rechtsanwälte, Notare und Richter können die verknüpften Rechtsdatenbanken konsultieren, Kollegen über das justizielle Netz kontaktieren und Informationen zu Schulungs- und Fortbildungsangeboten abrufen. Unternehmen können über das Portal auf Insolvenz- oder Handelsregister und Grundbücher zugreifen, sowie auf Informationen über geltende Rechtsvorschriften und grenzübergreifende Verfahren abrufen.

Folgende Dienste und Informationen zu den einzelnen Themen können über das gemeinsame Justizportal genutzt werden:
- Außergerichtliche Streitschlichtungen
- Bundes- und Landesrecht
- Dolmetscher- und Übersetzerdatenbank
- Finanz-Sanktionsliste
- Gemeinsames Registerportal der Länder
- Insolvenzbekanntmachungen
- Internationaler Rechtsverkehr
- Internet-Grundbucheinsicht
- Justiz-Auktion
- Mahnverfahren
- Bundesrechtsanwaltsregister
- Rechtsdienstleisterregister
- Rechtsprechung
- Vollstreckungsportal
- Zwangsversteigerungstermine
- Orts- und Gerichtsverzeichnis
- Bundeseinheitliche Formulare

Das gemeinsame Justizportal erreichen Sie über den folgenden Link:
http://www.justiz.de

Neben diesem zentralen Portal gibt es allerdings noch weitere Online-Quellen zum deutschen Recht.

Gesetzestexte:
Deutsche Gesetze auf Bundesebene können über das Portal „Gesetze im Internet" (http://www.gesetze-im-internet.de) recherchiert werden. Das Bundesministerium der Justiz und Juris stellen in einem gemeinsamen Projekt nahezu das gesamte aktuelle Bundesrecht kostenlos im Internet bereit. Die Gesetze und Rechtsverordnungen werden in ihrer geltenden Fassung bereitgestellt und fortlaufend aktualisiert. Zu einigen Gesetzen sind auch Übersetzungen in englischer Sprache verfügbar.

Die meisten Bundesländer haben mittlerweile ebenfalls ihre eigenen Portale zu den Gesetzen und Verordnungen ihres Landesrechts. Links zu den einzelnen Landesdatenbanken finden sie auf der Seite des gemeinsamen Justizportals unter der folgenden URL: www.justiz.de/onlinedienste/bundesundlandesrecht/index.php

Gesetzes- und Verordnungsblätter
Gesetzestexte sind für die juristische Arbeit wichtig. Bei neuen Gesetzen oder Gesetzesänderungen zählt jedoch die amtliche Verkündung im jeweiligen Gesetzes- oder Verordnungsblatt.

Auf Bundesebene ist dies das Bundesgesetzblatt (BGBl.). Das Bundesgesetzblatt ist das amtliche Verkündungsblatt der Bundesrepublik Deutschland. Es wird vom Bundesministerium der Justiz herausgegeben. Jedes Gesetz muss im Bundesgesetzblatt verkündet worden sein, damit es in Kraft treten kann. Das BGBl. gliedert sich in zwei Teile. In Teil I werden alle Bundesgesetze, Verordnungen von wesentlicher oder dauernder Bedeutung, einzelne Entscheidungen des Bundesverfassungsgerichts, Anordnungen und Erlasse des Bundespräsidenten, sowie Bekanntmachungen über innere Angelegenheiten des Bundestags und des Bundesrats veröffentlicht. In Teil II werden dagegen völkerrechtliche Übereinkünfte und Verträge, mit ihren jeweiligen erlassenen Rechtsvorschriften, sowie Rechtsvorschriften des Zolltarifwesens veröffentlicht.

Es gibt verschiedene Möglichkeiten an Veröffentlichungen im Bundesgesetzblatt zu gelangen. Neben der klassischen, gedruckten Version sind mittlerweile verschiedene Online-Versionen verfügbar. Die vollständige Verzeichnung aller Bundesgesetzblätter bietet die Bundesanzeiger Verlagsgesellschaft mbH in zwei verschiedenen Versionen an: So gibt es seit einiger Zeit einen Bürgerzugang, der jedermann einen kostenlosen Zugriff auf eine Nur-Leseversion der Bundesgesetzblätter gestattet. Nur-Lese-Version bedeutet in diesem Fall, dass die Dokumente zwar am Bildschirm lesbar sind und auch gespeichert werden können, der Ausdruck des BGBl. ist bei dieser Version aber leider nicht möglich. Die zweite, druckbare Version des Bundesgesetzblattes kann dagegen kostenpflichtig abonniert werden.

Zur elektronischen Version des BGBl. auf den Seiten des Bundesanzeigers gelangen über den folgenden Link: http://www.bgbl.de.

Zusätzlich kann das BGBl. kostenpflichtig über das Portal „Makrolog – Recht für Deutschland" erworben werden. Näher Infos finden Sie unter: http://www.recht.makrolog.de.

In manchen Fällen werden auch historische Gesetzesblätter, wie das Reichsgesetzblatt benötigt. Auch hierfür gibt es mittlerweile eine Online-Quelle. Die Jahrgänge 1867–1921, sowie 1922–1945 der deutschen Reichsgesetzblätter erhalten Sie kostenlos über die Datenbank ALEX der österreichischen Nationalbibliothek: http://alex.onb.ac.at

Gesetzes- und Verordnungsblätter der einzelnen Länder sind in den meisten Fällen auf den Homepages der Landesjustizverwaltungen des jeweiligen Bundeslandes abrufbar. Ein großer Teil der Gesetz- und Verordnungsblätter der einzelnen Bundesländer kann aber auch über die Datenbank Parlamentsspiegel (http://www.parlamentsspiegel.de) recherchiert werden.

Parlamentsdrucksachen und Protokolle
Soll tiefer in die Gesetzesmaterie eingestiegen oder den Gang eines Gesetzes erkundet werden, lohnt es sich, einen Blick in die Drucksachen und Protokolle eines Parlamentes zu werfen. Zu einer solchen Recherche eignen sich vor allem zwei Datenbanken: die DIP-Datenbank und der Parlamentsspiegel.

Dip-Datenbank
Der Name DIP steht für „Dokumentations- und Informationssystem für Parlamentarische Vorgänge". Es handelt sich dabei um eine gemeinsame Datenbank von Bundestag und Bundesrat. In DIP ist die öffentlich zugängliche Arbeit der 8. bis 17. Wahlperiode dokumentiert, die in Drucksachen und Plenarprotokollen dargestellt wird.
http://dip.bundestag.de
Die Dokumentation ab der 16. Wahlperiode finden Sie unter http://dip21.bundestag.de/dip21.web/bt.

Zur Recherche in der DIP-Datenbank gibt es sowohl eine einfache als auch eine erweiterte Suche. Sie können aber auch direkt nach einem bestimmten Dokument (Drucksachen, Protokolle, Anfrage etc.) mithilfe der jeweiligen Dokumentennummer (z. B. Drucksachen-Nummer) suchen. Daneben ist auch die Anzeige der kompletten Beratungsabläufe, z. B. eines kompletten Gesetzgebungsgangs inklusive der dortigen Gesetzesentwürfe möglich.

Drucksachen und Plenarprotokolle des Bundestages von 1949 bis 2005
Erst Ende Februar 2013 wurde vom Bundestag ein neues elektronisches Archiv eröffnet, in dem alle Drucksachen und Stenografischen Berichte des Deutschen Bundestages von der 1. bis zur 15. Wahlperiode recherchiert werden können.
Sie gelangen zu diesem Portal über die folgende URL: http://pdok.bundestag.de

Parlamentsspiegel:
Der Parlamentsspiegel ist das gemeinsame Parlamentsinformationssystem der einzelnen deutschen Landesparlamente (http://www.parlamentsspiegel.de). In diesem Portal sind alle gesetzgeberischen Initiativen der Landtage mit ihrer parlamentarischen Behandlung (Drucksachen und Protokollen), sowie ein großer Teil der Gesetzesinitiativen des Bundes zu finden. Das Portal reicht bis ca. 1980 zurück.

Neben einer einfachen Suche, einer erweiterten Suche und der Suche nach Gesetzgebung kann im Parlamentsspiegel auch nach konkreten Dokumenten gesucht werden. Hierfür benötigen Sie die jeweilige Drucksachennummer.

Im Parlamentsspiegel sind leider nicht alle Gesetzesinitiativen der Länder vollständig vorhanden. Für den Zeitraum 1980 bis 1997 sind nur Initiativen von länderübergreifender Bedeutung nachgewiesen. Beginnend mit dem Jahr 1998 wurde die Auswahl der Dokumente nach länderübergreifender Relevanz sukzessiv eingestellt. Seit Herbst 2004 werden alle Initiativen in der Datenbank nachgewiesen.

Eine Übersicht über den Bestand der im Parlamentsspiegel nachgewiesenen Dokumente ist über den folgenden Link zu finden:
http://www.parlamentsspiegel.de/ps/inhalt/Bestand-der-nachgewiesenen-Parlamentspapiere.jsp

Ältere Drucksachen und Protokolle der Landesparlamente aus den Jahren 1957 bis 1979, die nicht im Parlamentsspiegel verfügbar sind, existieren nur in gedruckter Form. Die gedruckten Parlamentsmaterialien sind in zahlreichen Bibliotheken, wie z. B. Behördenbibliotheken aber auch in Universitäts- und Stadtbüchereien vorhanden. Dort können sie in der Regel auch von externen Bibliotheksbesuchern genutzt werden.

FAQ:
Wie finde ich einen Gesetzesentwurf oder eine Gesetzesbegründung?
Gesetzesmaterialien können interessante Hinweise zur Auslegung einer Norm bieten. In der Praxis werden neben den Kommentaren und Aufsätzen zu einem Thema auch gelegentlich Gesetzesentwürfe und ihre Begründungen zu Rate gezogen.
Gesetzesentwürfe können über zwei verschiedene Wege gesucht werden. Eine Methode wäre die Suche in der Datenbank „Parlamentsspiegel": Unter http://www.parlamentsspiegel.de finden Sie alle gesetzgeberischen Initiativen in den Landtagen mit ihrer parlamentarischen Behandlung, sowie einen großen Teil der Gesetzesinitiativen des Bundes.
Eine weitere Alternative zur Suche nach Gesetzentwürfen bietet die Suche über die DIP-Datenbank des Bundes (dip.bundestag.de). Sie können hier einerseits direkt nach einem bestimmten Dokument (wie z. B. einem Gesetzentwurf) anhand der Dokumentennummer suchen oder sich komplette Beratungsabläufe, bzw. den kompletten Gesetzgebungsgang inklusive der dortigen Gesetzesentwürfe anzeigen lassen.

Gesetzesbegründungen

Hintergrundinformation:
Gesetzesbegründungen
Im Anschluss an einen Gesetzentwurf befindet sich in der Regel eine Gesetzesbegründung bei der zu jeder geänderten Norm erklärt wird, aus welchen Gründen diese geändert werden soll.
Gerade bei neuen Gesetzen gibt es teilweise noch keine Kommentierungen zu den einzelnen Normen oder Aufsätze mit Informationen zur neuen Auslegung des Gesetzes. Um trotzdem Hintergrundinformationen zu diesen Normen zu bekommen kann die jeweilige Begründung zum Gesetz sehr aufschlussreich sein.

3.2.3.2 Öffentliche Quellen zu Rechtsprechung

Ein großer Teil der Urteile und Entscheidungen deutscher Gerichte kann über die einschlägigen Rechtsdatenbanken recherchiert werden, oder wird in den juristischen Fachzeitschriften abgedruckt. Neben diesen kostenpflichtigen Angeboten werden mittlerweile zahlreiche Entscheidungen von den jeweiligen Gerichten im Volltext veröffentlicht und können kostenlos abgerufen werden.

Die Links zu den jeweiligen Rechtsprechungsdatenbanken der Gerichte finden Sie auf der folgenden Website:

http://www.justiz.de/onlinedienste/rechtsprechung/index.php

FAQ:
Wie komme ich an eine Abschrift eines Urteils, das (noch) nicht veröffentlicht wurde?
Manche Urteile, vor allem solche von niedrigeren Instanzen (Amtsgerichten oder Landgerichten), werden nicht in Zeitschriften, Datenbanken oder im Internet veröffentlicht. Es wird davon ausgegangen, dass das Interesse an diesen Urteilen gering ist. Meistens kann jedoch eine Abschrift des Urteils oder der Entscheidung gegen Übernahme der Kosten bei dem jeweiligen Gericht angefordert werden. In der Regel reicht ein kurzes Fax mit der Bitte um Zusendung unter Angabe des Datums und des Aktenzeichens, sowie der Zusicherung der Zahlung entstehender Kosten aus. Die Entscheidungen werden dann nach einigen Tagen per Post zugesendet.

3.2.3.3 Öffentliche Quellen zum Europarecht

eJustice
Das europäische Justizportal eJustice ist eine zentrale Internetplattform für den Justizbereich aller EU-Mitgliedsstaaten. Es ist in 22 Sprachen verfügbar und enthält Informationen über die verschiedenen Justizsysteme. Ziel des Portals ist es, allen Bürgern und Unternehmen den Zugang zum Rechtssystem der EU und den jeweiligen Mitgliedstaates zu erleichtern.

Informationen und Links zu den folgenden Themen sind im eJustice-Portal zu finden:
- Rechtssystem, Gesetze und Verordnungen der EU und seiner Mitgliedstaaten
  (auch Hinweise zu einer jeweiligen Gesetzesdatenbank)
- Rechtsprechung
  (EU-Rechtsprechung, EU Case Law Identifier (ECLI), Rechtsprechung der Mitgliedstaaten, Internationale Rechtsprechung)
- Gerichtsorganisation
  (EU-Gerichtsbarkeit, Gerichtsorganisation in den Mitgliedstaaten)
- Rechtsberufe und Netzwerke
  (Allgemeine Informationen zu Rechtsberufen, Europäisches Justizielles Netz für Zivil- und Handelssachen, Europäisches Justizielles Netz für Strafsachen, Eurojust, European Law Institute (ELI), Justice Forum)

- Grenzüberschreitende Gerichtsverfahren
  (Welches Gericht in welchem Mitgliedstaat soll ich anrufen? Wie erhebe ich Klage? Welches Recht findet Anwendung? Welche Kosten fallen an? Kann ich Prozesskostenhilfe beantragen? Zusätzlich ausführliche Informationen zu den Themenbereichen Geldforderungen, Familiensachen und Vollstreckung von Gerichtsentscheidungen.)
- Prozesskostenhilfe
- Mediation
  (in der EU, in den Mitgliedstaaten)
- Erbrecht
- Arbeitshilfen für Gerichte und Juristen
  (Hilfen und Informationen zu Beweisaufnahme, Zustellung von Schriftstücken, Vorläufige Maßnahmen und Sicherungsmaßnahmen, Vollstreckung von Gerichtsentscheidungen, Europäisches Mahnverfahren, Europäisches Verfahren für geringfügige Forderungen, Insolvenzen, Gerichtliche Zuständigkeiten, Europäischer Gerichtsatlas für Zivilsachen, Europäischer Haftbefehl, Europäische Beweisanordnung, Sicherstellung von Vermögensgegenständen und Beweismitteln, Einziehungsentscheidungen, Austausch von Informationen über Verurteilungen/Strafregister, Entscheidungen über Überwachungsmaßnahmen ohne Freiheitsentzug in Ermittlungsverfahren, gegenseitige Anerkennung und Vollstreckung von Verurteilungen in Bezug auf Strafen mit Freiheitsentzug und ohne Freiheitsentzug.)
- Register
  (Unternehmensregister, Grundbücher und Insolvenzregister der Mitgliedstaaten)

Das eJustice-Portal ist über den folgenden Link erreichbar:
https://e-justice.europa.eu

EUR-Lex:
Ein Portal der Europäischen Union ist EUR-Lex. Es bietet kostenlosen Zugang zu den Rechtsvorschriften der Europäischen Union und weiteren öffentlich relevanten Dokumenten, wie z. B. Verträge, abgeleitetes Recht internationaler Übereinkünfte, Rechtsprechung der europäischen Gerichtsbarkeiten und parlamentarische Anfragen. Die Informationen sind jeweils in allen 23 EU-Amtssprachen verfügbar.

EurLex beinhaltet neben dem Amtsblatts der Europäischen Union (Reihen C und L) auch die Rechtsprechung des Europäischen Gerichtshofes, sowie Dokumente der Europäischen Kommissionen (KOM und SEK), die konsolidierten Fassungen von Rechtsakten und Verträgen der Europäischen Union.

Für die Suche nach einem Dokument wird in EUR-Lex eine einfache oder erweiterte Suche angeboten. In den meisten Fällen dürfte die einfache Suche für die Recherche ausreichend sein. Verschiedene Suchoptionen stehen für die Recherche zur Verfügung: Suche nach Suchbegriffen, Datum, Autor, Nummer des Dokuments usw. Darüber hinaus können verschiedene Sammlungen durchsucht werden: Verträge, internationale Abkommen, geltendes Gemeinschaftsrecht, Vorarbeiten, Rechtsprechung und parlamentarische Anfragen.

EurLex ist über den folgenden Link erreichbar: http://eur-lex.europa.eu

EU-Amtsblatt

> **Hintergrundinformation:**
> **EU-Amtsblatt**
> Das Amtsblatt der Europäischen Union ist das offizielle Veröffentlichungsblatt der EU. Es kann in seiner Funktion mit dem Bundesgesetzblatt verglichen werden. Das EU-Amtsblatt besteht aus den beiden Reihen L (Rechtsvorschriften) und C (Mitteilungen und Bekanntmachungen). Die veröffentlichten Dokumente des Amtsblatts betreffen Gesetzgebung, internationale Abkommen, vorbereitende gemeinschaftliche Rechtsakte und parlamentarische Anfragen.
> Die kostenlose elektronische Version des Amtsblatts kann über die EurLex-Datenbank abgerufen werden (http://eur-lex.europa.eu/de/index.htm).
> Im Supplement des Amtsblatts, der Reihe S, werden Ausschreibungen veröffentlicht. Die Dokumente der Reihe S sind auch als Online-Version in der Ted-Datenbank (Tenders Electronic Daily) unter http://ted.europa.eu/ veröffentlicht. Zur umfangreichen Recherche ist eine kostenlose Registrierung erforderlich.

N-lex:

N-Lex ist ein gemeinsames Portal der EU-Mitgliedsstaaten zu nationalen Rechtsvorschriften. Mittlerweile hat fast jeder Mitgliedstaat der EU seine eigene Datenbank zu den jeweils nationalen Rechtsvorschriften. In Deutschland ist dies die bereits beschriebenen Datenbank „Gesetze im Internet". N-Lex beinhaltet Informationen zu jede dieser nationalen Datenbanken an. Durch die Verlinkung mit der einzelnen Datenbank bietet N-Lex einen einfachen Einstieg um schnell an die nationalen Rechtsvorschriften eines EU-Mitgliedsstaates zu gelangen.

Zum N-Lex-Portal gelangt man über den folgenden Link:
http://eur-lex.europa.eu/n-lex/index_de.htm

PreLex

Eine weitere EU-Datenbank ist PreLex. In ihr kann der Werdegang aller amtlichen Dokumente (Vorschläge, Empfehlungen, Mitteilungen) recherchiert werden, die dem Rat und Parlament von der Europäischen Kommission übermittelt wurden. Mit Hilfe von PreLex können beispielsweise der aktuelle Stand eines Verfahrens, oder die jeweiligen Entscheidungen der Institutionen ermittelt werden.

Die Datenbank enthält Dokumente ab 1976 und wird täglich aktualisiert. Sie ist in allen EU-Amtssprachen verfügbar. Neben einer einfachen Suche wird auch eine erweiterte Suche angeboten.
Link: http://ec.europa.eu/prelex/apcnet.cfm?CL=de

Legislative Observatory

Verfahrensgänge zur europäischen Gesetzgebung sind in der OEIL-Datenbank (http://www.europarl.europa.eu/oeil/index.jsp) zu finden. Es handelt sich dabei um die „Legislative Observatory's website" der institutionellen und legislativen Beobachtungsstelle der EU. Die Datenbank wurde 1994 aufgesetzt und seitdem kontinuierlich ausgebaut. Die Beobachtungsstelle analysiert und verfolgt die Gesetzgebungsprozesse der Europäischen Union und erstellt Dossiers zu Verfahren.

Die Datenbank umfasst:
- Alle laufenden Verfahren und die dazugehörigen Dokumenten.
- Alle abgeschlossenen Verfahren mit ihren dazugehörigen Dokumente und Entschließungen ab Juli 1994.
- Von der Europäischen Kommission an das Parlament zur Information übermittelte Dokumente (für die Dauer eines Jahres).

Von der Startseite aus gelangt man über die Registerkarte „Search" zu der Suchmaske. Für die Recherche stehen eine einfache und eine erweiterte Suche zur Verfügung.

Darüber hinaus können Suchergebnisse über verschiedene Filter weiter eingegrenzt werden. Die Datenbank ist in englischer und französischer Sprache verfügbar.

3.2.3.4 Quellen zum deutschen Recht in anderen Sprachen und zum ausländischen und internationalen Recht

Auch wenn sich der Jurist bei seiner täglichen Arbeit hauptsächlich mit dem deutschen Recht beschäftigt, werden in der Praxis durch die Globalisierung immer häufiger auch Informationen zum internationalen Recht benötigt. Gerade in Kanzleien, die international tätig sind und ausländische Mandanten beraten, werden häufig auch englische Texte zum deutschen Recht oder gar Übersetzungen deutscher Gesetzestexte benötigt. Ein Portal, dass diesen Bedarf abdeckt ist das Centre for German Legal Information (CGerLI).

Centre for German Legal Information (CGerLI)
In dem Portal auf der Website http://www.cgerli.org/index finden Sie Links zu mehreren deutschen Gesetzen und Rechtsprechung auf Englisch, aber auch zu weiteren Materialien, wie z. B. Artikel und Beiträge zum deutschen Recht in englischer Sprache. Das Portal wird vom Bundesjustizministerium und dem Auswärtigen Amt unterstützt.

Weitere englische Übersetzungen deutscher Gesetzestexte finden Sie auf der Gesetzesplattform „Gesetze im Internet" (http://www.gesetze-im-internet.de), die bereits vorgestellt wurde. Hier werden beispielsweise eine englische Version des BGB, des EGBGB oder des StGB bereitgestellt. Das Angebot wird kontinuierlich ausgebaut.

Neben diesen Online-Quellen können Informationen zum deutschen Recht in englischer Sprache auch über die großen internationalen Rechtsdatenbanken LexisNexis und Westlaw recherchiert werden. Des Weiteren haben sowohl mehrere deutsche, als auch internationale juristische Fachverlage Handbücher zum deutschen Recht in englischer Sprache in ihrem Verlagsangebot.

Bilaterale Verträge
Bilaterale Verträge zwischen Deutschland und einem anderen Staat werden im Teil II des Bundesgesetzblattes (BGBl. II) veröffentlicht. Für gewisse Arten von bilateralen Verträgen gibt es aber auch eigene Datenbanken. Ein Beispiel hierfür sind Investitionsschutzabkommen (engl.: bilateral investment treaties). Investitionsschutzabkommen sind Verträge zwischen zwei Staaten, die gegenseitigen Schutz für natürliche und juristische Personen bei Investitionen im jeweils anderen Land bieten. Für diese bilateralen Verträge wurde von der United Nations Conference on Trade and Development (UNTCAD) eine Datenbank eingerichtet in der momentan ca. 1.800 Investitionsschutzabkommen im Volltext verzeichnet werden. Die Datenbank ist unter dem folgenden Link zu finden: http://www.unctadxi.org/templates/DocSearch____779.aspx

Ausländische Gesetze oder Materialien zum ausländischen Recht
Ausländische Gesetzestexte sind oftmals schwer zu finden. Nicht in jedem Land werden die Gesetze, wie in Deutschland, frei verfügbar ins Internet gestellt. Natürlich gibt es in den meisten Ländern kommerzielle Rechtsdatenbanken. Insbesondere die großen internationalen Datenbanken Westlaw und LexisNexis beinhalten zahlreiche Quellen zum Recht verschiedener Länder in englischer Sprache. Allerdings ist die Nutzung kommerzieller Rechtsdatenbanken oftmals teuer. Kostenlose Informationen zu ausländischem Recht sind häufig über die jeweilgen Außen-

handelskammern des entsprechenden Landes oder über „Germany Trade & Invest" (http://www.gtai.de), die Wirtschaftsförderungsgesellschaft der Bundesrepublik Deutschland zu finden.

Umfangreiche Literatur zum Recht anderer Länder bieten die Bibliotheken der juristischen Max-Planck-Institute. Allerdings sind diese nicht immer für externe Nutzer frei zugänglich. Ein besonderes wissenschaftliches Interesse wird in der Regel vorausgesetzt. Die Adressen und Öffnungszeiten der Bibliotheken der juristischen Max-Planck-Institute finden Sie im Anhang.

3.2.3.5 Weitere Informationen von Behörden

Neben all diesen öffentlich zugänglichen Informationen werden in besonderen Fällen weitere Behördeninformationen benötigt, die nicht frei zugänglich sind. Unter bestimmten Umständen können aber auch diese Informationen besorgt werden. Ermöglicht wird dies aufgrund der Informationsfreiheitsgesetze des Bundes und einzelner Länder.

Rechtsnorm:
§ 1 IFG: Grundsatz
(1) Jeder hat nach Maßgabe dieses Gesetzes gegenüber den Behörden des Bundes einen Anspruch auf Zugang zu amtlichen Informationen. Für sonstige Bundesorgane und -einrichtungen gilt dieses Gesetz, soweit sie öffentlich-rechtliche Verwaltungsaufgaben wahrnehmen. Einer Behörde im Sinne dieser Vorschrift steht eine natürliche Person oder juristische Person des Privatrechts gleich, soweit eine Behörde sich dieser Person zur Erfüllung ihrer öffentlich-rechtlichen Aufgaben bedient.
(2) Die Behörde kann Auskunft erteilen, Akteneinsicht gewähren oder Informationen in sonstiger Weise zur Verfügung stellen. Begehrt der Antragsteller eine bestimmte Art des Informationszugangs, so darf dieser nur aus wichtigem Grund auf andere Art gewährt werden. Als wichtiger Grund gilt insbesondere ein deutlich höherer Verwaltungsaufwand.
(3) Regelungen in anderen Rechtsvorschriften über den Zugang zu amtlichen Informationen gehen mit Ausnahme des § 29 des Verwaltungsverfahrensgesetzes und des § 25 des Zehnten Buches Sozialgesetzbuch vor.

Hintergrundinformation:
Informationsfreiheitsgesetz
Das Informationsfreiheitsgesetz oder Gesetz zur Regelung des Zugangs zu Informationen des Bundes (IFG) gewährt jeder Person einen Rechtsanspruch auf Zugang zu amtlichen Informationen von Bundesbehörden. „Amtliche Information" bedeutet in diesem Zusammenhang jede, amtlichen Zwecken dienende Aufzeichnung, unabhängig von der Art ihrer Speicherung (gedruckte Dokumente, elektronische Medien, Bilder, Pläne, Tonband- und Videoaufzeichnungen). Die Informationsfreiheit bezieht sich lediglich auf abgeschlossene Vorgänge und gewährt somit keinen Zugang zu laufenden Verfahren. Des Weiteren sind personenbezogene Daten und Betriebs- und Geschäftsgeheimnisse von der Informationsfreiheit ausgenommen.
Den Zugang zu den benötigten Informationen gewährt die Behörde nur auf Antrag. Dieser Antrag kann sowohl schriftlich als auch mündlich oder telefonisch erfolgen. Allerdings sollte vorher geklärt werden, welche Kosten eine Auskunft betragen kann, da diese je nach Art und Aufwand der Auskunft bis zu 500,00 € betragen können.
Auf Landesebene existieren in den meisten Bundesländern ebenfalls entsprechende Informationsfreiheitsgesetze. Lediglich in Baden-Württemberg, Bayern, Hessen, Niedersachsen und Sachsen existiert kein solches Gesetz.

Weitere Informationen zum Informationsfreiheitsgesetz und zur Antragstellung finden Sie auf der Website des Bundesbeauftragten für den Datenschutz und die Informationsfreiheit: http://www.bfdi.bund.de

3.2.4 Spezielle Informationsquellen für ausgewählte Rechtsgebiete

Neben juristischen Fachinformationen im eigentlichen Sinne, wie Gesetzestexte, Rechtsprechung und Fachliteratur benötigen Juristen je nach individuellem Rechtsgebiet weitere Informationsquellen für ihre Arbeit. Gerade bei diesen Quellen wissen viele Juristen oftmals nicht, wie sie beschafft werden sollen.

Im folgenden Abschnitt werden daher solche Informationsquellen für einige Rechtsgebiete vorgestellt und erläutert. Wirtschaftsinformationen, die speziell für die Rechtsgebiete Handels- und Gesellschaftsrecht, Kapitalmarktrecht und Mergers & Acquisitions interessant sind, werden nicht in diesem Abschnitt mit aufgeführt, sondern separat im Abschnitt „Wirtschaftsinformationen" erläutert.

3.2.4.1 Berufsrechtliche Quellen

Auch zum eigenen Berufsstand werden gelegentlich Informationen benötigt. Allgemeine Informationen zum Berufsrecht und zur Rechtspflege in Deutschland erhalten Sie z. B. auf der Seite des Bundesministeriums der Justiz (http://www.bmj.de/DE/Recht/Rechtspflege/_node.html). Darüber hinaus gibt es auch zahlreiche Quellen zu den einzelnen juristischen Berufszweigen.

Rechtsanwälte

Erste Anlaufstelle, um Informationen zum Beruf des Rechtsanwalts und über Rechtsanwälte im Allgemeinen zu erhalten sind die Bundesrechtsanwaltskammer (BRAK; http://www.brak.de) und der Deutsche Anwaltverein (DAV; http://anwaltverein.de). Über das bundesweite amtliche Anwaltsverzeichnis der Bundesrechtsanwaltskammer können Informationen zu allen in Deutschland zugelassenen Rechtsanwälten, den in Deutschland zugelassenen europäischen Rechtsanwälten, sowie den in Deutschland niedergelassenen Rechtsanwälten aus anderen Staaten recherchiert werden: http://www.rechtsanwaltsregister.org

Daneben gibt es spezielle Verzeichnisse, in denen (Wirtschafts-)Kanzleien und Rechtsanwälte verzeichnet werden. In Deutschland ist dies das Juve-Handbuch Wirtschaftskanzleien, das jährlich vom Juve-Verlag herausgegeben wird (http://www.juve.de). Das britische Gegenstück zum Juve-Handbuch ist das Verzeichnis „Legal 500" (http://www.legal500.com), das jährlich für verschiedene Regionen veröffentlicht wird. Das bekannteste Verzeichnis für Kanzleien in den USA wird von Martindale Hubble (http://www.martindale.com) publiziert.

Notare

Informationen zum Beruf des Notars sind über die Bundesnotarkammer (BNotK; http://www.bnotk.de) oder über den Deutschen Notarverein e.V. (DNotV; http://www.dnotv.de/) erhältlich. Die Bundesnotarkammer stellt auch ein Verzeichnis aller deutschen Notare – die deutsche Notarauskunft zur Verfügung:
http://www.deutsche-notarauskunft.de

Richter und Staatsanwälte

Eine Anlaufstelle um Informationen über die Berufe des Richters und des Staatsanwalts zu erlangen ist der Deutsche Richterbund (http://www.drb.de). Er ist der größte Berufsverband der Richter und Staatsanwälte in Deutschland und umfasst ca. 15.000 Mitglieder.

Unternehmensjuristen
Noch sehr jung ist der Bundesverband der Unternehmensjuristen (BUJ; http://www.buj.net). Er wurde 2011 gegründet, um die Interessen der Juristen in Rechtsabteilungen von Unternehmen, Institutionen und Körperschaften aktiv zu vertreten.

3.2.4.2 Arbeitsrecht und Sozialrecht
Neben klassischen Fachinformationen werden von Arbeitsrechtlern häufig die folgenden Informationen benötigt:
- Tarifverträge
- Sozialversicherungsabkommen

Tarifverträge
Die Recherche nach Tarifverträgen ist nicht einfach. Da es sich bei Tarifverträgen um private Verträge zwischen den Gewerkschaften und den Arbeitgeberverbänden handelt, besteht für sie keine Publizitätspflicht. Allerdings existiert ein so genanntes Tarifregister, das von dem jeweiligen Arbeitsministerium (auf Bundesebene beim Bundesarbeitsministerium, auf Landesebene bei dem entsprechenden Landesarbeitsministerium) geführt wird. Die Tarifvertragsparteien sind dazu verpflichtet, ihre Tarifverträge beim Ministerium einzureichen. Im Tarifregister werden Abschluss, Änderung und Aufhebung aller Tarifverträge in Deutschland, einschließlich der Haustarifverträge, verzeichnet. Der Tarifvertrag an sich wird zwar nicht in das Register aufgenommen, da aber nach § 7 TVG alle Tarifverträge vollständig an das Bundesministerium für Arbeit übersendet werden müssen, werden diese dort in einem Archiv aufbewahrt. Das Tarifregister ersetzt so eine Veröffentlichung in amtlichen Bekanntmachungsblättern. Daher ist auch jedem die Einsicht in das Tarifregister gestattet. Allerdings ist das Ministerium nicht dazu verpflichtet, Abschriften gegen Kostenerstattung zu erteilen. Auch Rechtsanwälte haben diesbezüglich keine besonderen Ansprüche auf Übersendung. Jedoch kann sich der Einsehende vor Ort schriftliche Notizen und eventuell auch Fotokopien machen.

Einige wenige Tarifverträge werden allerdings von den Vertragsparteien öffentlich zugänglich gemacht. Vor allem bei Tarifverträgen, die für allgemeinverbindlich erklärt wurden, ist die Chance sehr hoch, dass sie frei verfügbar sind. Die öffentlich zugänglichen Tarifverträge werden dann auf der Homepage des Arbeitgeberverbandes oder der Gewerkschaft veröffentlicht, oder sogar von einem Verlag herausgegeben. Die von Verlagen herausgegebenen Tarifverträge können in den meisten Fällen auch über den Buchhandel bezogen werden. Allgemeinverbindliche Tarifverträge sind zum Teil auch in einigen Fachdatenbanken, wie z. B. in Beck-Online recherchierbar. Auch manche Bibliotheken der Arbeitsgerichte haben Tarifverträge aus ihrem jeweiligen Bundesland im Bestand. Sie können vor Ort eingesehen und kopiert werden.

Sollte ein Tarifvertrag nicht öffentlich zugänglich sein, ist es ratsam, bei der entsprechenden Gewerkschaft oder dem Arbeitgeberverband telefonisch nachzufragen, ob vielleicht eine Übersendung des Tarifvertrags gegen Kostenübernahme möglich ist. Einige Verbände sind so entgegenkommend, und stellen einem die gewünschten Verträge zur Verfügung.

Sozialversicherungsabkommen
Sozialversicherungsabkommen sind bilaterale Abkommen über die soziale Sicherheit in zwei verschiedenen Ländern. Sie spielt vor allem eine Rolle bei der Entsendung von Mitarbeitern ins Ausland. Wie alle zwischenstaatlichen Verträge werden Sozialversicherungsabkommen Deutschlands mit anderen Staaten im BGBl II veröffentlicht.

Darüber hinaus werden z. B. auf der Website des GKV-Spitzenverband Hintergrundinformationen zu einzelnen Abkommen zur Verfügung gestellt:
http://www.dvka.de/oeffentlicheseiten/rechtsquellen/BilateraleAbkommen.htm

3.2.4.3 Immobilien- und Baurecht
Im Immobilien- und Baurecht werden z. B. die folgenden Dokumente benötigt:
– Grundbuchauszüge
– Baulastenverzeichnis
– Bebauungs- und Flächennutzungspläne
– Bodenrichtwerte
– Mietspiegel

Grundbuchauszüge
Das Grundbuch ist ein amtliches Verzeichnis. In ihm werden die Eigentumsverhältnisse von Grundstücken erfasst. Daneben werden mit dem Grundstück verbundene Rechte und Lasten vermerkt. Das Grundbuch ist allerdings nicht für jedermann einsehbar. Uneingeschränkte Einsicht erhalten Notare, Behörden, Gerichte und öffentlich bestellte Vermessungsingenieure. Des Weiteren können Personen, die vom Eigentümer eine Erlaubnis zur Einsicht erhalten, ein dingliches Recht an Grundstück haben oder im Rahmen einer Zwangsvollstreckung, Auskünfte aus dem Grundbuch erhalten. Soll darüber hinaus das Grundbuch eingesehen werden, muss ein berechtigtes Interesse (z. B. nachweisbares Kaufinteresse; Vollmacht des Käufers) bestehen.

In vielen Bundesländern kann das Grundbuch mittlerweile elektronisch eingesehen werden. Der Zugang zur Datenbank wird auf Antrag und bei Darlegung der notwendigen Zugangsberechtigung erteilt. Der Abruf der jeweiligen Grundbuchauszüge ist kostenpflichtig.
Zum Grundbuchportal gelangt man über den folgenden Link:
www.grundbuch-portal.de

Baulastenverzeichnis
Neben dem Grundbuch, in dem private Rechte und Lasten zu einem Grundstück verzeichnet werden, existiert in den meisten deutschen Bundesländern (außer in Bayern und Brandenburg) noch das Baulastenverzeichnis. Hier werden die öffentlich-rechtlichen Lasten eines Grundstückseigentümers gegenüber der Baubehörde eingetragen. Beispiele für Baulasten sind Abstandsflächen- oder Zufahrtsbaulasten.

Das Baulastenverzeichnis wird von der jeweils zuständigen Baubehörde geführt. Personen mit einem berechtigten Interesse können das Baulastenverzeichnis einsehen oder sich eine Abschrift daraus erteilen lassen. Die Voraussetzungen für ein „Berechtigtes Interesse" entsprechen denen des Grundbuchs.

Bebauungs- und Flächennutzungspläne
In der Bau- und Immobilienrechtspraxis werden häufig Flächennutzungs- und Bebauungspläne benötigt.

In einem Flächennutzungsplan (FNP) oder vorbereitenden Bauleitplan wird die beabsichtigte städtebauliche Entwicklung einer Gemeinde dargestellt. Ihm kann beispielsweise entnommen werden, wo innerhalb eines Stadtgebietes Wohnbauflächen, Gewerbe- und Industriebauflächen, Grünflächen oder Verkehrsflächen geplant sind.

Im Gegensatz dazu regelt ein Bebauungsplan die Art und Weise der möglichen Bebauung von einzelnen Grundstücken und die Nutzung der in diesem Zusammenhang stehenden Flächen.

Sowohl Flächennutzungsplan als auch Bebauungspläne samt Begründungen können nach dem BauGB von jedermann bei der zuständigen Stelle (in der Regel Stadt- oder Gemeindeverwaltung) eingesehen werden. Mittlerweile haben zahlreiche Städte und Gemeinden ihre Flächennutzungs- und Bebauungspläne online eingestellt. Sie sind dann über die Homepage der jeweiligen Stadtverwaltung zu finden.

Bodenrichtwerte
Zusätzlich zu einzelnen Auszügen und Plänen benötigen Juristen im Immobilien- und Baurecht oftmals noch einige Kennzahlen. Eine dieser Kennzahlen ist der Bodenrichtwert. Hierunter wird im deutschen Städtebaurecht einen durchschnittlichen Lagewert, der zur Ermittlung des Wertes einer Immobilie herangezogen wird, verstanden. Er dient dazu, den jeweiligen Bodenwert zu bestimmen. Der Bodenrichtwert spielt daher eine Rolle bei der Festsetzung des Kaufpreises eines Grundstücks.

Ein großer Teil der Bundesländer stellt die Bodenrichtwerte im Internet zur Verfügung:

Bayern: http://www.boris-bayern.de/
Berlin: https://www.gutachterausschuss-berlin.de/gaaonline/index.html
Brandenburg: http://www.geobasis-bb.de/
Hamburg: http://www.hamburg.de/auskuenfte-bodenrichtwerte/
Hessen: http://hessenviewer.hessen.de
Niedersachsen: http://www.gag.niedersachsen.de
NRW: http://www.boris.nrw.de/borisplus
Rheinland-Pfalz: http://www.geoportal.rlp.de/
Sachsen-Anhalt: http://www.lvermgeo.sachsen-anhalt.de
Schleswig-Holstein: http://www.gutachterausschuesse-sh.de/
Thüringen: http://www.thueringen.de/de/tlvermgeo%5Cbodenmanagement%5Cboris_th/

Mietspiegel
Mietspiegel werden von einem großen Teil der Städte und Gemeinden zusammen mit einschlägigen Interessenverbänden (Mieter- oder Vermietervereine) erstellt. Sie bieten eine Übersicht über eine ortsübliche Vergleichsmiete (§ 588 BGB) und können daher zur Festsetzung von Mietpreisen herangezogen werden. Oftmals wird dabei zwischen Wohnraummiete und Gewerberaummiete unterschieden.

Mietspiegel sind in der Regel bei der jeweiligen Stadt- oder Gemeindeverwaltung erhältlich. Gelegentlich können Mietspiegel auch kostenlos von der Homepage der Verwaltung abgerufen werden. Allerdings gibt es keine grundsätzliche Verpflichtung von Städten und Gemeinden einen Mietspiegel zu erstellen.

Darüber hinaus werden gelegentlich auch noch die folgenden Informationen in der Immobilien- und Baurechts-Praxis benötigt:
- Bei Verdacht auf Altlasten => Altlastenkataster
- Bei archäologischen Funden => zuständiges Amt für Denkmalpflege
- Bei Bergschäden (Bergbau) => zuständiges Bergamt
- Denkmalschutzliste => zuständige Denkmalschutzbehörde
- Katasterkarten
- Lärmkarten
- Luftbildauswertungen (z. B. bei Verdacht auf Fliegerbomben)
- Karte zur Erdwärmenutzung (z. B. bei Erdbohrungen) => zuständiges Geologisches Landesamt
- Verbraucherpreisindizes zur Berechnung von Mietpreisen => Statistisches Bundesamt

3.2.4.4 Insolvenzrecht

Informationen zu Insolvenzen werden nicht nur von Insolvenzrechtlern, sondern von einer Vielzahl von Juristen benötigt.

Eine erste Informationsquelle zu einer Insolvenz ist die jeweilige Insolvenzbekanntmachung. Insolvenzbekanntmachungen aller deutschen Insolvenzgerichte können über die Seite https://www.insolvenzbekanntmachungen.de recherchiert werden. Die Website ist Bestandteil des Justizportals des Bundes und der Länder. Bei den Insolvenzbekanntmachungen handelt es sich ausschließlich um öffentliche Bekanntmachungen aus Insolvenzverfahren.

Hierzu gehören insbesondere:
- Anordnungen und Aufhebungen von Sicherungsmaßnahmen durch das Gericht
- Abweisungen eines Insolvenzantrags mangels Masse
- Beschlüsse über die Eröffnung von Insolvenzverfahren
- Entscheidungen über die Aufhebung oder die Einstellung von Insolvenzverfahren
- Beschlüsse über die Festsetzung der Vergütung des Insolvenzverwalters, des Treuhänders und der Mitglieder des Gläubigerausschusses
- Terminbestimmungen
- Ankündigungen von Restschuldbefreiungen
- Erteilungen oder Versagungen von Restschuldbefreiungen

Die Datenbank bietet zwei Suchfunktionen: eine uneingeschränkte Suche und eine Detailsuche. Die uneingeschränkte Suche kann nur innerhalb von zwei Wochen nach dem ersten Tag der Veröffentlichung genutzt werden. Nach Ablauf dieser Frist ist lediglich eine Detail-Suche möglich. Hierfür muss zumindest der Sitz des Insolvenzgerichts, sowie eine der folgenden Informationen angegeben werden: Familienname, Firma, Sitz oder Wohnsitz des Schuldners, Aktenzeichen des Insolvenzgerichts oder das Registergericht, die Registerart und die Registernummer.

Um festzustellen, ob ein bestimmtes Unternehmen insolvent ist, genügt auch ein Blick in das Handelsregister (HR). Sollte sich das Unternehmen in einem Insolvenzverfahren befinden, wird dies in die Registerakte eingetragen und ist über den HR-Auszug sichtbar.

Ist das Gericht und das Aktenzeichen eines Insolvenzbeschlusses bekannt, kann von diesem auch eine Abschrift beim zuständigen Insolvenzgericht beantragt werden. Ein kurzes Fax mit der Bitte um Übersendung und der Zusage der Kostenübernahme reicht aus. Die Zusendung der Beschlüsse dauert allerdings je nach Behörde ca. 1 bis 2 Wochen.

Zusätzliche Informationen zu Insolvenzen enthält die Internetplattform „Indat.info". Das Portal bietet eine Übersicht zu allen veröffentlichten Unternehmensinsolvenzen seit 1999. Im Gegensatz zu der Seite Insolvenzbekanntmachungen.de sind diese jedoch nicht amtlich. Darüber hinaus finden Sie in dem Portal eine Liste aller Insolvenzgerichte, Adresslisten zu Insolvenzverwaltern, sowie Statistiken zu Insolvenzen. Indat ist über den folgenden Link zu erreichen: http://www.indat.info

Ein weiteres Portal mit ähnlichen Informationen zum Thema Insolvenzen ist z. B. InsolNet, ein Informationsdienst für Insolvenzverfahren (http://www.insolnet.de).

Hintergrundinformationen zu Insolvenzen einzelner Unternehmen können auch häufig der Tages- und Wochenpresse entnommen werden.

3.2.4.5 Gewerblicher Rechtsschutz

Juristen, die auf dem Gebiet des gewerblichen Rechtsschutzes tätig sind, benötigen verständlicherweise Informationen zu den behandelten gewerblichen Schutzrechten. Also Informationen zu Patenten, Gebrauchsmustern, Geschmacksmustern und Marken. Fragen, die in diesem Zusammenhang auftauchen können, sind z. B.:
- Ist eine Marke / ein Patent registriert?
- Welche Marken/Patente gehören zu welchem Unternehmen?
- Wem gehört eine bestimmte Marke / ein bestimmtes Patent?
- Existiert eine bestimmte Marke / ein bestimmtes Patent bereits?

Für die Recherche nach gewerblichen Schutzrechten stehen unterschiedliche Datenbanken zur Verfügung. Allen voran sei hier auf die Recherche-Datenbank des Deutschen Patent- und Markenamts (DPMA) verwiesen. Das DPMA-Register bietet eine kostenlose Einstiegsrecherche und eine erweiterte Suche. Gesucht werden kann nach Patenten, Gebrauchsmustern, Geschmacksmustern und Marken.
- DPMA-Register: http://register.dpma.de/DPMAregister/Uebersicht
- DEPATIS-Net: http://depatisnet.dpma.de/DepatisNet/

Auch das Europäische Patentamt (EPO) und die World Intelectual Property Organization (WIPO) bieten kostenlose Online-Datenbanken zur Recherche nach gewerblichen Schutzrechten an:
- EPO-Onlinedienste: http://www.epo.org/searching/free_de.html
- WIPO Gold: http://www.wipo.int/wipogold/en/

Daneben gibt es mehrere kostenpflichtige Datenbanken, in denen nach gewerblichen Schutzrechten recherchiert werden kann. Diese werden zum größten Teil über Online-Hosts wie z. B. STN (http://www.stn-international.de), Dialog (http://www.dialog.com) oder Questel (http://www.questel.com) angeboten. Viele Anbieter kostenpflichtiger Datenbanken zu gewerblichen Schutzrechten bieten gleichzeitig professionelle Patent- und/oder Markenrecherchen an.

Achtung!
Komplizierte Patent- und Markenrecherchen sollten immer von einem Profi durchgeführt werden, der sich auf diese besondere Art von Recherchen spezialisiert hat. Die Gefahr, dass ein relevantes Patent „übersehen" wird, ist sonst viel zu groß. Sollten Sie also im Umgang mit dieser Art von Recherchen nicht geübt sein, ist es immer sinnvoll, professionelle Hilfe in Anspruch zu nehmen. Informationsvermittler, die sich auf Patentrecherchen spezialisiert haben besitzen sowohl das fachliche Know How des jeweiligen technischen oder naturwissenschaftlichen Sektors, sowie die darüber hinaus benötigten Retrieval-Kenntnisse. Anbieter kostenpflichtiger Patendatenbanken bieten auch häufig einen Rechercheservice an. Des Weiteren gibt es mehrere professionelle Informationsvermittler die Auftragsrecherchen zu Patenten und Marken durchführen. Adressen von professionellen selbständigen Info-Brokern, die auf Patent- und Markenrecherchen spezialisiert sind, finden Sie auf der Homepage der DGI (www.dgi-info.de).

Neben Marken werden heutzutage auch immer häufiger Informationen zu Internetdomains gesucht (Wer hat diese Website registriert?). Informationen zu Domains sind in der Regel über die Domain-Vergabestelle eines Landes (Domain Name Services) erhältlich. In Deutschland werden Domains von denic (http://denic.de) verwaltet. Denic ist die zentralen Registrierungsstelle für alle Domains unterhalb der Top Level Domain.de

3.2.4.6 Kartell- und Wettbewerbsrecht

Informationen zum Kartell- und Wettbewerbsrecht sind beispielsweise auf der Website des Bundeskartellamtes zu finden (http://www.bundeskartellamt.de). Interessant sind hier vor allem die Jahresberichte, die sowohl die Arbeit des Bundeskartellamtes dokumentieren, als auch die jeweils aktuelle Lage im deutschen Kartellrecht darstellen. Auch werden auf der Website die aktuellen Zusammenschlussverfahren, einige Entscheidungen des Bundeskartellamtes, sowie Merkblätter und Formulare veröffentlicht.

Auf Europäischer Ebene ist die Generaldirektion Wettbewerb der Europäischen Kommission (http://ec.europa.eu/competition/index_en.html) zuständig für Wettbewerbsfragen. Zahlreiche Informationen zum europäischen Kartell- und Wettbewerbsrecht sind hier verfügbar. Für den Kartellrechtler sind vor allem die Entscheidungen der Kommission interessant, die über die folgende Datenbank recherchiert werden können: http://ec.europa.eu/competition/elojade/isef/index.cfm

Informationen zu kartell- und wettbewerbsrechtlichen Verstößen zu einzelnen Branchen oder Unternehmen können über Tages- und Wochenpresse ermittelt werden.

3.2.4.7 Prozessrecht

Auch wenn das Prozessrecht dasjenige Rechtsgebiet ist, das noch am ehesten mit den „klassischen" juristischen Fachinformationen (Gesetzesmaterialien, Rechtsprechung und Fachliteratur) auskommt, werden hier ebenfalls des Öfteren einige Hilfsmittel benötigt.

Hierzu gehören beispielsweise aktuelle Gebührentabellen und Kostenordnungen, die in gedruckter Form über den klassischen Buchhandel bestellt werden können. Um sich jedoch die mühselige Berechnung von Prozesskosten zu ersparen gibt es einige hilfreiche Online-Tools zur Ermittlung dieser Kosten. Als Beispiel wird hier auf den folgenden Prozesskostenrechner verwiesen: http://rvg.pentos.ag/

Neben den Prozesskosten müssen auch häufig Verzugszinsen berechnet werden. Einen Zinsrechner finden Sie beispielsweise unter: (http://basiszinssatz.info/zinsrechner/).

3.2.4.8 Vergaberecht

Für den Bereich Vergaberecht sind insbesondere zwei Quellen erwähnenswert.

Veris

Auf nationaler Ebene ist die Datenbank Veris des Forums Vergabe e.V. interessant. Die Datenbank wird vom Bundesanzeiger Verlag herausgegeben und ist kostenpflichtig. Sie beinhaltet ca. 8.500 Entscheidungen zum Vergaberecht, Online-Kommentare zum Kartell- und Vergaberecht, sowie eine Literaturdatenbank des Forums Vergabe e.V.

Tipps & Tricks
Einige der in Veris veröffentlichten Entscheidungen sind nicht in den üblichen Rechtsdatenbanken (Juris, Beck-Online, Jurion) enthalten!

Link: www.veris.de

Tenders Electronic Daily
Ab einer bestimmten Größenordnung müssen Ausschreibungen öffentlicher Aufträge EU-weit bekannt gemacht werden. Diese Ausschreibungen werden im Supplement des Amtsblatts der EU (Reihe S) veröffentlicht. Die Reihe S ist, im Gegensatz zu den Reihen C und L, nicht in Eur-lex recherchierbar, sondern über die Datenbank „Tenders Electronic Daily" (TED). Diese Online-Version der Reihe S beinhaltet Bekanntmachungen über öffentliche Aufträge aus der Europäischen Union, dem Europäischen Wirtschaftsraum und weiteren Ländern aktualisiert. Sie wird fünf Mal pro Woche aktualisiert.

Ted kann über den folgenden Link aufgerufen werden kann: http://ted.europa.eu/. Für die Nutzung der Datenbank ist eine kostenlose Registrierung erforderlich.

3.2.5 Social Media für Juristen

Das Thema Social Media ist derzeit topaktuell. Bei den Juristen scheint diese Art neuer Medien sich allerdings noch nicht wirklich durchgesetzt zu haben. Zur allgemeinen Information über juristische Themen und um sich über das aktuelle Rechtsgeschehen „auf dem Laufenden" zu halten, können soziale Medien allerdings recht nützlich sein. Jedoch sollte dabei stets beachtet werden, dass zahlreiche Informationen, die über Social Media verbreitet werden, persönliche Meinungen des jeweiligen Autors darstellen, und die fachliche juristische Kompetenz stark unterschiedlich sein kann. Anstatt also Informationen unreflektiert zu übernehmen, ist es wichtig, zuerst einmal zu schauen, wer hat was in welchem Kontext veröffentlicht.

In diesem Abschnitt werden Social Media zur reinen Informationsgewinnung vorgestellt. Weitere Einsatzmöglichkeiten von Social Media im juristischen Umfeld, z. B. fürs Marketing oder für die interne Kommunikation, werden erst später im Kapitel 5 erläutert.

Juristische Weblogs (Blawgs)
Juristische Blogs, auch „Blawgs" genannt, gibt es mittlerweile zahlreiche. Sie werden von sehr unterschiedlichen Personen – Rechtsanwälte, Hochschulprofessoren, Studenten aber auch Privatpersonen, die sich für rechtliche Themen interessieren, betrieben. Ein großer Teil der Juristen betreibt seine Blogs aus der fachlichen Praxis heraus. Blogs dienen daher oftmals als Marketinginstrument. Zur Erlangung von Informationen über das aktuelle Rechtsgeschehen sind sie allerdings sehr hilfreich. Gerade bei Gesetzesänderungen oder neuer Rechtsprechung dauert es oftmals mehrere Wochen, wenn nicht sogar Monate bis aktuelle Fachliteratur zu diesem Thema erscheint. Weblogs sind hier meist schneller.

Eine Übersicht über Blawgs finden Sie z. B. über „Jura-Blogs":
http://www.jurablogs.com

Microblogs (Twitter)
Microblogs wie Twitter sind aufgrund des begrenzten Umfangs der übermittelten Tweets (max. 140 Zeichen) nur schwerlich als zuverlässige Informationsquelle für Juristen anzusehen. Zwar werden hier teilweise auch rechtliche Tweets versendet, der Informationsgehalt und Mehrwert ist hier jedoch sehr gering.

Podcasts
Podcasts sind Audio- oder Videodateien, die der Allgemeinheit über eine Homepage oder eine Plattform bereitgestellt werden. Die bekannteste Plattform auf der Podcasts

hochgeladen werden können, ist YouTube (www.youtube.de). Zu Informationszwecken werden Podcasts beispielsweise im Bereich eLearning eingesetzt. Mittlerweile sind auch Mittschnitte von Konferenzen und Seminaren, sowie einzelner Vorträge sehr beliebt. In Bezug auf juristische Informationsquellen können Podcasts daher sehr gut für die eigene und allgemeine berufliche Weiterbildung eingesetzt werden.

Soziale Netzwerke
Social Networks gibt es sowohl für private als auch berufliche Zwecke. Das größte und bekannteste Netzwerk ist Facebook. Es dient dem privaten Gebrauch, wogegen sich bei den beruflichen Netzwerken auf deutscher Ebene Xing und auf internationaler Ebene LinkdIn durchgesetzt haben. Während der Marketingwert dieser Netzwerke unumstritten ist, ist der Nutzen zur reinen Informationsgewinnung nur vage einzuschätzen. Natürlich gibt es in sozialen Netzwerken die Möglichkeit sich in Foren über fachliche Themen auszutauschen und so teils interessante Informationen mitzunehmen. Aus diesem Grund gibt es mittlerweile auch spezielle Social Networks für Juristen. Ein Projekt speziell für Juristen, das versucht soziales Netzwerk und Rechtsdatenbank zu vereinen ist das Start-up „Jusmeum" (www.jusmeum.de).

RSS-Feeds und Newsletter
Damit sie nicht selbst aktiv werden müssen, um über aktuelle Neuerungen informiert zu werden, sind Pushdienste wie RSS-Feeds oder klassische Newsletter eine einfache, meist kostenlose und schnelle Möglichkeit um informiert zu bleiben. Zahlreiche Webseiten oder Blogs bieten mittlerweile die Möglichkeit, einen RSS-Feed zu abonnieren und dadurch automatisch einen Hinweis auf neue Nachrichten zu bekommen. Eine Alternative zum RSS-Feed ist der klassische Newsletter. Hierbei gibt es neben zahlreichen kostenlosen juristischen Newslettern auch kostenpflichtige Versionen, die zu einzelnen Rechtsgebieten speziell aufbereitet werden.

Im Anhang finden Sie eine Liste mit Newslettern und Feeds, die für die juristische Praxis nützlich sind.

3.2.6 Vertiefung

Zur Vertiefung des Themas können Sie die folgenden Fragen beantworten:

Welche Rechtsinformationen werden grundsätzlich von unseren Juristen benötigt?

Welche juristischen Fachinformationen, insbesondere Datenbanken werden bereits in unserer Institution angeboten?

Welche Informationsquellen werden zusätzlich noch benötigt, um den Bedarf unserer Juristen abzudecken?

Welche konkreten Maßnahmen sollen in den nächsten 12 Monaten realisiert werden?

3.3 Fachinformationen Steuerrecht und Bilanzierung

3.3.1 Einführung

Neben den allgemeinen Rechtsgebieten stechen das Steuer- und das Bilanzrecht heraus. Dies hat zum Teil mit der Komplexität dieser Fachgebiete zu tun, die auch ständigen Änderungen unterliegen. Die Themen Steuerrecht und Bilanzierung werden bei Weitem nicht von allen Juristen behandelt, sondern nur von einem sehr speziellen Personenkreis. Fachinformationen zum Steuerrecht und zur Bilanzierung werden allerdings überwiegend von Steuerberatern und Wirtschaftsprüfern benötigt, sodass dieser Abschnitt insbesondere die Informationsquellen für diese beiden Berufsgruppen darstellt.

Exkurs:
Multidisziplinäre Kanzleien
Zahlreiche (meist größere) Wirtschaftskanzleien bieten neben der reinen Rechtsberatung auch Steuerberatung und Wirtschaftsprüfung an. Auch wenn es sich dabei um drei verschiedene Berufsgruppen handelt, liegt bei allen dreien die Kerntätigkeit in der Beratung und Erbringung von Dienstleistungen von und an Unternehmen. Gerade in Bezug auf Unternehmenstransaktionen arbeiten Rechtsanwälte, Wirtschaftsprüfer und Steuerberater sehr eng zusammen. In multidisziplinären Kanzleien kann den Unternehmen somit ein umfangreicher Service aus einer Hand angeboten werden.

Berufsrechtliche Quellen
Ähnlich, wie bei den Juristen werden auch bei Steuerberatern und Wirtschaftsprüfern gelegentlich Informationen zum eigenen Berufsstand benötigt. Allgemeine Informationen zum Beruf des Steuerberaters erhalten Sie bei der Steuerberaterkammer (http://www.bstbk.de). Über die Homepage der Steuerberaterkammer kann auch der bundesweite Steuerberater-Suchdienst genutzt werden (http://www.datev.de/kasus/5/Start?KammerId=BuKa&Suffix1=BuKaX&Suffix2=BuKaXY&Truncation=42).

Erste Anlaufstelle, um Informationen zum Beruf des Wirtschaftsprüfers und über Wirtschaftsprüfung im Allgemeinen zu erhalten, sind die Wirtschaftsprüferkammer (http://www.wpk.de) und das Institut der Wirtschaftsprüfer in Deutschland e.V. (IDW; http://www.idw.de). Auf der Website der Wirtschaftsprüferkammer finden Sie auch ein Online-Verzeichnis aller in Deutschland zugelassener Wirtschaftsprüfer:

http://www.wpk.de/suchdienst/OBRWPVerzFormularEinfach.asp

3.3.2 Steuerrecht

3.3.2.1 Fachdatenbanken
Im Steuerrecht spielen elektronische Datenbanken ebenfalls eine immer entscheidendere Rolle bei der Beschaffung von Informationen. Dabei ist ein großer Teil der Informationen zum Steuerrecht in den gängigen Rechtsdatenbanken recherchierbar. Hierzu zählen beispielsweise:
- Juris
- Beck-Online
- Jurion

In einigen dieser Datenbanken werden die Steuer-Informationen zu einem Modul „Steuerrecht" zusammengefasst. Neben diesen großen Datenbanken gibt es auch spezielle Steuerrechtsdatenbanken. Zu ihnen gehören z. B.:
- Datev
- HaufeSteuer-Office
- NWB-Datenbank vom Verlag Neue Wirtschaftsbriefe
- Steuer-Informations-Service (SIS)
- STOTAX vom Stollfuß Verlag

Zusätzlich zu Gesetzesmaterialien, Rechtsprechung und Literatur enthalten spezielle Steuerrechtsdatenbanken oftmals auch weitere Hilfsmittel und Werkzeuge, wie z. B. Afa-Tabellen, Kostenrechner, oder Richtsatzsammlungen.

3.3.2.2 Gesetze, Erlasse, Richtlinien und Verordnungen

Gesetzesmaterialien sind im Steuerrecht sehr umfangreich. Neben den klassischen Gesetzen und Verordnungen, sind hier auch Steuererlasse und Richtlinien anzufinden. Steuerrichtlinien sind von der Bundesregierung an die Finanzbehörden gerichtete Anweisungen zur Auslegung des Steuerrechts, damit die bestehenden Gesetze in der Praxis einheitlich angewendet werden. Sie sind als Dienstanweisung an die Finanzverwaltung anzusehen. Steuererlasse sind Entscheidungen von Finanzbehörden, die das Erlöschen von Ansprüchen aus einem Steuerschuldverhältnis auf Antrag des Steuerschuldners bewirken.

Des Weiteren besteht bei den Steuerrechts-Materialien eine zusätzliche Besonderheit im Vergleich zu Gesetzesmaterialien anderer Rechtsgebiete: ältere oder „veraltete" Gesetze haben auch weiterhin ihre Relevanz. Da sich die Besteuerung in der Regel nach dem Veranlagungszeitraum richtet, der auch einige Jahre zurückliegen kann, sind immer die jeweils zu diesem Zeitpunkt geltenden Rechtsvorschriften relevant. Für Fachinformationen bedeutet dies, dass auch „alte" Informationsquellen und Bücher durchaus noch benötigt werden, und nicht so ohne weiteres entsorgt werden sollten.

Für die Suche nach Rechtsvorschriften zum Steuerrecht gibt es verschiedene Möglichkeiten. Grundlegende Publikation hierzu ist das Bundessteuerblatt (BStBl.), das sich ähnlich wie das Bundesgesetzblatt in zwei Teile gliedert. In Teil I werden die steuerlichen Rechtsvorschriften, sowie Erlasse und Verwaltungsanweisungen des Bundesfinanzministeriums und der obersten Finanzbehörden der Länder veröffentlicht. Der Teil II beinhaltet ausgewählte Entscheidungen des Bundesfinanzhofs.

Des Weiteren gibt auch im Steuerrecht die klassischen Textausgaben als Loseblattsammlung zu Steuergesetzen, Steuerlassen und Steuerrichtlinien, die einfach über den Buchhandel bezogen werden können. Natürlich sind auch die meisten Steuerrechtsvorschriften über die einschlägigen Rechtsdatenbanken wie Juris, Beck-Online oder Jurion oder über Datev und Haufe-SteuerOffice zu finden. Steuergesetze können aber ebenfalls kostenlos über das Portal „Gesetze im Internet" (www.gesetze-im-internet.de) recherchiert werden. Einige Steuererlasse und Richtlinien sind auch auf der Website vom Bundesfinanzministerium (BMF) (www.bmf.bund.de) zu finden.

3.3.2.3 Rechtsprechung

Erste Anlaufstelle für Entscheidungen zum Steuerrecht ist, genau wie bei der sonstigen Rechtsprechung auch, die Website des jeweiligen Finanzgerichts. Insbesondere die Website des Bundesfinanzhofs (BFH) hat eine gute Rechtsprechungsdatenbank. Daneben kann die normale Rechtsprechung natürlich auch über die einzelnen Rechts- und Steuerdatenbanken (z. B. Juris, Beck-Online, Jurion, Datev, NWB, Haufe-SteuerOffice, STOTAX) recherchiert werden. Zusätzlich werden die wichtigsten Entscheidungen in den einschlägigen Fachzeitschriften veröffentlicht.

Bei der steuerrechtlichen Rechtsprechung gibt es allerdings zwei Besonderheiten. Zum einen werden auch die beim BFH anhängigen Verfahren bekanntgegeben. Sie werden auf der Homepage des BFH in einer separaten Datenbank veröffentlicht:
http://www.bundesfinanzhof.de/anhaengige-verfahren/revisionsverfahren

Die Veröffentlichung von anhängigen Verfahren ist im Gegensatz dazu bei den ordentlichen Gerichtsbarkeiten nicht üblich.

Des Weiteren werden ein großer Teil der Entscheidungen des BFH nicht zur amtlichen Veröffentlichung freigegeben (auch NV-Urteile genannt). Grund dafür ist, dass viele Entscheidungen den jeweiligen Einzelfall betreffen und für die allgemeine Steuerpraxis keine Aussagen treffen. Allerdings werden auch diese Entscheidungen publiziert, um sie der Fachöffentlichkeit zugänglich zu machen. Sie werden in der Fachzeitschrift „BFH/NV" veröffentlicht. Außerdem können Sie über einzelne Datenbanken, wie z. B. Datev gefunden werden.

3.3.2.4 Fachliteratur
Auch bei der Fachliteratur zum Steuerrecht gibt es die Möglichkeit zwischen Print- und Onlineangeboten zu wählen. Die meisten Fachverlage bieten ihre Steuerrechtsliteratur in beiden Versionen an. Ein nicht unerheblicher Teil der Literatur zum Steuerrecht ist ebenfalls wieder in den üblichen Rechtsdatenbanken Juris, Beck-Online oder Jurion auffindbar. Darüber hinaus sollte noch der Verlag Neue Wirtschaftsbriefe (NWB) erwähnt werden, der ein renommierter Anbieter für Fachliteratur zum Steuerrecht, Wirtschaftsrecht und Rechnungswesen ist. Ein weiterer Fachverlag zum Steuerrecht ist beispielsweise der Stollfuß Verlag (STOTAX), der seine Produkte mittlerweile ebenfalls sowohl gedruckt als auch elektronisch herausgibt.

3.3.2.5 Materialien zum internationalen Steuerrecht
Neben den deutschen Informationsquellen zum Steuerrecht spielen heutzutage auch Informationen zum internationalen Steuerrecht für die Beratungspraxis eine immer wichtigere Rolle. Hierzu zählen z. B. allgemeinen Informationen zum Steuersystem in unterschiedlichen Ländern, sowie Informationen zu Doppelbesteuerungsabkommen.

Doppelbesteuerungsabkommen (DBA) sind bilaterale Abkommen zwischen zwei Staaten, die die steuerliche Behandlung regeln, wenn eine Person in beiden Ländern steuerpflichtig wird. Ein DBA soll vermeiden, dass Personen und Unternehmen, die in beiden Staaten Einkünfte erzielen, in beiden Staaten steuerpflichtig werden, also doppelt Steuern zahlen müssen. Doppelbesteuerungsabkommen werden in Deutschland vom Bundesfinanzministerium erlassen und im Bundesgesetzblatt Teil 2 (BGBl II) veröffentlicht. Auch auf der Website des BMF sind sie zu finden. Einige deutsche Doppelbesteuerungsabkommen sind auch über Beck-Online verfügbar.

Daneben gibt es spezielle Datenbanken zum internationalen Steuerrecht. Über diese können dann internationale Steuerabkommen und Informationen zu Verrechnungspreisen und steuerrechtlichen Regelungen verschiedener Länder ermittelt werden. Quellen hierfür sind z. B.:
– Die Datenbanken des International Bureau of Fiscal Documentation (IBFD)
  http://www.ibfd.org
– CCH International Tax Treaty Library

3.3.3 Bilanzierung und Wirtschaftsprüfung

Wirtschaftsprüfer benötigen in ihrer Berufspraxis vor allem Informationen zu Richtlinien, Prüfungsstandards und ihrer jeweilgen Auslegung. Aber auch allgemeine Wirtschaftsinformationen, insbesondere Informationen zu Unternehmen, und steuerrechtliche Fachinformationen sind von Bedeutung.

3.3.3.1 Richtlinien und Standards

Wichtigste Informationsquelle für Wirtschaftsprüfer sind die Vorschriften zur Rechnungslegung und die jeweiligen Prüfungsstandards. Dabei ist die Art, nach der das jeweilige Unternehmen bilanziert wird, entscheidend für die Art der jeweils benötigten Informationen. Erfolgt die Bilanzierung nach dem Handelsgesetzbuch (HGB) können Gesetzestext, Kommentierungen und Literatur aus den gängigen deutschen Rechtsdatenbanken entnommen werden. Sollte das Unternehmen jedoch seine Bilanz nach internationalen Regeln bilanzieren – also IFRS oder IAS – müssen die benötigten Informationen anders besorgt werden. Erste Quelle für Informationen zu den IFRS oder IAS ist das International Accounting Standard Board (IASB), das die internationalen Prüfungsstandards beschließt. Über die Website und den Onlineshop der IASB können nicht nur die Standards, sondern auch offizielle Publikationen erworben werden (s. http://shop.ifrs.org/ProductCatalog/Default.aspx).

Über die IASB ist sogar eine eigene Datenbank zu den Standards (eIFRS) verfügbar (http://eifrs.ifrs.org/eifrs/Menu).

Hintergrundinformation

Hintergrundinformation:
HGB versus IAS/IFRS
Die International Financial Reporting Standards (IFRS) sind internationale Rechnungslegungsvorschriften für Unternehmen, die vom International Accounting Standards Board (IASB) herausgegeben werden. Sie sollen losgelöst von nationalen Rechtsvorschriften die Aufstellung international vergleichbarer Jahres- und Konzernabschlüsse regeln. Die IFRS werden von zahlreichen Ländern zumindest für kapitalmarktorientierte Unternehmen vorgeschrieben. Sie bestehen aus Standards und offiziellen Interpretationen dieser. Im Gegensatz dazu werden Unternehmen im deutschen Recht nach den Regeln des Handelsgesetzbuchs (HGB) bilanziert.
Seit 2005 sind auch börsennotierte Unternehmen in Deutschland dazu verpflichtet, ihre Bilanzen nach den IFRS aufstellen. Andere Unternehmen können dies tun, sind dazu aber nicht verpflichtet. Die Bilanzierung nach einheitlichen internationalen Standards soll vor allem dazu dienen, Konzernzahlen länderübergreifend vergleichbar machen zu können. Ungeachtet dessen müssen aber alle deutschen Unternehmen ihren Einzelabschluss auch noch nach den Regeln des HGBs ausweisen.
In der Praxis kann es dementsprechend so aussehen, dass der Konzernabschluss einer börsennotierten Aktiengesellschaft nach IFRS bilanziert wird, der einzelne Jahresabschluss der Mutter-AG (also der obersten Gesellschaft an der Konzernspitze) nach HGB.

Daneben gibt es noch weitere Regelungen und Vorschriften für die Wirtschaftsprüfung. Hierzu zählen beispielsweise die IDW-Prüfungsstandards und IDW Stellungnahmen zur Rechnungslegung. Sie werden in Deutschland vom Institut der Wirtschaftsprüfer (IDW) herausgegeben, und über den hauseigenen Verlag publiziert. Die Publikationen des IDW dokumentieren die vom Berufsstand der Wirtschaftsprüfer entwickelten Auffassungen und Regeln zur Berufsausübung.

3.3.3.2 Fachliteratur und Arbeitshilfen

Die Fachliteratur zur Bilanzierung und Prüfung von Unternehmen ist nicht so umfangreich, wie es im juristischen Bereich der Fall ist. Die wichtigsten Publikationen wie z. B. das Wirtschaftsprüfer-Handbuch oder die Fachzeitschrift „Die Wirtschaftsprüfung" (Wpg) werden vom IDW-Verlag herausgegeben, der sich auf Fachliteratur zum Thema Wirtschaftsprüfung spezialisiert hat. Der Verlag bietet auch Arbeitshilfen, Checklisten und weitere Organisationsmittel für Wirtschaftsprüfer an. Daneben bieten beispielsweise die Verlage C.H. Beck, NWB, Stollfuß und Vahlen Literatur zum Bilanzrecht in Ihrem Verlagsprogramm an, die sowohl gedruckt als Buch, als auch elektronisch über die jeweiligen Datenbankangebote der Verlage bezogen werden kann.

3.3.4 Vertiefung

Zur Vertiefung des Themas können Sie die folgenden Fragen beantworten:

Welche Informationsquellen zum Steuer- und/oder zur Bilanzrecht werden grundsätzlich von den Mitarbeitern unserer Institution benötigt?

Welche Fachinformationen, insbesondere Datenbanken werden bereits in unserer Institution eingesetzt?

Welche Informationsquellen werden zusätzlich noch benötigt, um den Informationsbedarf unserer Mitarbeiter abzudecken?

_____
_____
_____
_____
_____
_____
_____
_____

3.4 Wirtschaftsinformationen

3.4.1 Einführung

Neben juristischen Fachinformationen spielen auch Wirtschaftsinformationen eine Rolle in der Arbeitspraxis vieler Juristen, insbesondere bei gesellschaftsrechtlichen oder kapitalmarktrechtlichen Fragen. Im folgenden Abschnitt werden daher die wichtigsten Wirtschaftsquellen für Juristen kurz und einführend genannt. Hierzu gehören vor allem Handels- und Unternehmensregister, sowie kostenpflichtige Wirtschaftsdatenbanken. Des Weiteren werden Hinweise zur Recherche nach Unternehmensinformationen, Finanz- und Kapitalmarktinformationen, Informationen zu Unternehmenstransaktionen, sowie zu Presse- und Personenrecherchen gegeben.

3.4.2 Kommerzielle Wirtschaftsdatenbanken

Ähnlich wie bei den Rechtsinformationen gibt es etablierte kostenpflichtige Datenbanken auch auf dem Markt der Wirtschaftsinformationen. Der Markt ist in den letzten Jahren kontinuierlich gewachsen und fast jeder Informationsanbieter hat sein Angebot ausgebaut.

Da es viele renommierte Wirtschaftsdatenbanken gibt, werden diese hier nicht im Einzelnen vorgestellt. Ausführliche Adressen und Kurzinformationen zu den bekanntesten Datenbanken finden Sie aber im Anhang.

Auswahl Wirtschaftsdatenbank

Zur richtigen Auswahl einer Wirtschaftsdatenbank können dabei die folgenden Fragen helfen:
- Welche Wirtschaftsinformationen werden benötigt?
  (Unternehmensdaten, Markt- und Brancheninformationen, Jahresabschlüsse und Bonitätsauskünfte, wirtschaftswissenschaftliche Fachliteratur, Presseinformationen, Personeninformationen)
- Welche regionalen Bereiche sollen die Wirtschaftsinformationen in der Datenbank abdecken?
  (Deutschland, Europa, Nordamerika, International?)
- Wie viele Personen in der Institution benötigen Zugriff auf diese Datenbank?
  (eine einzelne Person, eine bestimmte Gruppe, alle Mitarbeiter)

- Wie häufig werden die Wirtschaftsinformationen benötigt? Regelmäßig oder nur gelegentlich?
  (Falls Sie die Informationen nur gelegentlich benötigen reicht eventuell ein Pay-per-Document Zugriff und Sie müssen keine teure Flatrate abonnieren)
- Welche verschiedenen Zugriffsmöglichkeiten gibt es?
  (Pay-per-Document, Flatrate; einzelne Accounts für jeden Nutzer; Single sign on; Freischaltung ganzer IP-Adressen)
- Gibt es mobile Lösungen für den Zugriff auf die Datenbank?
  (z. B. Zugriff via Smartphone)
- Wie sieht die preisliche Gestaltung aus?

Tipps & Tricks
Die Preisgestaltung für Wirtschaftsdatenbanken kann sehr unterschiedlich sein. Während einige Datenbankanbieter neben einer geringen Jahrespauschale nur die Kosten für einzelne abgerufene Dokumente berechnen, werden von anderen Anbietern sogar Kosten für jede einzelne Rechercheanfrage in Rechnung gestellt (egal ob diese Recherche zu einem Ergebnis führt oder nicht). Wundern Sie sich daher auch nicht, wenn die Kosten für eine Wirtschaftsdatenbank oder auch für einzelne Recherchen in einer Wirtschaftsdatenbank wesentlich höher sein können, als die Kosten für Rechtsdatenbanken.

Preisgestaltung bei Wirtschaftsdatenbanken

3.4.3 Unternehmensinformationen

Die wichtigsten Wirtschaftsinformationen, die im juristischen Arbeitsalltag Verwendung finden, sind Informationen über Unternehmen. Hierzu zählen allgemeine Unternehmensinformationen aus Datenbanken und dem Handelsregister, sowie auch Finanzinformationen, Informationen zu Konzernstrukturen oder zu Unternehmenstransaktionen benötigt.

3.4.3.1 Basisinformationen
In zahlreichen Fällen werden einfach einige Stammdaten zu einem Unternehmen benötigt. Hierzu reichen einfache Unternehmensprofile aus, um dem Juristen erste Informationen zum Unternehmen zu geben.

Eine einfache Unternehmensauskunft kann beispielsweise die folgenden Angaben beinhalten:
- Name (Firma)
- Adresse,
- Tätigkeitsbeschreibung, Unternehmensgegenstand
- Gesellschafter
- Management
- Umsatz,
- Anzahl der Mitarbeiter

Die meisten professionellen Wirtschaftsdatenbanken bieten Basisprofile zu Unternehmen an. In der Regel ermitteln sie diese Unternehmensinformationen aus öffentlichen Quellen (z. B. dem Handelsregister) und führen zusätzlich eigene Recherchen durch. Aus den gesammelten Daten werden anschließend Unternehmensprofile erstellt.

Folgende Anbieter bieten beispielsweise Basisinformationen zu deutschen Unternehmen an:
- bedirect
- Bürgel
- Creditreform/Firmenwissen
- Dun & Breadstreet
- Hoover's
- Hoppenstedt
- LexisNexis
- Markus/Amadeus von Bureau van Dijk

3.4.3.2 Elektronisches Handels- und Unternehmensregister

Diejenigen Wirtschaftsinformationen, die bei der juristischen Arbeit am häufigsten benötigt werden, sind Informationen aus dem Handels- und Unternehmensregister. Das Handelsregister ist ein öffentliches Verzeichnis, in dem alle Vollkaufleute (eingetragene Kaufleute, Personen- und Kapitalgesellschaften) mit näheren Informationen zu ihrem Handelsgewerbe und den diesbezüglichen Rechtsverhältnissen, verzeichnet werden. Ähnlich verhält es sich mit dem Genossenschafts-, Partnerschafts- und Vereinsregister.

Bei den jeweiligen Registern werden eine Vielzahl unternehmensrelevanter Dokumente hinterlegt, aus denen zahlreiche Informationen über die jeweilige Institution gewonnen werden können. Im Vergleich zu anderen Informationsquellen und Wirtschaftsdatenbanken zu Unternehmensinformationen kommt dem Handelsregister eine besondere Bedeutung zu – die Publizitätswirkung nach § 15 HGB.

Rechtsnorm:
§ 15 HGB: Publizität des Handelsregisters
(1) Solange eine in das Handelsregister einzutragende Tatsache nicht eingetragen und bekanntgemacht ist, kann sie von demjenigen, in dessen Angelegenheiten sie einzutragen war, einem Dritten nicht entgegengesetzt werden, es sei denn, dass sie diesem bekannt war.
(2) Ist die Tatsache eingetragen und bekanntgemacht worden, so muss ein Dritter sie gegen sich gelten lassen. Dies gilt nicht bei Rechtshandlungen, die innerhalb von fünfzehn Tagen nach der Bekanntmachung vorgenommen werden, sofern der Dritte beweist, dass er die Tatsache weder kannte noch kennen musste.
(3) Ist eine einzutragende Tatsache unrichtig bekanntgemacht, so kann sich ein Dritter demjenigen gegenüber, in dessen Angelegenheiten die Tatsache einzutragen war, auf die bekanntgemachte Tatsache berufen, es sei denn, dass er die Unrichtigkeit kannte.
(4) Für den Geschäftsverkehr mit einer in das Handelsregister eingetragenen Zweigniederlassung eines Unternehmens mit Sitz oder Hauptniederlassung im Ausland ist im Sinne dieser Vorschriften die Eintragung und Bekanntmachung durch das Gericht der Zweigniederlassung entscheidend.

Die Publizität des Handelsregisters bedeutet, dass Dritte sich auf die Richtigkeit der im Handelsregister eingetragenen und bekannt gemachten Tatsachen berufen können. Solange also eine eintragungspflichtige Änderung nicht in das Register eingetragen und bekanntgemacht wurde, kann sie einem Dritten auch nicht entgegengesetzt werden, es sei denn, dass dieser die Tatsache kannte. Auch auf unrichtig bekannt gemachte Tatsachen können sich Dritte berufen, es sei denn, dass sie die Unrichtigkeit kannten. Im kurzen gesagt: Die Informationen, die im Handelsregister stehen gelten Dritten – also unwissenden – gegenüber als „richtig"!

Handelsregister vs. kommerzielle Datenbanken

Hintergrundinformation:
Handelsregisterinformationen versus Unternehmensprofile von kommerziellen Anbietern
Die einzelnen Firmendetails aus den Profilen von Unternehmensdatenbanken unterscheiden sich oftmals nicht von den Details, die auch im Handelsregister bekannt gemacht worden sind. Während es sich bei den Angaben im Handelsregister um so genannte Primärdaten handelt, sind die Informationen aus den meisten anderen Unternehmensdatenbanken allerdings Sekundärdaten. Unter Primärdaten sind Daten zu verstehen, die direkt beim Betroffenen, also bei der Person oder Institution selber, erhoben werden. Sekundärdaten werden im Gegensatz dazu nicht beim Betroffenen erhoben. Sie sind Informationen „aus zweiter Hand". Die Sekundärdaten werden meist einer anderen Quelle entnommen. Dies können zum Beispiel öffentlich zugängliche Register (u.a. auch das Handelsregister) oder öffentliche Verzeichnisse (Telefonbücher, Gelbe Seiten) sein. Manche Unternehmensdatenbanken, wie z. B. Creditreform, kombinieren Sekundär- mit Primärdaten. Die Basis der Datenbank bilden dann Sekundärinformationen aus öffentlichen Quellen, die zusätzlich durch Primärdaten, die beim Betroffenen direkt erhoben wurden, angereichert werden. Diese direkte Erhebung bei der Person oder Institution erfolgt in der Regel über Fragebögen. Die Betroffenen sind gegenüber den Unternehmensdatenbanken aber oftmals nicht verpflichtet Auskünfte zu geben. Ihre Angaben geschehen freiwillig.
Bei Sekundärinformationen ist verstärkt auf den Stand der abgerufenen Information zu achten. Gerade Unternehmensdaten, wie z. B. Angaben zu Gesellschaftsorganen oder Adressen können schnell veralten. Durch Vermengung und Auswertung vieler unterschiedlicher Datenquellen entstehen bei einigen Unternehmensdatenbanken zusätzlich neue, bisher nicht bekannte oder nicht offenbarte Informationen. Hierzu zählen beispielsweise Indizes zur Bonität eines Unternehmens. Mit solchen Tertiärinformationen sollte vorsichtig umgegangen werden. Sie sind nicht als absoluter, richtiger Wert zu sehen, sondern eher als Richtwert.
Schließlich ist noch anzumerken, dass nur die Angaben aus den amtlichen Registern als rechtsverbindlich gelten. Im Zweifelsfalle wären diese Informationen somit denjenigen aus einer Unternehmensdatenbank vorzuziehen. Auch wenn die Sekundärinformationen aus den einschlägigen Wirtschaftsdatenbanken nicht immer ganz verlässlich sind, bilden sie dennoch eine gute Ausgangsbasis für den Einstieg in eine Unternehmensrecherche.

Kernstück einer Handelsregisterakte bildet der jeweilige Auszug der Gesellschaft. Hier werden die wichtigsten Unternehmensdaten aufgeführt.
- Firma (Unternehmensname)
- Sitz, Niederlassung, inländische Geschäftsanschrift, empfangsberechtigte Person, Zweigniederlassungen
- Grund- oder Stammkapital
- Allgemeine Vertretungsregelung
 (Vorstand, Leitungsorgan, geschäftsführende Direktoren, persönlich haftende Gesellschafter, Geschäftsführer, Vertretungsberechtigte und besondere Vertretungsbefugnis
- Prokura
- Rechtsform, Beginn der Satzung oder des Gesellschaftsvertrags
- Sonstige Rechtsverhältnisse
 (Hinweise zu Sitzverlegungen, Umwandlungen, Änderungen des Gesellschaftsvertrages; Beherrschungs- und Gewinnabführungsverträge etc.)

Neben dem Auszug selber werden bei einigen Gesellschaftsformen noch zusätzlich die folgenden Dokumente in der Handelsregisterakte hinterlegt:

Aktiengesellschaften
- Satzung und Urkunden, in denen die Satzung festgestellt worden ist und die Aktien von den Gründern übernommen worden sind;
- Bei Sacheinlagen: die Verträge über die Festsetzung und Berechnung dieser
- Urkunden über die Bestellung des Vorstands und des Aufsichtsrats

- eine aktuelle Liste der Mitglieder des Aufsichtsrats, aus welcher Name, Vorname, ausgewählter Beruf und Wohnort der Mitglieder ersichtlich ist.
- Der Gründungsbericht und die Prüfungsberichte der Mitglieder des Vorstands und des Aufsichtsrats sowie der Gründungsprüfer nebst ihren urkundlichen Unterlagen
- Jahresabschlüsse
- Hauptversammlungsprotokolle mit sämtlichen Anlagen
- im Konzern: Beherrschungs- und Gewinnabführungsverträge

GmbH
- der Gesellschaftsvertrag
- die Legitimation der Geschäftsführer, sofern dieselben nicht im Gesellschaftsvertrag bestellt sind,
- eine aktuelle Liste der Gesellschafter, aus welcher Name, Vorname, Geburtsdatum und Wohnort der letzteren sowie die Nennbeträge und die laufenden Nummern der von einem jeden derselben übernommenen Geschäftsanteile ersichtlich sind,
- bei Sacheinlagen: die Verträge und Dokumente über die Festsetzung und Bewertung der jeweiligen Sacheinlage
- Gesellschafterbeschlüsse und weitere Dokumente bezüglich der Änderungen des Stammkapitals
- Jahresabschlüsse

Bei Umwandlungen:
- Dokumente bezüglich Verschmelzungen, Spaltung oder Rechtsformumwandlung von Gesellschaften

Tipps & Tricks:
Wird eine Gesellschaft mit einem anderen Unternehmen verschmolzen, so wird die frühere Gesellschaft im Handelsregister gelöscht. Die bisherige Registerakte wird der Registerakte der übernehmenden Gesellschaft hinzugefügt und kann nun über diese Registernummer angefragt werden.

Auskünfte aus dem Handels- und Unternehmensregister können mittlerweile online recherchiert werden. Mit Inkrafttreten des Gesetzes über das Elektronische Handels- und Unternehmensregister (EHUG) zum 01.01.2007 wurde das gemeinsame Registerportal der Länder gegründet (http://www.handelsregister.de). Neben dem Handelsregister werden auch Daten aus den Genossenschafts- und Partnerschaftsregistern sowie Teile des Vereinsregisters angeboten.

Folgende Dokumente sind über das Registerportal abrufbar:
- der aktuelle Ausdruck mit einem Überblick über alle derzeit gültigen Eintragungen,
- der chronologische Ausdruck mit allen Daten ab Umstellung auf elektronische Registerführung,
- der historische Ausdruck mit allen Daten, die bis zur Umstellung auf die elektronische Registerführung gültig waren.

Daneben ermöglicht das Registerportal den Abruf von Dokumenten, die ab 2007 auf elektronischem Wege dem Registergericht zugesandt wurden und zum sogenannten Sonderband gehören, wie z. B. Anmeldungen zum Register, Gesellschafterlisten und Satzungen von Kapitalgesellschaften. Außerdem werden die aktuellen Handelsregisterbekanntmachungen kostenlos zur Verfügung gestellt.

Die Recherche in der Handelsregisterdatenbank ist kostenlos. Der Abruf von HR-Auszügen und allen weiteren Dokumenten ist allerdings kostenpflichtig. Im Vergleich zu vielen anderen Wirtschaftsinformationsangeboten sind die Dokumentenpreise hier aber sehr fair.

Ältere Handelsregister-Dokumente, die noch nicht in der Datenbank elektronisch abrufbar sind, müssen beim zuständigen Registergericht angefordert werden. Die jeweilige Zuständigkeit eines Gerichts bemisst sich nach dem Sitz der Gesellschaft. Anhand der Postleitzahl oder des Ortes kann im Orts- und Gerichtsverzeichnis des Justizportals des Bundes und der Länder das zuständige Registergericht samt Anschrift ermittelt werden.

Sie gelangen zum Orts- und Gerichtsverzeichnis über den folgenden Link:
http://www.justiz.de/OrtsGerichtsverzeichnis/index.php
Die Zusendung der angeforderten Dokumente dauert in der Regel 1 bis 2 Wochen.

Das Unternehmensregister ist ein Internetportal des Bundesanzeigers, über das die Informationen aus dem elektronischen Bundesanzeiger recherchiert werden können. Es existiert seit dem 1. Januar 2007. Über die Internetseite des Unternehmensregisters sind folgende Informationen zugänglich:
- Dokumente aus dem elektronischen Handels-, Genossenschafts- und Partnerschaftsregister. Folgende Registerinhalte der Registergerichte stehen zur Verfügung: Registereintragungen, zu den Registern eingereichte Dokumente,
- Bekanntmachungen der Handels-, Genossenschafts- und Partnerschaftsregister
- Veröffentlichungen aus dem Bundesanzeiger
- beim Bundesanzeiger hinterlegte Bilanzen und Jahresabschlüsse
- unternehmensrelevante Mitteilungen der Wertpapieremittenten (z. B. Ad hoc-Mitteilungen, Director's Dealings)
- Bekanntmachungen der Insolvenzgerichte

Tipps & Tricks:
Die am häufigsten im Unternehmensregister gesuchten Dokumente, sind Jahres- und Konzernabschlüsse. Diesen Dokumenten können teilweise umfangreiche Informationen zu einem Unternehmen entnommen werden: Informationen zur finanziellen Lage (durch die Bilanz), zu Mitarbeiterzahlen, zu Beteiligungen an anderen Unternehmen etc. All diese Informationen sind kostenlos verfügbar und müssen jährlich von den Unternehmen veröffentlicht werden.

Jahresabschlüsse

Die Recherche und der Dokumentenaufruf im Unternehmensregister sind kostenlos. Durch eine Schnittstelle zur Handelsregisterdatenbank können über das Unternehmensregister auch die Dokumente aus dem Handelsregister abgerufen werden. Diese sind jedoch kostenpflichtig.

Über den folgenden Link gelangen Sie zum Unternehmensregister:
http://www.unternehmensregister.de

Ausländische Handelsregisterinformationen:
Da im Rechtsbereich der internationale Bezug immer wichtiger wird, werden auch immer häufiger Unternehmensinformationen und Registerauskünfte zu ausländischen Gesellschaften benötigt. Ausländische Registerinformationen werden auf sehr unterschiedliche Weise besorgt. Viele Staaten haben mittlerweile eine ähnliche Datenbank, wie unsere deutsche Handelsregisterdatenbank. Allerdings erfolgen der Zugang und die Registrierung über unterschiedliche Wege. Während es zum einen kostenfreie Datenbanken gibt, bei denen keine Registrierung erfolgen muss (z. B. in

der Schweiz), gibt es auch Datenbanken, bei denen sich nur Staatsbürger des eigenen Landes registrieren können (z. B. in Brasilien und Belgien), da in diesen Ländern ein landestypisches Identifikationsmittel wie Personalausweis- oder Steuernummer für die Registrierung benötigt wird. In diesen besonderen Fällen ist es sinnvoll, die Registerinformationen über ein kooperierendes Unternehmen in diesem Land (z. B. eine Kanzlei mit der häufiger zusammen gearbeitet wird) zu besorgen. In den meisten Staaten ist aber nach einer erfolgten Registrierung ein Handelsregisterabruf mittels Bezahlung per Kreditkarte möglich.

Nähre Informationen zu den Handels- und Unternehmensregistern der einzelnen EU-Mitgliedstaaten, sowie die Links zu einzelnen Datenbanken finden Sie im E-Justice Portal: https://e-justice.europa.eu/content_business_registers_in_member_states-106-EU-de.do?clang=de

Eine Übersicht über die Registerdatenbanken zahlreicher Länder finden Sie über den folgenden Link: http://www.commercial-register.sg.ch/home/worldwide.html

3.4.3.3 Finanzdaten

Neben Basisdaten und Informationen aus dem Handelsregister können Finanzdaten zu einem Unternehmen von Interesse sein. Schließlich möchte man wissen, wie es einem Unternehmen in finanzieller Hinsicht geht, ob es seine Verbindlichkeiten begleichen kann, und wie viel es „Wert" ist. Diese Informationen können z. B. aus dem Jahresabschluss (Bilanz, Gewinn- und Verlustrechnung) oder über Kredit- oder Bonitätsauskünfte erlangt werden.

Seit dem Inkrafttreten des EHUG in 2007 ist es in Deutschland leicht geworden an Jahresabschlüsse zu kommen. Da durch dieses Gesetz die Publizitätspflichten geändert wurden, müssen seitdem die Jahresabschlüsse sämtlicher Kapitalgesellschaften und Personengesellschaften ohne natürliche Personen im Unternehmensregister (www.unternehmensregister.de) zentral eingereicht werden. Hier sind sie für jedermann kostenlos abrufbar. Das Gleiche gilt natürlich auch für Konzernabschlüsse.

Rechtsnorm:
Publizitätspflicht nach § 325 HGB
Nach § 325 HGB sind Kapitalgesellschaften (GmbH, AG, SE) und Personengesellschaften ohne natürliche Personen als persönlich haftende Gesellschafter (GmbH & Co. KG) dazu verpflichtet ihre Jahresabschlüsse im elektronischen Bundesanzeiger zu veröffentlichen. Auch eingetragene Genossenschaften, Banken, Versicherungsunternehmen, Zweigniederlassungen bestimmter ausländischer Kapitalgesellschaften oder große wirtschaftliche Vereine können zur Offenlegung verpflichtet sein. Der Umfang der Offenlegungspflichten hängt von der Größe des jeweiligen Unternehmens ab und richtet sich nach § 1 PublG. Die eingereichten Dokumente sind über das Unternehmensregister (www.unternehmensregister.de) jedermann zugänglich.
In der Vergangenheit erfüllten viele Unternehmen ihre Publizitätspflichten nicht, da sie die Finanzzahlen ihres Unternehmens vor der Konkurrenz geheim halten wollten. Durch Inkrafttreten des EHUG 2007 wurden allerdings die Bußgelder bei Verstößen erheblich erhöht, sodass der überwiegende Teil der Kapitalgesellschaften heutzutage ihre Jahresabschlüsse veröffentlicht.

Zusätzliche Informationen zur finanziellen Lage großer Unternehmen können auch den Geschäftsberichten oder speziellen Analystenberichten entnommen werden. Geschäftsberichte werden häufig auf der Homepage der Gesellschaft veröffentlicht. Analystenberichte sind normalerweise auf der Homepage des jeweiligen Finanzinstituts zu finden.

Darüber hinaus gibt es einige kostenpflichtige Datenbanken, die Finanzinformationen und Bonitätsauskünfte anbieten. Die dort abrufbaren Informationen beinhalten neben Bilanzen, Gewinn- und Verlustrechnung noch zusätzliche Finanzinformationen zum Unternehmen, die oftmals von dem Anbieter selber ermittelt werden. Hierunter zählen zum Beispiel Bonitätsindizes, die mit Hilfe mathematisch-statistischer Verfahren die Kreditwürdigkeit eines Unternehmens messen.

Finanzdaten, Kredit- und Bonitätsauskünften sind beispielsweise erhältlich über:
- Unternehmensregister
- Creditreform
- Bürgel
- Hoppenstedt
- Dun & Breadstreet
- Amadeus/Markus von Bureau van Dijk
- LexisNexis

3.4.3.4 Kapitalmarktinformationen

Für börsennotierte Gesellschaften existieren spezielle Publizitätspflichten. Da besondere Ereignisse bei einem Unternehmen extreme Auswirkungen auf den Börsenkurs desjenigen Unternehmens haben können, muss jedem Marktteilnehmer die Möglichkeit gegeben werden, auf dieses Ereignis zeitnah reagieren zu können. Dementsprechend sind bei börsennotierten Gesellschaften neben allgemeinen Unternehmens- und Finanzdaten noch weitere Informationen erhältlich. Hierzu zählen:
- Geschäftsberichte
- Analystenberichte
- Wertpapierprospekte
- Ad-hoc Publikationen
- Director's Dealings
- Finanzberichte und Quartalsabschlüsse
- Informationen zu Wertpapieremissionen
- Informationen zur Hauptversammlung
- Informationen zur Corporate Governance (Entsprechenserklärung nach § 161 AktG)
- Börsenindizes
- Kennzahlen

Diese ausführlichen Informationen sind in der Regel über die Homepage des jeweiligen börsennotierten Unternehmens im Bereich „Investors Relations" abrufbar. Zahlreiche Informationen wie Ad-hoc Mitteilungen, Director's Dealings oder Einladungen zur Hauptversammlung müssen zusätzlich im Unternehmensregister veröffentlicht werden.

Wertpapierprospekte und Hinweise zu Emissionen können auch den Homepages der Bundesanstalt für Finanzdienstleistungen und Finanzaufsicht (BaFin; http://www.bafin.de) oder der jeweiligen Börse entnommen werden.

Die wichtigste Publikation zum Kapitalmarkt in Deutschland ist die Börsenzeitung (http://www.boersen-zeitung.de), die dienstags bis samstags erscheint. Weitere interessante Studien und Publikationen zum deutschen Kapitalmarkt sind z. B. beim Deutschen Aktieninstitut (DAI; www.dai.de) erhältlich.

3.4.3.5 Konzernstrukturen / Beteiligungen

In vielen Fällen agiert ein Unternehmen nicht alleine, sondern ist Teil eines Konzerns. Um die genaue Position des jeweiligen Unternehmens innerhalb des Konzerns oder die gesamte Struktur einer Unternehmensgruppe zu ermitteln, gibt es verschiedene Möglichkeiten:

Zunächst einmal müssen Beteiligungen an anderen Unternehmen im Jahresabschluss der Gesellschaft veröffentlicht werden. Ein Blick in den Jahresabschluss oder Geschäftsbericht kann darüber Aufschluss geben. In manchen glücklichen Fällen werden die Konzernverhältnisse und –strukturen auch auf der Homepage des Unternehmens erläutert. Sollte man hier nicht fündig werden, gibt es auch noch einige Spezialdatenbanken, die Konzernverhältnisse darstellen.

Beispiele für solche Datenbanken sind:
- Creditreform
- Dun & Breadstreet
- Hoppenstedt
- Markus/Amadeus von Bureau van Dijk
- Thomson ONE

Zusätzliche Informationen zu Konzernen können schließlich noch der Tages- und Wochenpresse, und der Fachpresse entnommen werden. Dies ist allerdings mit viel Sucharbeit verbunden.

3.4.3.6 Unternehmenstransaktionen / Fusionen und Übernahmen

Unternehmenstransaktionen, wie Fusionen und Übernahmen oder Unternehmensumwandlungen, gelten als Königsdisziplin in vielen Wirtschaftskanzleien. Daher ist es nicht verwunderlich, dass dieser Markt aus verschiedenen Gründen genau beobachtet wird.

Bei der Suche nach Unternehmenstransaktionen können z. B. die folgenden Informationen benötigt werden:
- Informationen zu einer bestimmten Transaktion
- Informationen zu Transaktionen innerhalb einer bestimmten Branche
- Wer waren die beteiligten Berater bei einer bestimmten Transaktion?
- Welche Unternehmen stehen potentiell zum Verkauf?

Informationen zu folgenden Details werden also benötigt:
- Informationen zum Käufer
- Informationen zum Verkäufer
- Informationen zum Target (das Unternehmen, das verkauft werden soll)
- Informationen zur Branche
- Transaktionsvolumen
- Berater der Transaktion
- Hintergrundinformationen

Um sich einen Überblick über den aktuellen Transaktionsmarkt zu verschaffen, gibt es verschiedene Möglichkeiten. Die ersten Anlaufstellen sollten auch hier die Homepages der jeweils beteiligten Unternehmen sein. In der Regel geben diese eine Pressemitteilung mit den wesentlichen Informationen zur Transaktion heraus. Sollte die Transaktion schon eine Weile her sein, können dem Geschäftsbericht auch zusätzliche Informationen eventuell entnommen werden.

Darüber hinaus gibt es spezielle Datenbanken, die Transaktionen verzeichnen. Diese sind jedoch in der Regel kostenpflichtig.

Zu den Bekanntesten zählen:
- MergerMarket
- Thomson ONE
- Zypher von Bureau van Dijk
- M&A Review

Neben den speziellen Datenbanken ist es sinnvoll Fachzeitschriften, Tages- und Wochenpresse zu sichten. Die bekannteste Fachzeitschrift für Unternehmenstransaktionen in Deutschland ist die Zeitschrift „Mergers & Acquisitions" (früher: M&A-Review). Neben Fachartikeln zum Thema M&A werden hier auch so genannte Deal-Meldungen – also Berichte über abgeschlossene Transaktionen – nach einzelnen Branchen sortiert veröffentlicht. Weitere Deal-Meldungen sind auch in der Anwalts-Zeitschrift „Juve-Rechtsmarkt" zu finden. Diese verzeichnet allerdings nur Meldungen die von den Kanzleien herausgegeben werden. Die Informationen zu Verkäufer, Käufer und Target sind dementsprechend kurz, da sich diese Meldungen mehr auf die beratenden Unternehmen bei dieser Transaktion beziehen.

Als weiterer Branchendienst im Transaktionsbereich hat sich in den letzten Jahren das Unternehmen Majunke Consulting etabliert. Es gibt regelmäßig kostenlose Newsletter zu den Themen M&A, Private Equity, und Venture Capital heraus. Die Newsletter beinhalten regelmäßig aktuelle Dealmeldungen. Zusätzlich dazu wird einmal im Jahr das Handbuch VC-Facts herausgegeben. Ergänzt wird das Angebot seit einiger Zeit durch eine eigene Transaktionsdatenbank. Nähere Informationen erhalten Sie unter: http://majunke.com/.

Größere Transaktionen werden oftmals auch in der Tagespresse erwähnt. Eine Recherche in Pressedatenbanken und News-Suchmaschinen ist daher in solchen Fällen ebenfalls zu empfehlen.

Weitere Hinweise zu größeren Fusionen können auch über das Bundeskartellamt (http://www.bundeskartellamt.de) erhältlich sein. Fusionsvorhaben ab einer bestimmten Größe müssen nämlich dort angemeldet werden. Die geplanten Zusammenschlussvorhaben werden auf der Website des Bundeskartellamts mit den entsprechenden Beschlüssen veröffentlicht.

3.4.4 Markt- und Brancheninformationen

In manchen Fällen werden auch Informationen zu Branchen und Märkte benötigt. Hierzu zählen z. B. Recherchen für das Business Development. Folgende Informationen können bei Markt- und Branchenrecherchen gefragt sein:
- Marktgröße, Marktwachstum
- Marktteilnehmer / Wettbewerber
- Produkte
- Marktanteile / Ranglisten
- Entwicklungstrends

Da das Spektrum der benötigten Informationen bei Markt- und Branchenrecherchen sehr breit sein kann, werden je nach Fragestellung ganz unterschiedliche Informationsmittel und Quellen benötigt.

Für Informationen zu Märkten und Branchen eignen sich die folgenden Hilfsmittel:
- Marktstudien
- Branchenreports aus Fachzeitschriften
- Informationen von Verbänden (z. B. Industrie- oder Berufsverbände)
- Wirtschaftsinstitute
- Statistische Ämter
- Seminar-und Kongressunterlagen von Tagungen, Messen, Konferenzen der Branche
- Tages- und Wochenpresse, Artikel aus Fachzeitschriften
- Experteninterviews

3.4.5 Presserecherchen

Presseartikel bieten häufig einen tieferen Einblick und zusätzliche Hintergrundinformationen zu einzelnen Themen. Sie sind daher eine wichtige Ergänzung zu den formalen Firmeninformationen aus Handelsregister, Jahresabschluss und Firmendatenbanken.

Die meisten Tages- und Wochenzeitungen bieten heutzutage elektronische Archive an, in denen nach publizierten Artikeln gesucht werden kann. Oftmals ist für Abonnenten der Printversion die Nutzung des Online-Archivs kostenlos. Damit sich keiner jedoch für alle Archive der einzelnen Zeitungen oder Zeitschriften separat anmelden muss, gibt es auch spezielle Datenbanken und Hosts in denen die Suche in vielen Presseerzeugnissen gleichzeitig möglich ist. Die bekanntesten Datenbanken für Presserecherchen sind:
- Factiva (http://www.dowjones.de/site/factivacom.html)
- Genios (www.genios.de (hauptsächlich deutschsprachige Presse))
- LexisNexis (http://www.lexisnexis.com/de/business/)

Aktuelle Meldungen können aber auch über Nachrichtensuchmaschinen recherchiert werden. Beispiele für solche Suchmaschinen sind:
- Google News (http://news.google.de)
- Yahoo (http://de.nachrichten.yahoo.com)
- Nachrichten.de (http://www.nachrichten.de)

Direkte Informationen von und über ein bestimmtes Unternehmen sind den Pressemitteilungen dieser Gesellschaft zu entnehmen. Diese werden normalerweise auf die Homepage eines Unternehmens eingestellt und können dort kostenlos runtergeladen werden. Bei Pressemitteilungen ist jedoch stets zu beachten, dass das herausgebende Unternehmen sich immer in einem möglichst positiven Bild der Öffentlichkeit präsentieren möchte. Pressemitteilungen sind daher kritisch zu hinterfragen.

Alerts einrichten

Tipps & Tricks:
Alerts
Viele Pressedatenbanken und Nachrichtensuchmaschinen bieten die Möglichkeit Suchanfragen zu speichern. Der Nutzer wird dann bei Erscheinen neuer Artikel zu seiner Suchanfrage per Mail über diese neuen „Treffer" informiert. Diese Funktion ist sehr praktisch, wenn man sich längere Zeit oder dauerhaft über ein Thema auf dem Laufenden halten möchte.

3.4.6 Personeninformationen

Neben Informationen zu Unternehmen werden auch regelmäßig Informationen zu Personen benötigt. Dies ist natürlich vor allem dann der Fall, wenn der Mandant eine natürliche Person und kein Unternehmen ist. Schließlich gilt die Regel:

„Je besser ich über meinen Mandanten informiert bin, und je besser ich ihn kenne, desto besser kann ich Ihn beraten!"

Doch auch aus anderen Gründen können Personeninformationen interessant sein. Folgende Gründe für Personenrecherchen kommen beispielsweise in Frage:
- Allgemein zur Vorbereitung auf einen Termin mit einem Gesprächspartner
- Informationen zu potentiellen Mandanten
- Informationen zur Gegenseite
- Informationen zu Teilnehmern eines Seminars, an dem man teilnimmt, oder das man selber hält.

Folgende Informationen über eine Person können interessant sein:
- Wer ist die Person?
- Kontaktinformationen (beruflich)
- Wie sieht der berufliche Lebenslauf der Person aus?
- Publikationen und Referententätigkeit?
- Wie wird die Person in der Presse beschrieben?
- Eventuell Hobbys und Freizeitinteressen (nur wenn wirklich relevant)

Selbstverständlich sind diese Informationen nicht zu jeder beliebigen Person verfügbar. Der Umfang der vorhandenen Informationen zu einer Person hängt immer stark vom Bekanntheitsgrad der Person, ihrer Bedeutung im öffentlichen und wissenschaftlichen Leben, oder ihrer (online-)publizistischen Tätigkeit ab.

Bestandteile von Personeninformationen können beispielsweise die folgenden Angaben sein:
- (Kurz-)Lebensläufe
- Publikationslisten
- Listen zu Veröffentlichungen über die gesuchte Person
- Managementposition; Mandate in Gremien und Aufsichtsräten
- Beteiligungen an Unternehmen

Für die Suche nach Personeninformationen gibt es ebenfalls spezielle Quellen, wie Personenarchive oder Personendatenbanken. Aber auch die jeweiligen Unternehmenshomepages oder Marketingmaterial von Unternehmen können interessante Informationen zu Organmitgliedern und leitenden Angestellten bieten. Zu Personen, die öffentlich häufiger in Erscheinung treten, können Informationen aus der Presse entnommen werden. Eine Presserecherche in den einschlägigen Datenbanken zu diesen Personen dürfte daher erfolgversprechend sein.

In den letzten Jahren ist eine weitere Informationsquelle mit zahlreichen teils sehr ausführlichen und sehr intimen Personeninformationen hinzugekommen: Soziale Netzwerke. Wie bereits bekannt, können Social Networks sowohl beruflich als auch privat genutzt werden. Diese Informationen werden zwar von den jeweiligen Personen in der Regel freiwillig im Internet veröffentlicht, nehmen Sie bitte trotzdem Rücksicht auf die Privatsphäre der Person. Schließlich gelten das Datenschutzrecht und das Persönlichkeitsrecht auch für Personendaten, die im Internet frei verfügbar sind!

Hinweis:
Datenschutzrecht
Bei der Recherche nach Personeninformationen handelt es sich immer um die Erhebung, Bearbeitung und Nutzung von personenbezogenen Daten. Diese unterliegen grundsätzlich dem Datenschutzrecht! Zwar ist die Erhebung, Bearbeitung und Nutzung von öffentlich zugänglichen Daten (aus Presse, Datenbanken, Internet) weniger strikt, ein sensibler Umgang mit diesen Daten ist dennoch anzuraten.

3.4.7 Vertiefung

Zur Vertiefung des Themas können Sie die folgenden Fragen beantworten:

Welche Arten von Wirtschaftsinformationen werden in unserer Institution benötigt?

Welche Quellen für Wirtschaftsinformationen nutzt die Institution bereits?

Welche weiteren Quellen wären darüber hinaus noch nützlich?

4 Wissensmanagement in juristischen Institutionen

„Wenn Siemens wüsste, was Siemens weiß."
Heinrich von Pierer, Ex-Vorstandsvorsitzender, Siemens AG

4.1 Einführung

Unsere moderne Gesellschaft ist geprägt von einem hohen Bedarf an Informationen und Wissen. Der Begriff der „Wissensgesellschaft" ist allgegenwärtig und hat in den letzten Jahren auch unsere Arbeitsweise stark beeinflusst. Ein Beispiel für dieses hohe Aufkommen an Wissen, ist der ständig wachsende Anteil an wissensintensiven Industrien in unserer Wirtschaft. Wissen kann heutzutage durchaus als wichtigster Produktionsfaktor angesehen werden. Unternehmen stehen daher vor der Herausforderung, dieses Wissen zu erfassen und innerhalb der Organisation für alle Mitarbeiter verfügbar zu machen. Diese Aufgabe wird als „Wissensmanagement" bezeichnet.

Im vorangegangenen Kapitel haben wir uns schon mit dem Zusammenhang zwischen Daten, Information und Wissen auseinandergesetzt. Während sich das Informationsmanagement mit der Verwaltung und dem Management von Informationen innerhalb einer Organisation auseinandersetzt, geht das Wissensmanagement einen Schritt weiter. Zur besseren Verständnis sollte noch einmal der Unterschied zwischen Informationen und Wissen erläutert werden. Probst beschreibt diesen so:

„Wissen bezeichnet die Gesamtheit der Kenntnisse und Fähigkeiten, die Individuen zur Lösung von Problemen einsetzen. Wissen stützt sich auf Daten und Informationen, ist im Gegensatz zu diesen jedoch immer an Personen gebunden. Daher müssen Daten-, Informations- und Wissensmanagement stets zusammenspielen."
(Probst: Wissen managen. S. 23)

Informationen bilden somit eine Teilmenge des Wissens, das dadurch entsteht, dass Personen verschiedene Informationen aufgrund ihrer Erfahrungen und dem bereits vorhandenen Kenntnissen individuell verknüpfen und dadurch zu neuen Erkenntnissen (Wissen) gelangen.

Im Allgemeinen werden unter „Wissensmanagement" alle Tätigkeiten – sowohl strategisch als auch operativ – zusammengefasst, die dazu dienen, das in einer Organisation vorhandene Wissen bestmöglich zu nutzen. Wissensmanagement kann sowohl auf Unternehmensebene oder innerhalb einer Organisation (organisatorisches Wissensmanagement), als auch bei einer Person selbst (persönliches Wissensmanagement) stattfinden.

Das jeweilige Wissen, kann in verschiedenen Formen vorliegen. Es wird hierbei in externes und internes Wissen, explizites und implizites Wissen unterschieden.

Externes Wissen:
Hierunter wird Wissen verstanden, das nicht intern in der Organisation vorhanden ist, und daher extern beschafft werden muss, oder von außen in das Unternehmen gelangt. Beispiele hierfür sind Informationen von und über Kunden, Lieferanten, Wettbewerbern oder Kooperationspartner. Zum Externen Wissen gehören auch die Beschaffung externer (Informations-)Ressourcen und das Management externer Informationen.

Internes Wissen:
Das interne Wissen, ist dasjenige Wissen, das bereits in der Organisation vorhandenen ist. Hierzu zählt z. B. das Know How der Mitarbeiter oder das im Unternehmen produzierte Wissen in Dokumenten und Akten.

Explizites Wissen:
Explizites Wissen ist kodifizierbar und kann beschrieben werden. Es kann somit dokumentiert und erfasst werden (People-to-document). Zur Erfassung expliziten Wissens werden häufig Datenbank- oder Document-Management-Lösungen eingesetzt.

Implizites Wissen:
Ein großer Teil unseres Wissens ist unbewusst. Es hat jedoch Einfluss auf jeder unserer Beziehungen und Tätigkeiten. Dieses unbewusste Wissen wird als implizites Wissen bezeichnet. Implizites Wissen ist stilles Wissen oder Erfahrungswissen. Es kann nur schwer erfasst und nicht so ohne weiteres in Dokumenten festgehalten werden. Erfahrungswissen wird in der Regel von einer Person auf eine andere übertragen (people-to-people).

Es ist deutlich erkennbar, dass das implizite Wissen am schwierigsten zu generieren und zu „organisieren" ist. Wissensmanagement besteht daher nicht nur aus der Sammlung und Erschließung von Dokumenten in einer Datenbank. Ein wesentlicher Teil besteht auch in der „Erfassung" von Erfahrungsschätzen einzelner Mitarbeiter.

Bausteine des Wissensmanagements
Theoretische Ansätze zum Wissensmanagement gibt es viele. Eines der bekanntesten Wissensmanagementmodelle sind die Bausteine des Wissensmanagement nach Probst/Raub/Romhardt. Danach werden einzelne Elemente für das Wissensmanagement in 8 verschiedene Bausteine gegliedert: 6 Kernbausteine, die das operative Wissensmanagement stützen, und 2 pragmatische Bausteine, die zum Aufbau des strategischen Wissensmanagement dienen.

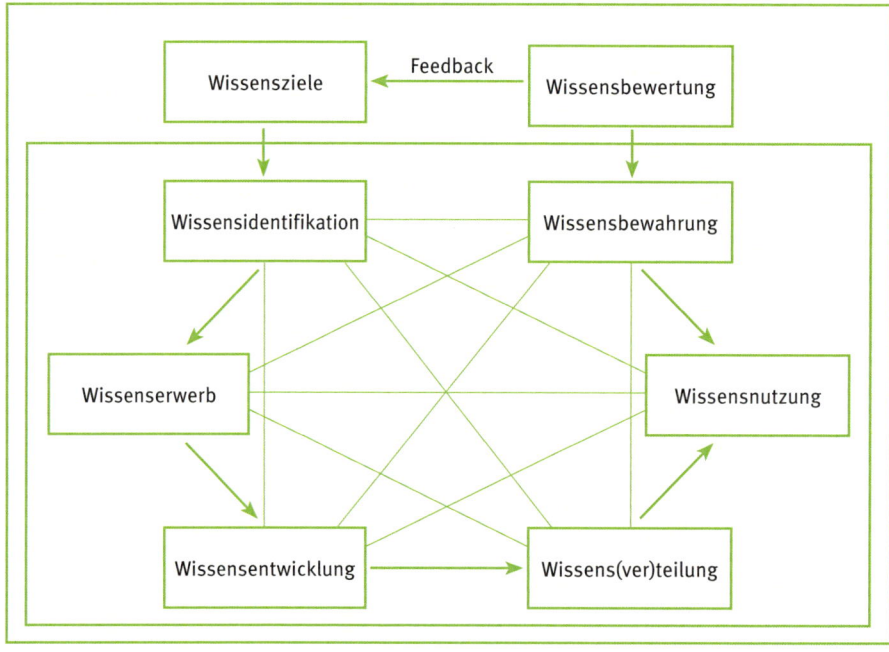

Abb. 3: Bausteine des Wissensmanagements (Probst: Wissen managen, S. 32)

Bausteine des Wissensmanagements

Kernbausteine (operativ):

Wissensidentifikation:
Welches Wissen befindet sich innerhalb der Organisation?
Wie schaffe ich mir Transparenz über vorhandenes Wissen?

Wissenserwerb:
Welche Fähigkeiten (Know How) kaufe ich mir extern ein?
Welche externen Informationen stehen mir zur Verfügung / kann ich besorgen?
Ein großer Teil des Wissens gelangt über externe Quellen in ein Unternehmen. Hierzu zählen z. B. auch Wissen von und über Kunden und Lieferanten, Wettbewerbern oder Kooperationspartnern. Aber auch allgemein zugängliche Quellen können eine Fundgrube für Informationen sein, die Unternehmenskontext zu neuem Wissen werden können.

Wissensentwicklung:
Wie wird im Unternehmen neues Wissen entwickelt?
Wie wird die Entwicklung neuer Ideen gefördert und die Kreativität gesteigert?
Wie wird im Unternehmen mit neuen Ideen umgegangen?

Wissens(ver)teilung:
Wie bringe ich das Wissen an den richtigen Ort / an den richtigen Mann?
Wie wird wissen innerhalb der Organisation ge- und verteilt?
Kernfrage: Wer sollte was und in welchem Umfang wissen oder können?

Wissensnutzung:
Wie wird die Nutzung des vorhandenen Wissens sichergestellt?
Wie wird das vorhandene Wissen den Mitarbeitern zur Verfügung gestellt?

Wissensbewahrung:
Wie wird die langfristige Verfügbarkeit des vorhandenen Wissens sichergestellt?
Wie schützt sich das Unternehmen vor Wissensverlusten?
Wie erhalte ich das Erfahrungswissen und Know How von ausscheidenden Mitarbeitern?
Welche technischen Vorrichtungen zur Langzeitarchivierung dokumentierten Wissens werden innerhalb der Organisation eingesetzt?

Pragmatische Bausteine (strategisch):

Wissensziele:
Welche Ziele hat das Wissensmanagement innerhalb der Organisation?
Wie trägt das Wissensmanagement dazu bei, die allgemeinen Ziele der Organisation zu realisieren?
Wie wird eine wissensbewusste Unternehmenskultur aufgebaut, in der das Teilen von Wissen und die Weiterentwicklung von Know How zum festen Bestandteil des Wissensmanagements werden?
Wie gebe ich meinen Lernanstrengungen eine Richtung?

Wissensbewertung:
Wie wird der Erfolg der Wissensmanagementaktivitäten messbar?
Es gilt das Prinzip: „You can't manage, what you can't measure."

4.2 Wissensmanagement im Unternehmen

Besondere Bedeutung findet das Wissensmanagement innerhalb von Unternehmen. Viele Unternehmen wissen nicht einmal, welche Fähigkeiten, Wissensträger oder Netzwerke in ihrer Institution existieren. Bei zahlreichen Problemstellungen ist das benötigte Wissen bereits im Unternehmen vorhanden, aber der einzelnen Person nicht bekannt, und kann somit leider nicht systematisch genutzt werden.

Verschiedene Wissensquellen sind im Unternehmen identifizierbar:
Interne explizite Wissensquellen:
z. B. Akten, Verträge, Broschüren, Anleitungen, Prospekte, Inhalte aus dem Intranet und anderen Portalen
Externe explizite Wissensquellen:
z. B. Fachliteratur, Fachdatenbanken, Internetquellen, Presseinformationen, frei zugängliche Behördeninformationen
Interne implizite Wissensquellen:
z. B. Mitarbeiter
Externe implizite Wissensquellen:
z. B. Kunden, Lieferanten

Neben dem allgemein expliziten (dokumentierbaren) Wissensquellen aus Dokumenten, Akten, Datenbanken, Intra- und Internet, sowie sonstigen Daten, besteht ein nicht unerheblicher Teil des Wissenspotenzials eines Unternehmens in den Mitarbeitern, da in ihren Köpfen der größte Teil des impliziten Wissens der jeweiligen Organisation gespeichert ist. Gerade bei wissensintensiven Berufen, wie dem des Juristen, ist Wissen heutzutage wesentlich mehr als der reine Produktionsfaktor Arbeit. Das juristische Know How ist vielmehr als immaterieller Vermögenswert des Unternehmens anzusehen. Die konsequente Pflege dieses immateriellen Vermögenswertes „Wissen" sollte somit für wissensintensive Berufe eine wichtige Managementaufgabe sein (Vgl. Probst 2003, S. 18f.).

Entscheidender Faktor für ein funktionierendes Wissensmanagement im Unternehmen ist die jeweilige Unternehmenskultur. Jedes Unternehmen hat eine eigene Kultur, die individuell durch seine Geschichte und Rahmenbedingungen geprägte wird. Durch ihr werden Grundregeln für das soziale Miteinander und das kollektive Handeln innerhalb des Unternehmens definiert (Probst 2003, S. 237). Zum Aufbau eines erfolgreichen Wissensmanagements ist es daher notwendig, eine Wissenskultur zu schaffen, bei der der bereitwillige Austausch und die Weitergabe des eigenen Wissens an die Kollegen „gelebt" wird.

Natürlich muss bei der Schaffung einer solchen Wissenskultur mit Hindernissen gerechnet werden. So mancher Mitarbeiter ist sicherlich nicht so ohne weiteres bereit, sein vorhandenes Know How mit anderen zu teilen. Viele versprechen sich durch ihre Geheimniskrämerei einen Wettbewerbsvorteil gegenüber ihren Kollegen und behalten daher ihr Wissen lieber für sich. Um dem entgegenzuwirken, müssen die Mitarbeiter zum Wissensaustausch motiviert werden. Eine Möglichkeit dazu wäre es, Anreizsysteme zu schaffen. Hierfür gibt es verschiedene Beispiele:
– Gleichstellung von Fachlicher (Mandats)- und Wissensarbeit
– Bonussysteme (mehr Geld, mehr Urlaub)
– Teilnahme an bestimmten Fortbildungen
– Verleihung des Awards „Wissensmitarbeiter des Monats"

Wie man sieht, funktioniert Wissensmanagement nicht ohne die Unterstützung der Geschäftsführung. Wissensmanagement muss daher vom Unternehmensmanagement befürwortet und propagiert werden. Die eingesetzten Anreizsysteme müssen folglich von der Geschäftsführung genehmigt werden. Gleichzeitig sollte das Management auch ein positives Vorbild für die übrigen Mitarbeiter sein und aktiv sein Wissen teilen und die vorhandenen Wissensmanagementwerkzeuge nutzen. Ohne Unterstützung von der Unternehmensspitze wird es daher sehr schwierig werden, ein erfolgreiches Wissensmanagement im Unternehmen zu implementieren.

Ein weiterer Begriff im unternehmensweiten Wissensmanagement ist das Stichwort „Lernende Organisation". Hierunter wird eine Institution verstanden, die sich nicht nur an ihre bewährte Routinen und alten Traditionen klammert, sondern sich bewusst um neue Erkenntnisse bemüht und diese zum Überdenken und Überprüfen bestehender Strukturen und Abläufe nutzt, um das Unternehmen konsequent weiterzuentwickeln. Wichtig ist hierbei, dass den Mitarbeitern die Möglichkeit gegeben wird, neue Erkenntnisse und Erfahrungen zu sammeln. Wie der Begriff „Lernende Organisation" schon ausdrückt, kann dies zum einen durch konkrete Weiterbildungsmaßnahmen erfolgen. Die Personalentwicklung im Unternehmen ist somit auch ein wichtiger Bestandteil des Wissensmanagements und sollte konsequent verfolgt werden.

Zum anderen bedeutet es aber auch, dass den Mitarbeitern in ihrer alltäglichen Arbeit genügend Freiraum für die eigene Wissens- und Erkenntnisgewinnung gelassen werden muss. Unter Druck und Zwang können keine neuen Erkenntnisse, und dadurch keine Innovationen entstehen. Gerade Innovationen sind aber ein Ergebnis, das erfolgreiches Wissensmanagement hervorbringen kann. Wissensmanagement kann daher eine Vorlage für ein Innovationsmanagement im Unternehmen sein. In unserer schnelllebigen Zeit bilden Neuerungen und Innovationen oftmals einen großen Wettbewerbsvorteil. Kann das vorhandene Wissen im Unternehmen sinnvoll gebündelt und aufbereitet werden, kann somit neues Wissen generiert, bzw. vorhandenes Know How für neue Erkenntnisse eingesetzt werden. Dadurch entsteht ein besseres Umfeld für Innovationen. Wissensmanagement kann somit die Innovationskultur im Unternehmen positiv beeinflussen.

Wie in diesem Abschnitt deutlich wird, ist Wissensmanagement keine Aktivität, die mal nebenbei aufbaut wird, und die dann sofort „läuft". Wissensmanagement ist eine langfristige Aufgabe, die zunächst keine unmittelbar sichtbaren Ergebnisse bringt. Erst langfristig wird der Nutzen erkennbar, ist aber dann umso gewinnbringender.

4.3 Wissensmanagement und Technik

Wissensmanagement steht stets in Verbindung mit der jeweils eingesetzten Technik. Zahlreiche Wissensmanagementtools basieren auf umfangreichen IT-Infrastrukturen. Zur technischen Realisierung dieser Werkzeuge gibt es verschiedene Möglichkeiten. Gerade zur Organisation des expliziten Wissens ist der Einsatz entsprechender Technologien sinnvoll. So gibt es beispielsweise in einem großen Teil der Unternehmen heutzutage ein Intranet. Dieses lokale Netzwerk eignet sich hervorragend, um allgemeine Informationen und Neuigkeiten zum gesamten Unternehmen und zu den einzelnen Abteilungen und Fachbereichen allen Mitarbeitern bekannt zu machen. Allerdings ist ein Intranet in der Regel nur einseitig nutzbar, indem die meisten Mitarbeiter nur die eingestellten Inhalte rezipieren und nicht weiter darauf agieren können. Auch eine vernünftige Dokumentenverwaltung ist mit dem Intranet nicht möglich. Für die virtuelle Zusammenarbeit der Mitarbeiter untereinander und für die Verwaltung von Dokumenten werden daher weitere technische Lösungen eingesetzt.

Kernstück im Wissensmanagement ist die Verwaltung der immer größer werdenden Menge an Dokumenten, die in einem Unternehmen produziert werden. Um diese Dokumente langfristig verfügbar und für Mitarbeiter such- und wieder auffindbar zu machen, werden leistungsstarke Datenbanken mit entsprechenden Funktionen benötigt. In der Praxis werden hierfür in der Regel Content Management Systeme, Document Management Systeme oder Customer Relationship Systeme eingesetzt. Eine Weiterentwicklung dieser Systeme sind so genannte Enterprise Relationship Management Systeme (ERS). Diese umfangreichen Datenbanksysteme bilden neben Kundenbeziehungen (Customer Relationship) auch Partner- und Lieferantenbeziehungen, sowie Beziehungen zu internen Mitarbeitern ab, um möglichst alle Daten und Informationen im Unternehmen zentral zu verwalten.

Der Markt für Dokumentenverwaltungsprogramme ist mittlerweile sehr groß und unübersichtlich geworden. Auch können die Anschaffungs- und Wartungskosten für einen unternehmensweiten Einsatz dieser Programme sehr hoch sein. Die Entscheidung für oder gegen ein solches System sollte daher sorgfältig überlegt werden.

Neben Dokumentenverwaltungsprogrammen spielen auch Social Media im unternehmensweiten Wissensmanagement eine immer bedeutendere Rolle. Da soziale Medien als kollaborative Technologien die Kommunikation und den Austausch verschiedener Mitglieder untereinander verbessern und so die Zusammenarbeit fördern, sind sie bestens geeignet, um verschiedene Wissensmanagementwerkzeuge technisch umzusetzen. So können beispielsweise Expertenverzeichnisse oder Yellow Pages als interne Soziale Netzwerke gestaltet werden. Wikis eignen sich hervorragend als Arbeitsplattform für die Teamarbeit einzelner Gruppen oder Abteilungen. Über Instant Messaging-Dienste können alternativ zur internen Email Nachrichten an Kollegen verschickt werden. Der unternehmensinterne Einsatz von Blogs und Microblogs kann die Verbreitung von Neuigkeiten aus einzelnen Abteilungen jenseits des Intranets dienen und kann daher als eine Maßnahme der internen Öffentlichkeitsarbeit angesehen werden.

Tipps & Tricks:
Auch wenn die IT-Infrastruktur eine wesentliche Rolle beim Wissensmanagement spielt, besteht Wissensmanagement nicht ausschließlich im Einsatz von Informationstechnologien. Das Ausmaß und der Umfang der tatsächlich benötigten und eingesetzten Technologien sind von Unternehmen zu Unternehmen sehr unterschiedlich und muss daher für jede Institution einzeln ermittelt werden. Gerade für kleinere Unternehmen sind schlankere Lösungen ohne allzu großen technischen Aufwand zum einen viel sinnvoller, und zum anderen bezahlbar. Auch darf der Faktor Kommunikation nicht aus dem Auge verloren werden. Wissensmanagement hat immer mit Kommunikation und dem Austausch von vorhandenem Wissen zu tun. Dass dazu nicht immer Informationstechnologie benötigt wird, dürfte einleuchtend sein.

4.4 Was verstehen Juristen unter „Wissensmanagement" oder „Know How"-Management?

Praxisbeispiel:
Der Rechtsanwalt Rolf Richter soll für einen Mandanten einen Anstellungsvertrag für einen GmbH-Geschäftsführer vorbereiten. Der Vertrag soll eine spezielle Klausel zu Wettbewerbsverboten enthalten. Richter erinnert sich daran, dass seine Kollegin Sabine Meier erst kürzlich einen ähnlichen Vertrag ausgearbeitet hat und fragt sie daher, ob sie ein Muster für diesen Vertrag hätte. Sabine Meier schickt ihrem Kollegen daraufhin das entsprechende Vertragsmuster zu. Rolf Richter ist glücklich. Er kann sich nun nach dem Vertragsmuster richten und spart so sehr viel Zeit.

Das Thema Wissensmanagement hat im juristischen Umfeld in den letzten Jahren stark an Bedeutung gewonnen. Die Notwendigkeit einer professionellen Wissensorganisation ergibt sich aus der juristischen Arbeit an sich. Die beratenden Berufe wie Rechtsanwalt, Wirtschaftsprüfer oder Steuerberater gelten allgemein als wissensintensive Berufe. So besteht die Kerntätigkeit eines Rechtsanwalts in der professionellen Vermittlung juristischen Know Hows. Diese erfolgt z. B. in der Ausarbeitung von Verträgen und Schriftsätzen oder in der Vorbereitung von Prozessstrategien. Da bei all diesen Tätigkeiten spezielles juristisches Wissen verwendet wird, ist eine sorgfältige Wissensorganisation innerhalb der Kanzlei notwendig, um langfristig erfolgreich tätig zu sein.

Allerdings umfasst das, was in vielen Kanzleien unter „Wissensmanagement" verstanden und praktiziert wird, nur einen kleinen Teil des eigentlichen Wissensmanagements. Zutreffender erscheint daher der häufig von Juristen verwendete Begriff des „Know How"-Managements. Gemeint ist hiermit die Organisation und Verwaltung intern (in der Kanzlei) produzierten Wissens in Form von Mustern, Checklisten, Schriftsätzen oder Newslettern, sowie die regelmäßige Versorgung der fachlichen Mitarbeiter mit aktuellen Informationen zum jeweiligen Rechtsgebiet. Mit dieser Form des Wissensmanagements kann bereits ein erheblicher Teil des Wissens einer Organisation erfasst werden. Jedoch sind in einer Kanzlei oder Behörde weitaus mehr Wissensquellen vorhanden. Wir unterscheiden dabei in fachliche Wissensquellen, die die juristische Arbeit unterstützen, und in organisationale Wissensquellen, die der Unterstützung des allgemeinen (Kanzlei-)Managements dienen.

Fachliche Wissensquellen

- Juristisches Fachwissen einschließlich Wissen zu relevanten Neuerungen in Gesetzgebung, Rechtsprechung oder Literatur
- Die in der täglichen Praxis gewonnenen Erfahrungen zur Anwendung des Rechts (Erfahrungswissen)
- Juristische Fachinformationen: Fachliteratur, Fachdatenbanken, Gesetzesnormen und Verordnungen, Rechtsprechung, Internetquellen, Newsletter und Informationsdienste
- Fachliches Wissen über Schlüsselpersonen:
  Wer hat welche Qualifikationen?
  Wer weiß was?
  Wer kennt wen?
  (die Schlüsselpersonen können sowohl interne (Mitarbeiter) als auch externe Personen sein)
- Wissen über den Mandanten:
  Was macht mein Mandant?
  Welche (rechtlichen) Probleme hat mein Mandant aktuell, bzw. hatte er in der Vergangenheit?
  Welche Ziele oder Pläne verfolgt mein Mandant kurzfristig/mittelfristig/langfristig?
  Welche aktuellen Neuigkeiten sind über meinen Mandanten in der Presse erschienen?
- Wissen über bestimmte Märkte, Branchen, Industrien (der Mandanten)

Wissensquellen

Organisationale Wissensquellen

- Wie ist was im Unternehmen geregelt? Wo finde ich z. B. Informationen zu Personalangelegenheiten, Buchhaltung, IT-Infrastruktur, Housekeeping oder zum Verhalten im Brandfall?

- Organisationales Wissen über Schlüsselpersonen: Wer ist im Unternehmen wofür verantwortlich? Wer hat welche Qualifikationen? Wer weiß was? Wer kennt wen?
- Lieferanten und Kooperationspartner: Mit welchen Lieferanten und externen Kooperationspartnern arbeiten wir zusammen? Welche Dienstleistungsunternehmen nutzen wir regelmäßig? Wie sind die Erfahrungen mit einzelnen Lieferanten und Dienstleistern?
- Wissen über Wettbewerber: Was tut sich auf dem Rechtsmarkt? Wie arbeiten andere Kanzleien?

Aufgrund der hohen Bedeutung, die Wissensmanagement mittlerweile in Kanzleien genießt, hat sich in den vergangenen Jahren ein neuer Tätigkeitsbereich für Juristen entwickelt: der des „Knowledge Management Lawyers". „Knowledge Management Lawyer", auch „Know How Lawyer" oder „Professional Support Lawyer" genannt, werden vor allem in amerikanischen oder britischen Großkanzleien eingesetzt, um das kanzleiinterne Know How zu verwalten. Zu ihren Aufgaben gehört z. B. die Erstellung und Verwaltung von Vertragsmustern oder Checklisten, die Erstellung von Newslettern für eine Practice Group oder die Versorgung der Anwälte mit Fachinformationen.

Bei den „Knowledge Management Lawyer" handelt es sich oftmals um Volljuristen mit mehrjähriger praktischer Berufserfahrung, zumindest aber um Diplom-Juristen oder um Diplom-Wirtschaftsjuristen. Da die Tätigkeit im Knowledge Management nicht so arbeitsintensiv ist, wie die Tätigkeit eines Anwalts, sind in diesem Bereich auch oftmals Anwälte zu finden, die ihre Arbeitszeiten „normalisieren" möchten. In der Regel sind Informationsspezialisten nicht als Knowledge Management Lawyer tätig. Die Arbeit beider Berufe führen aber zu Überschneidungen und zu Synergiemöglichkeiten.

Wissensmanagementstrategien

4.5 Wissensmanagementstrategien im juristischen Umfeld

Strategien und Werkzeuge zum Wissensmanagement gibt es zahlreiche. Einige Tools, die für das Wissensmanagement von Juristen interessant sein können, werden in diesem Abschnitt vorgestellt. Dabei handelt es sich sowohl um Werkzeuge, die für ein unternehmensweites Wissensmanagement einer Kanzlei oder Behörde als auch um Werkzeuge, die für das persönliche Wissensmanagements eines jeden Juristen eingesetzt werden können.

Literatur- und Medienmanagement

Bücher, Zeitschriften, externe Datenbanken und Internetquellen sind externes explizites Wissen. All diese Medien reichern jedoch das intern vorhandene Wissen an oder helfen bei der Schaffung neuen Wissens. Bibliotheks- und Medienmanagement kann daher auch als Bestandteil des allgemeinen Wissensmanagements angesehen werden.

Branchenbücher, Expertenverzeichnisse und Gelbe Seiten

Interne Expertenverzeichnisse oder Yellow Pages sind interne Datenbanken und Adressverzeichnisse über Kenntnisse und Fähigkeiten aller Mitarbeiter.

Beispiel:
Rechtsanwalt Markus Schmidt hat in einem aktuellen gesellschaftsrechtlichen Mandat einen Unternehmensvertrag in portugiesischer Sprache vorliegen. Da er selber kein Portugiesisch spricht sucht er im internen Mitarbeiterverzeichnis nach einem Kollegen, der diese Sprache beherrscht. Er findet heraus, dass die Referendarin Sabine Wagner ein Jahr in Lissabon studiert hat. Sabine Wagner übersetzt den Vertrag für Herrn Schmidt ins Deutsche. Markus Schmidt ist froh, dass ihm intern geholfen werden konnte und kein externer Übersetzer dafür engagiert werden musste.

Yellow Pages werden heutzutage meistens aus zwei Quellen gespeist:
1. Die Stammdaten des Mitarbeiters aus der Personalabteilung;
2. Weitere freiwillige Angaben des Mitarbeiters selbst.

Neben klassischen Adressverzeichnissen gibt es in einigen Unternehmen mittlerweile richtige interne Soziale Netzwerke, die ähnlich wie Facebook, Xing oder LinkedIn aufgebaut sind. Hier sind neben den einzelnen „Steckbrief" der Mitarbeiter auch erweiterte Kommunikationsmöglichkeiten unter den einzelnen Mitarbeitern vorhanden.

Wie umfangreich ein solches internes Branchenbuch geführt wird ist zum einen eine Frage der Unternehmenskultur, zum anderen eine Frage des Datenschutzes und der persönlichen Einstellung der Mitarbeiter zu diesem.

Exkurs:
Recht auf Informationelle Selbstbestimmung
Branchenverzeichnisse beinhalten personenbezogene Daten und unterliegen somit datenschutzrechtlichen Bestimmungen. Aus Datenschutzgründen dürfen Personalabteilungen nur sehr begrenzt Informationen zu ihren Mitarbeitern unternehmensweit verbreiten, da diese dem Datenschutzrecht und damit dem Recht auf informationelle Selbstbestimmung unterliegen.
Das Recht auf informationelle Selbstbestimmung wurde erstmals im Volkszählungsurteil des Bundesverfassungsgerichts von 1983 erweitert (BVerfGE 65, S. 1), und besagt, dass jeder Mensch das Recht hat, selbst zu entscheiden, in welchem Umfang Daten über ihn und seine Person gesammelt und verwendet werden dürfen. Der Schutz des Einzelnen gegen unbegrenzte Erhebung, Speicherung, Verwendung und Weitergabe seiner persönlichen Daten ist seitdem Teil des allgemeinen Persönlichkeitsrechts nach Art. 2 Abs. 1 GG i.V.m. Art. 1 Abs. 1 GG.
Mit Ausnahme derjenigen Daten zu einem Mitarbeiter, die für die Durchführung des Arbeitsverhältnisses benötigt werden, kann daher jeder Mitarbeiter selber entscheiden, welche Informationen zu seiner Person im Unternehmen gesammelt, verarbeitet und vor allem verbreitet werden.

Im Allgemeinen können interne Yellow Pages beispielsweise die folgenden Informationen zu Personen beinhalten:
– Anschrift im Haus
– Ausbildungsdaten
– Publikationen
– Sprachenkenntnisse
– Mitgliedschaften (zu beruflichen Netzwerken, aber auch private Mitgliedschaften)
– Zugehörigkeit zu bestimmten internen Gremien und Arbeitskreisen
– Besondere Aufgaben, Posten innerhalb der Organisation
– Besondere Fähigkeiten
– Sonstiges

Inhalte von Yellow Pages

Externe Experten- und Kooperationsnetzwerke
Yellow Pages und Expertennetzwerke können nicht nur intern über Mitarbeiter erstellt werden, auch Expertenverzeichnisse zu externen Personen, insbesondere Kooperationspartnern können sehr hilfreich sein.

Beispiel:
Rechtsanwalt Thomas Müller benötigt für ein Mandat die Unterstützung eines Juristen, der sich mit indischem Luftverkehrsrecht auskennt. Nach einer kurzen Recherche im externen Expertenverzeichnis findet er heraus, dass sein Kollege Wolfgang Meyer einen Anwalt in einer renommierten indischen Kanzlei kennt, der auf dieses Fachgebiet spezialisiert ist. Meyer stellt den Kontakt zwischen Müller und dem indischen Anwalt her. Dieser kann Müller bei der Lösung des Rechtsproblems helfen.

Technisch und organisatorisch kann ein externes Expertenverzeichnis ähnlich konzipiert sein, wie das Mitarbeiterverzeichnis. Da es aber auch hier um die Verarbeitung von personenbezogenen Daten geht, sollte auch hier verstärkt auf die Anforderungen an den Datenschutz geachtet werden.

Practice Groups
Praxisgruppen oder Practice Groups zu einzelnen Fachgebieten gibt es in zahlreichen Kanzleien. Sie stellen einen Zusammenschluss von mehreren fachlichen Mitarbeitern, die alle im selben Fachgebiet arbeiten, zu einem so genannten Wissensnetzwerk dar. Practice Groups sind standortunabhängig. Das bedeutet, dass die Mitglieder einer Fachgruppe auf der ganzen Welt verstreut sein können und teilweise auch nur virtuell miteinander kommunizieren. Praxisgruppen erleichtern das gezielte Sammeln, Verteilen und auch Produzieren von Fachinformationen zu diesem speziellen Fachgebiet. Die Mitglieder können über die Fachgruppe gezielter mit den benötigten Informationen (externes, explizites Wissen) versorgt werden, als einzelne Personen. Auch der fachliche Austausch unter Gleichgesinnten ist innerhalb einer Gruppe einfacher, als unter der gesamten Masse an Mitarbeitern aller Fachrichtungen.

Know How-Datenbanken
So manche juristische Fragestellung taucht in der taucht Praxis häufiger auf. Dies bedeutet auch, dass die hierfür bereits erstellten Dokumente mehrmals verwendet werden können. Eine Möglichkeit solche bereits im Unternehmen vorhandenen Dokumente zentral zu sammeln, sind Know How-Datenbanken. Hierunter werden unternehmensweite Datenbanken oder Plattformen verstanden, in denen gezieltes explizites Wissen des Unternehmens gespeichert, erschlossen und allen Mitarbeitern zur Verfügung gestellt wird. In der Datenbank können unterschiedliche Arten von Dokumenten gesammelt werden. Beispiele hierfür wären:
– Muster für Verträge und spezielle Vertragsklauseln
– Formulare für Standarddokumente (z. B. Vollmachten, Handelsregisteranmeldungen, Gesellschafterlisten)
– Schriftsätze
– Gutachten
– Checklisten (z. B. Checklisten für Due Diligence)
– Erfahrungs- und Erfolgsberichte (Best Practice)

Aufbau Know How-Datenbank

Natürlich sollte der Aufbau einer Know How-Datenbank mit Bedacht und in unterschiedlichen Schritten angegangen werden:
1. Sammlung des vorhandenen Materials:
   Starten Sie eine Sammlungsaktion, bei der Sie alle Kollegen dazu aufrufen ihre Dokumente für die Know How-Datenbank zur Verfügung zu stellen. Gerade wenn eine große Anzahl an Dokumenten erwartet wird, ist es ratsam zunächst nur zur Sammlung einer bestimmten Dokumentenart (nur Verträge, nur Checklisten, nur Schriftsätze) oder nur Dokumente zu einem bestimmten Thema (nur Dokumente zur GmbH-Gründung; nur Dokumente zur Kündigung) zu sammeln
2. Speicherung der Dokumente in der Datenbank
3. Vergabe von Metadaten zum Dokument:
   Je nach technischem Aufbau der Know How-Datenbank werden automatisch Metadaten zum Dokument vergeben, bzw. der Autor wird bei der Speicherung automatisch zur Eingabe von Metadaten in einer speziellen Maske aufgefordert. Die Metadaten bieten eine Suchmöglichkeit, um das Dokument innerhalb der Datenbank später zu suchen.

4. Klassifizierung und Systematisierung der Dokumente:
Hierbei handelt es sich um die inhaltliche Erschließung des Dokumentes im System. Dazu ist es sinnvoll, für die Know How-Datenbank eine eigene Klassifikation zu entwickeln. Die Bibliotheksklassifikation kann hierfür Ausgangsbasis sein, sollte aber für die Know How-Datenbank wesentlich feingliedriger und detaillierter ausgestaltet werden. Jedes Dokument wird einer eindeutigen Klasse in der Know How-Datenbank zugeordnet. Um die Auffindbarkeit des Dokuments zusätzlich zu erleichtern, können noch Schlagwörter zum Dokumenteninhalt vergeben werden. Je nach Datenbank ist es eventuell möglich, Dokumente untereinander zu verlinken und gegenseitig aufeinander zu verwiesen. Auch dies kann das Auffinden von relevanten Dokumenten vereinfachen.

Projektdatenbank / Best Practices / Debriefing / Projektdokumentation

Neben dem Sammeln des juristischen Know How aus erstellten Verträgen, Schriftsätzen kann es auch sinnvoll sein, dass jeweilige Erfahrungswissen aus einzelnen Mandaten oder Projekten in einer speziellen Datenbank aufzunehmen. Da es sich hier jedoch zum großen Teil um implizites Wissen der Juristen handelt, ist es allerdings schwieriger, dieses auch zu erfassen. Nichts desto trotz kann es sinnvoll sein, nach Beendigung eines Projekts oder Mandats im Team die gewonnen Erkenntnisse zu dokumentieren. Dies gelingt am besten in einem Abschlussmeeting nach dem Projekt, in dem alle Teammitglieder ihre Erkenntnisse gemeinsam einen vorbereiteten Fragenkatalog beantworten.

Grundsätzlich ist jedes Projekt in Thematik, Aufbau und Ablauf anders. Auch juristische Projekte können je nach Rechtsgebiet und Beratungsbedarf des Mandanten sehr unterschiedlich sein. Der folgende Fragekatalog stellt daher nur ein paar Beispielfragen für einen möglichen Projektabschluss zusammen. Selbstverständlich sollte er noch auf die gegebenen Umstände des jeweiligen Projektes angepasst werden.

Muster:
Fragebogen zum Projektabschluss

Name des Projekts:

(Mandant:)

Ziel des Projekts:

Kurze Projektbeschreibung:

Projektverlauf:

Projektergebnis:

Position im Projekt / Arbeitsbereiche:

Was lief Ihrer Meinung gut im Projekt?

Was lief Ihrer Meinung nicht gut im Projekt?

Was kann verbessert werden?

An welchen Punkten des Projektverlaufs hatten Sie selbst Schwierigkeiten? Wie wurden diese Schwierigkeiten gelöst?

Wie viele Arbeiten insgesamt mussten noch einmal gemacht werden? Welche?

Haben Sie für Ihre Arbeit die nötigen Informationen erhalten oder gefunden?

Wie hilfreich waren die technischen, bzw. fachlichen Unterlagen?

Gab es während der Projektlaufzeit wesentliche Änderungen der Vorgaben? Wenn ja, welche?

Haben Sie Probleme erlebt, welche die Projektplanung stark gefährdeten?

Wenn ja, welche?

Muster Projektabschluss

Welche besonderen Lösungen konnten Sie für auftretende Probleme finden?

Wie haben Sie den Arbeitseinsatz von Projektpartnern und Kollegen erlebt?

Auf welchem Fachgebiet gab es Bedarf an Aus- und Weiterbildung?

Welche Positionen mussten neu geplant und nachkalkuliert werden?

Was haben Sie für sich persönlich aus dem Projekt gelernt?

Welche beruflichen Erfahrungen haben Sie daraus gewonnen?

Was empfehlen Sie anderen Kollegen für zukünftige Projekte ähnlicher Art?

Sonstige Anmerkungen zu diesem Projekt:

Herzlichen Dank für Ihre Unterstützung!!!

Hauskommentare

Jeder Jurist kennt das folgende Szenario:
Ein neues Gesetz ist in Kraft getreten und bereits nach kurzer Zeit müssen die gesetzlichen Neuerungen in der Arbeitspraxis angewendet werden. Es gibt nur leider noch keinen Kommentar zu diesem Gesetz, in den Fachbüchern werden die neuen Regelungen nur ganz allgemein erwähnt und nur einige wenige Artikel sind bisher in Fachzeitschriften zu diesem neuen Gesetz veröffentlicht worden. Einige weitere Informationen können noch dem Gesetzentwurf und der Gesetzesbegründung entnommen werden. Doch woher bekommt man weitere Informationen und wie können die bei der juristischen Arbeit zusammengetragenen Ergebnisse auch für die Kollegen nutzbar gemacht werden?
Eine Lösung für dieses Problem sind so genannte Hauskommentare.

Hauskommentare sind Dokumente zu neuen Gesetzesvorhaben, die in der Praxis häufig verwendet werden, zu denen aber noch kaum oder wenig Literatur vorhanden ist. Sie werden also im Unternehmen selber erstellt und auch nur intern genutzt. Jeder Mitarbeiter, der an einem bestimmten Gesetz arbeitet, zu dem ein Kommentar erstellt wird, trägt nach Abschluss seiner Arbeit seine gewonnenen Erkenntnisse zur Anwendung der jeweiligen Norm in das Dokument ein. Dies können ganze Beiträge aber auch knappe Stichwörter, die sich aus Gesprächsnotizen oder Aufzeichnungen ergeben haben, sein. Somit wird nach und nach ein eigener Kommentar aufgebaut, den andere Kollegen nutzen können, wenn sie dann Informationen zu dem jeweiligen Gesetz benötigen.

Zur technischen Realisierung gibt es verschiedene Möglichkeiten. Die klassische und einfachste Variante wäre die Erstellung eines Word-Dokumentes. Falls eine technisch ausgefeiltere Lösung erwünscht wird, könnte ein Hauskommentar auch mittels eines Wikis erstellt werden. Ein Wiki kann die kollaborative Arbeit an dem Kommentar verbessern. Gleichzeitig bietet es eine übersichtliche Darstellung der eingestellten Inhalte, sowie umfangreiche Suchmöglichkeiten. Bei dem Einsatz von Wikis würde für jede Gesetzesnorm eine eigene Wikisite erstellt werden. Allerdings ist die Realisierung von Hauskommentaren mittels Wikis anspruchsvoller und dadurch zeitaufwendiger als das Schreiben in einem einfachen Word-Dokument.

Hinweis:
Die Erstellung von Hauskommentaren ist sehr zeitaufwendig und ist daher in den meisten Fällen nur für Großkanzleien, größere Behörden oder in der juristischen Forschung sinnvoll. Für kleinere Einrichtungen wäre leider der Kosten-Nutzen-Effekt nicht gegeben.

Wissenserwerb und -verteilung durch gezielte Personalentwicklung

Die Mitarbeiter sind das wichtigste Kapital des Unternehmens. Wie bereits beschrieben, ist ihr persönliches Know How heutzutage nicht mehr nur als Produktionsfaktor, sondern als immaterieller Vermögenswert der Institution anzusehen. Dies bedeutet auch, dass die Weiterbildung und Wissensgewinnung der Mitarbeiter eine Steigerung des intellektuellen Kapitals des Unternehmens mit sich führt. Ein umfangreiches Aus- und Fortbildungssystem im Unternehmen bringt daher auch Vorteile für das Wissensmanagement. Gerade in den letzten Jahren ist in den Wirtschaftskanzleien zu beobachten, dass die Weiterbildungsmaßnahmen erheblich ausgebaut wurden. Neben Fortbildungen zum rechtlichen Fachgebiet des jeweiligen Anwalts spielen die Vermittlung von Wirtschaftskenntnissen und Soft Skills eine immer entscheidendere Rolle. Einige Großkanzleien sind dabei Kooperationen mit renommierten Hochschulen wie z. B. der Bucerius Law School, der Hochschule St. Gallen oder der Harvard Law School eingegangen, um ihren Associates eine möglichst fundierte Ausbildung zu bieten.

Neben diesen umfangreichen Weiterbildungsangeboten, bei denen externe Referenten zugezogen werden, gibt es aber auch einige einfachere Maßnahmen, um Mitarbeiter zu schulen und Wissen intern weiterzugeben:

Ausbildung von Junior Associates und Referendare
Spezielle Ausbildungseinheiten für junge Associates und Referendare bieten die Möglichkeit, praktisches Know How innerhalb der Kanzlei weiterzuvermitteln. Bei diesen Veranstaltungen zu allgemeinen Themen in einem Rechtsgebiet geben Partner oder Senior Associates mit mehrjähriger Berufserfahrung ihre Praxiserfahrungen zu diesem Thema an den juristischen Nachwuchs weiter. Somit bleibt Erfahrungswissen nicht nur bei einer Person „kleben", sondern wird weitergegeben und bleibt somit auch noch bei einem Ausscheiden des „Experten" aus dem Unternehmen in der Organisation vorhanden.

Kommunikationsforen
Für diese Art des Wissensaustausches gibt es unterschiedliche Bezeichnungen. Oft werden sie auch als Professional Training oder Lectures bezeichnet. Mit Kommunikationsforen sind regelmäßige Gesprächsrunden gemeint, bei denen jeweils ein Jurist zu einem aktuellen Thema aus seinem Rechtsgebiet oder seiner derzeitigen Arbeit referiert. Dies können z. B. eine Vorstellung zu aktueller Gesetzgebung oder Rechtsprechung im jeweiligen Fachgebiet, ein Bericht über ein extern besuchtes Seminar oder ein aktuelles Fallbeispiel aus der Mandatspraxis sein. Im Anschluss an dem Vortrag findet eine allgemein fachübergreifende Diskussion zu dem referierten Thema statt. Wichtig für alle Teilnehmer ist, dass sie einen Überblick über aktuelle juristische Fragestellungen – auch abseits des eigenen Rechtsgebietes – erlangen, und somit einen Blick über den eigenen Tellerrand erhalten. Nicht selten können auch aus einem fremden Rechtsgebiet so Bezüge und Hinweise für die eigene juristische Arbeit hergestellt werden.

Kommunikationsforen werden gerne mit einem gemeinsamen Essen verbunden. Die entspannte Atmosphäre einer gemeinsamen Essensrunde fördert die Kommunikation, und damit das Voneinander-Lernen.

4.6 Chancen und Möglichkeiten für Informationsspezialisten im juristischen Wissensmanagement

Im juristischen Umfeld ist es noch nicht immer üblich, dass Informationsspezialisten für das Wissensmanagement eingesetzt werden. Gerade in den Großkanzleien wird häufig die Auffassung vertreten, dass ein „Know How-Manager" ein Volljurist mit mehrjähriger praktischer Berufserfahrung sein muss. Dies hat mit dem Verständnis der Kanzleien für Wissensmanagement und dem Aufgabenbereich eines Know How Lawyers zu tun. Wie bereits beschrieben, sind Know How Lawyer unter anderem für die Erstellung von Mustern, Checklisten, Schriftsätzen oder Newslettern verantwortlich. Natürlich sind das Aufgaben, die Informationsspezialisten nur selten übernehmen können, da ihnen dazu oftmals das juristische Wissen fehlt. Sie können jedoch die regelmäßige Versorgung der fachlichen Mitarbeiter mit aktuellen Informationen zum jeweiligen Rechtsgebiet übernehmen.

Die besondere Fähigkeit der Informationsspezialisten liegt in der Organisation von Daten, Informationen und Wissen und insbesondere in der Beschaffung des externen expliziten Wissens (z. B. Fachliteratur). Sie sind daher bestens geeignet, die organisatorischen Rahmenbedingungen des Wissensmanagements in einer Institution zu gestalten. Informationsspezialisten und Know How Lawyer können daher sinnvolle Synergien bilden, und gemeinsam ein funktionierendes Wissensmanagementsystem aufbauen. Hier wäre dann die Kombination aus juristischen Fachwissen und organisatorischem Know How zum Wissensmanagement gegeben.

Aufgabenverteilung im Wissensmanagement

Übung: Aufgabenverteilung im Wissensmanagement

Welche Aufgaben im Wissensmanagement sollen von einem Know How Lawyer und welche von einem Informationsspezialist übernommen werden?

_____

_____

Für welche Aufgaben muss die Unterstützung der IT eingebunden werden?

_____

_____

Gibt es Aufgaben, die von weiteren Personen übernommen werden können/sollen?

_____

_____

Know How Lawyer:

_____

_____

Informationsspezialist:

_____

_____

IT:

_____

_____

Weitere Personen:

_____

_____

4.7 Vertiefung

Zur Vertiefung des Themas können Sie die folgenden Fragen beantworten:

Was wird in unserem Unternehmen unter „Wissensmanagement" verstanden?

Welche Bausteine des Wissensmanagements werden in unserem Unternehmen genutzt? Wie kann ich die bisher nicht genutzten Bausteine in unserem Wissensmanagement integrieren?

Welche Wissensquellen (fachlich und organisational) werden in unserem Unternehmen für das Wissensmanagement genutzt? Welche weiteren Wissensquellen können für das Wissensmanagement eingesetzt werden?

Welche Wissensmanagementwerkzeuge werden bereits in unserem Unternehmen eingesetzt?

Welche Werkzeuge währen darüber hinaus noch für das Wissensmanagement in unserem Unternehmen interessant?

Welche konkreten Maßnahmen zur Verbesserung des Wissensmanagements sollen innerhalb der nächsten 12 Monate realisiert werden?

5 Erweiterte Dienstleistungen und Services von juristischen Informationsspezialisten

Die Arbeit als Informationsspezialist ist eine Dienstleistung. Dabei werden die klassischen Tätigkeiten von Bibliothekaren und Informationsprofis, wie die Verwaltung unterschiedlichster Medien und das Sammeln, Erschließen, Aufbereiten und Zurverfügungstellen von Daten und Dokumenten zunehmend als selbstverständlich angesehen. Das Aufgabengebiet hat sich in den letzten Jahren erheblich erweitert, und neue Einsatzgebiete für Bibliothekare und Informationsspezialisten haben sich daraus gebildet. In Kombination mit den klassischen Bibliotheks- und Dokumentationsaufgaben runden sie das Profil einer modernen Informationsvermittlungsstelle ab, und bieten dadurch einen Mehrwert für die Institution.

Im Allgemeinen können Informationsdienstleistungen in zwei Kategorien unterschieden werden: Pulldienste und Pushdienste. Bei den so genannten Pulldiensten stellt die Informationsvermittlungsstelle passiv Services zur Verfügung und der Nutzer, bzw. Kunde muss selber aktiv werden, um diese Dienstleistungen in Anspruch nehmen zu können. Es handelt sich also um diejenigen Dienste, die die Informationseinrichtung auf Anfrage des Kunden tätigt. Im Gegensatz dazu versorgt die Informationsvermittlungsstelle bei Pushdiensten aktiv, ungefragt und unaufgefordert den Kunden mit benötigten Informationsdienstleistungen, ohne dass er selber tätig werden muss (Vgl. Stock 2007, S. 58). Hierdurch wird ein Mehrwert über den eigentlichen Aufgabenbereich hinaus geschaffen. Gerade dieser Mehrwert ist es aber, der die Kunden meistens positiv überrascht und in ihrer Arbeit erleichtert und unterstützt.

Egal welche Pull- oder Pushdienste von der Informationseinrichtung angeboten werden, entscheidend ist der Servicegedanke, der hinter diesen Aktivitäten steckt. Im folgenden Abschnitt werden daher einige Vorschläge für mögliche Zusatzdienstleistungen vorgestellt, die von juristischen Informationsprofis übernommen werden können.

5.1 Recherche und Informationsvermittlung

Recherche und Informationsvermittlung sind im Grunde genommen nicht als „zusätzliche" Dienstleistung anzusehen, da sie eigentlich zu den Standardaufgaben eines Informationsspezialisten gehören sollten. In der Praxis gibt es allerdings noch immer zahlreiche Einrichtungen, in denen das Suchtalent ihres Bibliothekars oder Informationsprofis verkannt wird. Hier gibt es nur eine Lösung: Machen Sie Ihre Recherchekenntnisse bekannt! Gehen Sie aktiv auf Ihre Kunden zu, und versorgen Sie diese mit benötigten Informationen – auch ungefragt. Zeigen Sie Ihnen, dass Sie noch mehr können, als einzelne Bücher aus dem Regal herauszusuchen, und dass es noch wesentlich mehr Informationsquellen gibt, als die eine Standarddatenbank. Gerade in der heutigen Zeit denke viele Menschen: „Das gibt es doch bei Google!" Allerdings wissen sie nicht, dass nur ca. 20 % des World Wide Webs über Suchmaschinen erfasst werden, und der überwiegende Teil der Daten sich im Deep Web befindet. Zeigen Sie also Ihren Kunden, dass es mehr gibt als GOOGLE und dass SIE die Person sind, die Ihren Kunden die richtigen Informationen besorgen kann – egal ob gedruckt oder digital. Die meisten Kunden wissen einfach nicht, welche Informationsquellen es heutzutage gibt, und welches Know How ein Informationsprofi hat.

Praxisbeispiel:
Direkt nach meinem Studium Bibliothekswesen war ich zunächst als Leiterin einer Düsseldorfer Standortbibliothek einer Großkanzlei tätig. Zu diesem Zeitpunkt wurde die Bibliothek bereits geschätzt und auch die Literaturbeschaffung durch die bisherige Bibliothekarin wurde gut genutzt. Sehr schnell fanden die Anwälte jedoch heraus, dass ich Ihnen nicht nur juristische Fachliteratur besorgen konnte, sondern auch Informationen zu Unternehmen, Presseartikel und allgemeine Wirtschaftsinformationen.
Natürlich sind die Kollegen nicht von alleine darauf gekommen, dass ich auch Wirtschaftsrecherchen übernehmen könnte. Sie mussten darauf gebracht werden. Ich hatte die Anwälte, Wirtschaftsprüfer und Steuerberater in unserer Kanzlei regelmäßig mit Informationen zu ihren Mandanten oder zu aktuellen Themen aus ihren Mandaten versorgt, ohne dass Sie mich vorher darum gebeten hatten. Die Reaktionen auf mein eigenständiges Handeln waren durchweg sehr positiv. Dies war ein Service, der für die Berufsträger neu war, der ihnen aber die Arbeit erleichterte und einen Mehrwert brachte. Und mir brachte es reichlich Anerkennung.

Wie dieses Beispiel zeigt, können Recherche und Informationsvermittlung über die „übliche Tätigkeit" eines Bibliothekars oder Informationsspezialisten hinausgehen. Professionelle Recherche kann daher auch als Zusatzdienstleistungen angeboten werden?

Folgende Fragen können zur Erweiterung Ihrer Informationsservices hilfreich sein:
- Welche Informationsdienstleistungen biete ich derzeit an?
- Welches Informationsbedürfnis hat meine Kundengruppe?
  (fachliche Informationen, Informationen zu Kunden/Lieferanten, Informationen zu Wettbewerbern, Informationen zu gesellschaftlichen Tagesfragen, Wirtschaft, Politik, Kultur)
- Welche Informationsbedürfnisse können von der Bibliothek erfüllt werden?
- Welche Recherchen werden von der Bibliothek übernommen?
- Wie und woher besorgen sich die Kunden die anderen Informationen?
- Kann die Informationsbesorgung dieser Informationen auch von der Informationseinrichtung übernommen werden?
- Wenn nein, warum nicht?

5.2 Medien- und Informationskompetenzvermittlung

Zur Informationsvermittlung gehört auch immer die Vermittlung von Informations- (und Medien-)kompetenz. Hierunter wird im Allgemeinen die Schulung und Vermittlung von Kenntnissen im Umgang mit den einzelnen Medientypen und unterschiedlichen Informationsquellen – meist eines bestimmten Fachgebietes – verstanden.

„Gib einem Mann einen Fisch und du ernährst ihn für einen Tag. Lehre einen Mann zu fischen und du ernährst ihn für sein Leben."
(Konfuzius)

Um Informationskompetenz zu vermitteln gibt es verschiedene Methoden:
- Klassische Schulungen in einem Schulungsraum (face to face)
- Virtuelle Schulungen und Online-Tutorials
- Broschüren, Leitfäden und Handbücher zur Recherche, die als Guidelines genutzt werden können.

Weitere Schulungsmöglichkeiten sind Gruppenschulungen oder individuelle Einzelschulungen.

Leider ist die Vermittlung von Informations- und Medienkompetenz noch kein Bestandteil der juristischen Ausbildung. Viele Absolventen eines Jurastudiums denken zwar, sie können recherchieren, aber die Meisten kennen nur Standardquellen und wissen beispielsweise nicht, wo sie Gesetzentwürfe, Gesetzesbegründungen oder EU-Richtlinien finden können. Daher ist so mancher Jurist erstaunt, wenn er in einer Schulung erfährt, welche Informationsquellen es alles gibt, und wie viele juristische Fachinformationen kostenfrei zur Verfügung stehen. An mehreren Hochschulen werden zwar Bibliothekseinführungen und Einführungen in das jeweilige Angebot an Fachdatenbanken gegeben, diese sind allerdings häufig sehr allgemein gehalten, sodass tiefere Recherchekenntnisse für Fachrecherchen in der Regel nicht vermittelt werden.

Schulungsthemen für Juristen können sehr unterschiedlich sein. Hier nur einige Vorschläge:
– Allgemeine Bibliothekseinführung
– Allgemeine Einführung in Rechtsdatenbanken
– Recherche-Know How für spezielle Nutzergruppen (z. B. Doktoranden, Referendare, Professoren)
– Kostenlose Rechtsquellen im Internet
– Internetquellen für bestimmte Rechtsgebiete (z. B. Arbeitsrecht, EU-Recht, Steuerrecht)
– Wirtschaftsrecherchen für Juristen
– Wissenschaftliches Arbeiten für Juristen

Schulungsthemen für Juristen

Wie in der Praxis teilweise beobachtet werden kann, ist so mancher Jurist nicht wirklich technikaffin. Neben den Datenbankschulungen können daher auch allgemeine Schulungen zur Internetnutzung oder zu Social Media ebenfalls interessant sein können.

Tipps & Tricks:
Bibliothekseinführung für neue Mitarbeiter
Bieten Sie jedem neuen Mitarbeiter bereits zu Beginn eine Bibliothekseinführung mit Datenbankschulung an. In vielen Institutionen werden neue Mitarbeiter am ersten Arbeitstag durchs Büro geführt und den Kollegen vorgestellt. Nutzen Sie direkt die Gelegenheit und bieten Sie ihnen eine Einführung in den kommenden Tagen an. Falls kein Mitarbeiterrundgang geplant ist, gehen Sie direkt auf den neuen Kollegen zu und laden Sie ihn zur Schulung ein. Neben der Informationskompetenz, die der neue Kollege erhält besteht der zusätzliche Vorteil darin, dass neue Kollegen direkt von Anfang an die Aufgabenbereiche und Services der Bibliothek kennenlernen und somit wissen, an wen sie sich bei Informationsfragen wenden müssen. Informationskompetenzvermittlung ist also auch immer eine Form der Öffentlichkeitsarbeit für die Informationsvermittlungsstelle.

Bibliothekseinführung

5.3 Current Content-Dienste

Current-Content-Dienste oder auch Table of Content-Dienste sind Dienstleistungen, bei denen den Kunden Inhaltsverzeichnisse fachlicher Zeitschriften regelmäßig zugesendet werden. Ziel dieses Service ist es, den Kunden über neu erschienene Fachliteratur zu seinem Rechtsgebiet zu informieren. Da der Markt an juristischen Fachinformationen ständig wächst, und die Anzahl an Fachzeitschriften in den letzten Jahren ebenfalls stark zugenommen hat, ist es für einen Juristen nicht leicht, neben seiner Arbeit den Überblick über neue Literatur zu behalten. Durch diese Dienstleistung werden beispielsweise Rechtsanwälte dabei unterstützt, ihre gesetzliche Fortbildungspflicht nachzukommen.

Fortbildungspflicht des Rechtsanwalts
Rechtsanwälte unterliegen nach § 43a Abs. 6 BRAO (Bundesrechtsanwaltsordnung) einer gesetzlichen Fortbildungspflicht:
Dies bedeutet, dass Rechtsanwälte sich ständig über Neuerungen in denen von ihnen betreuten Rechtsgebieten auf dem Laufenden halten müssen. Sie sind verpflichtet durch den Besuch von Seminaren, der Verfolgung der aktuellen Rechtsprechung und der Lektüre neuer Fachliteratur ihr juristisches Know How auf aktuellem Stand zu halten.

Realisierung eines Current-Content-Dienstes

Für die Realisierung eines Current Content-Dienstes gibt es verschiedene Möglichkeiten:
1. Versand aller Inhaltsverzeichnisse der in Print vorhandenen Zeitschriften
2. Versand aller Inhaltsverzeichnisse der abonnierten Zeitschriften, einschließlich aller eJournals die auch über Datenbankpakete wie Beck-online, Jurion oder Juris verfügbar sind.
3. Versand aller Inhaltsverzeichnisse der abonnierten Zeitschriften + weitere Zeitschriften, die nicht von der Informationseinrichtung abonniert werden, für deren Inhalt sich die Kunden aber interessiere (Hier soll dem Kunden ein möglichst breiter Überblick über die erschienen Fachliteratur ermöglicht werden.)

Dieses Angebot kann einen Umlauf der entsprechenden Zeitschrift ersetzen. Wie bereits im Kapitel zur Zeitschriftenverwaltung beschrieben, sind Zeitschriftenumläufe sehr aufwendig, da es oftmals lange dauert, bis eine Zeitschrift wieder zurück in die Bibliothek gelangt. Beim Current-Content-Dienst können die Print-Zeitschriften sofort in der Bibliothek für jeden zur Verfügung gestellt werden und müssen nicht ewig im Haus gesucht werden, oder sie „verschwinden" sogar auf irgendeinem Schreibtisch.

Ein Anbieter, über den Zeitschrifteninhaltsverzeichnisse juristischer Zeitschriften bezogen werden können, ist der Kuselit-Verlag. Für diesen kostenpflichtigen Zeitschrifteninhaltsdienst (ZID) werden wöchentlich ca. 700 juristische Periodika ausgewertet. Nähere Informationen zum ZID finden Sie unter: http://www.kuselit.de.

5.4 News-Alerts

Zur näheren Informationsversorgung zu allgemeinen Neuigkeiten können News Alerts als weiterer Push-Dienst eingesetzt werden. News Alerts sind Benachrichtigungen zu unterschiedlichen aktuellen Themen aus Recht, Wirtschaft und aktuellem Tagesgeschehen. Verwendet werden hierfür oftmals Newsletter oder RSS-Feeds von Verlagen, Datenbanken, Behörden oder verschiedener Medien (Zeitung, Zeitschrift, Fernsehen). Die meisten Newsletter sind kostenlos und können von jedem abonniert werden. Daneben bieten unterschiedliche Datenbanken und Internetsuchmaschinen die Möglichkeit an, Suchterme zu abonnieren, nach denen in regelmäßigen Abschnitten die Datenbank bzw. die Suchmaschine durchsucht werden, und deren neue Trefferergebnisse als Benachrichtigung – also Alert – zugesendet werden. Bekanntestes Beispiel hierfür ist die Google-Funktion „Google Alerts". Mithilfe dieses kostenlosen Service kann das Internet regelmäßig nach neuen Web-Einträgen, News, oder Blogpostings zu einem bestimmten Thema durchsucht werden. Die Suchterme können dabei so unterschiedliche Dinge wie spezielle Rechtsbegriffe, Unternehmensnamen, Branchennamen oder der Name einzelner Personen sein. Auch einige Fachdatenbanken bieten Benachrichtigungsfunktionen an. Bei den Rechtsdatenbanken besteht beispielsweise bei Beck-Online und bei Juris die Möglichkeit, Suchaufträge abzuspeichern, die dann bei neu erscheinenden Dokumenten zu dem gesuchten Thema eine Benachrichtigung per Email senden.

Tipps: &Tricks:
News Alerts können auch sehr interessant sein, um aktuelle Informationen über Mandanten zu erhalten. Der Anwalt erfährt so, welche aktuellen Neuigkeiten es zu dem Mandaten in der Öffentlichkeit gibt und kann dann darauf gegebenenfalls reagieren. Denn: Je besser ein Anwalt weiß, was bei seinem Mandanten passiert, desto besser kann er ihn beraten!

Alerts zu Mandanten

Damit sich nicht jeder Jurist innerhalb der Institution bei allen gewünschten Newslettern selber registrieren muss, ist es einfacher, wenn dies zentral von der Informationseinrichtung gebündelt wird, indem für die unterschiedlichen Newsletter einzelne Verteiler eingerichtet werden. Die von der Informationsvermittlungsstelle abonnieren Newsletter und Alerts werden dann bei erscheinen an die Personen in dem jeweiligen Newsletterverteiler weitergeleitet.

Eine Linksliste mit interessanten Newslettern finden Sie im Anhang.

5.5 Document Management

Wie bereits erwähnt, gibt es hohe Synergieeffekte zwischen Informationseinrichtung und IT-Abteilung innerhalb einer Institution. Während der ITler sich mit der InformationsTECHNOLOGIE auskennt, ist der Bibliothekar oder Informationsspezialist Experte in Sachen Content. Diese beiden Kompetenzen eignen sich hervorragend für Kooperationen.

Ein Beispiel für das Mitwirken von Informationsprofis bei IT-Angelegenheiten wären Document-Management-Systeme. Sowohl bei der Auswahl eines geeigneten Systems und dessen Implementierung, als auch bei der späteren Betreuung und Pflege, werden neben dem allgemeinen technischen Know How auch typisch bibliothekarische bzw. informationswissenschaftliche Kenntnisse benötigt:
– Welche Dokumente sollen in das Document Management System eingestellt werden und welche charakteristischen Eigenschaften haben diese?
– Wie werden die Dokumente gesammelt, aufbereitet und anschließend wieder zur Verfügung gestellt?
– Wie werden diese Dokumente sinnvoll kategorisiert?
– Welche Metadaten werde für eine sinnvolle Erschließung der Dokumente benötigt?
– Wie muss die Suche konzipiert werden, damit die abgespeicherten Dokumente gefunden werden?
– Wie sucht die Zielgruppe?
– Wie muss die Oberfläche gestaltet werden, damit die Nutzer mit dem Document Management System vernünftig arbeiten können?

Anhand dieser Fragen zeigt sich deutlich, dass es sich insbesondere bei der Vergabe von Metadaten und der Zuordnung von Dokumenten zu einer Klassifikation, um klassische Tätigkeiten eines Informationsspezialisten handelt. Als nichts anderes kann die Pflege eines DMS beschrieben werden.

Wie bereits im vorangegangenen Kapitel zum Thema Wissensmanagement beschrieben, spielt die Informationstechnologie beim Informations und Wissensmanagement eine entscheidende Rolle. Aber auch bei weiteren IT-Projekten bestehen durchaus Kooperationsmöglichkeiten für IT und Informationseinrichtung. Z. B. Gestaltung der Homepage oder des Intranets; interne selbstentwickelte Datenbanken oder beim Einsatz von Social Media.

5.6 Social Media Management

Das Thema Social Media ist derzeit in aller Munde. Doch was sind Social Media eigentlich? Soziale Medien sind kollaborative Werkzeuge, die das gemeinsame Arbeiten unterstützen. Sie sind eine Erweiterung des ursprünglich einseitig nutzbaren Internet. Während bei der ersten Generation der Internetanwendungen die Aktion nur von einer Seite aus ging (Der User konnte die erstellten Inhalte rezipieren, aber nicht darauf reagieren), findet bei den Social-Media-Anwendungen des Web 2.0 eine zweiseitige Kommunikation im Internet statt. Eine Person erstellt Inhalte und veröffentlicht diese im Netz, User können aktiv auf die eingestellten Inhalte reagieren, indem diese z. B. Blog-Postings kommentieren, sich in sozialen Netzwerken verknüpfen oder über Messenger-Dienste kommunizieren.

Social Media können sowohl für die interne Kommunikation und für das Wissensmanagement, als auch für die externe Kommunikation nach außen hin eingesetzt werden. In diesem Zusammenhang ist der Einsatz von Sozialen Medien insbesondere in den Bereichen PR und Marketing in der allgemeinen Praxis weit verbreitet.

Social Media verändern zunehmend die heutige Gesellschaft und haben aber ebenfalls Einfluss auf die moderne Arbeitswelt. Auch vor der Arbeitsweise der Juristen machen Soziale Medien nicht halt. Doch gerade deutsche Kanzleien sind in Bezug auf Social Media noch häufig vorsichtig. Während diese beispielsweise in britischen und amerikanischen Kanzleien sehr häufig eingesetzt werden, gibt es nur wenige deutsche Kanzleien, bzw. deutsche Standorte von Großkanzleien, die aktiv soziale Medien nutzen (s. Nohlen 2012). Dabei gibt es zahlreiche Einsatzmöglichkeiten für Social Media:

Wie können Social Media in Kanzleien eingesetzt werden?

Weblogs:

Können sinnvoll für PR & Marketing eingesetzt werden, um Mandanteninformation zu verbreiten und neue Mandanten gewinnen.

Microblogs, z. B. Twitter:

Microblogs können in ähnlicher Weise eingesetzt werden, wie normale Blogs. Allerdings wird Twitter von vielen Juristen nicht gerade als seriös erachtet. Es besteht bei solchen Diensten immer die Gefahr, unwichtige Informationen zu versenden und sich mit Banalitäten unbeliebt zu machen. Es sollte daher immer die Frage gestellt werden: Welche Tweeds sind auf juristischer Ebene sinnvoll?

Soziale Netzwerke:

Social Networks können sowohl für den internen Gebrauch als auch extern genutzt werden. Intern eignen sie sich für den Aufbau von Expertenverzeichnissen (s. Wissensmanagement) und als Austauschplattform für unternehmensinterne Fragen.
Allgemeine Soziale Netzwerke können wiederum zur externen Kommunikation, für PR & Marketing und fürs Rekruting interessant sein. Unterschieden werden muss hier allerdings zwischen beruflichen z. B. (Xing, LinkedIn) und privaten (z. B. Facebook) soziale Netzwerken.
Ein Beispiel:
Mandanten von Wirtschaftskanzleien sind zum größten Teil Unternehmen, die in den meisten Fällen auf ein möglichst seriöses Image Wert legen. Die wenigsten dieser Unternehmen werden Facebook aus beruflichen Zwecken nutzen. Daher ist fraglich ob eine Kanzlei eine eigene Facebookpräsenz benötigt. Im Gegensatz dazu könnte aber eine von einem Rechtsanwalt moderierte Gruppe auf Xing zu einem interessanten rechtlichen Thema, den Kontakt zu bestehenden Mandanten binden und neue Mandanten auf die Kanzlei aufmerksam machen. Eine weitere Nutzungsmöglichkeit für allgemeine Social Networks wäre beispielsweise eine Alumni-Gruppe, um Kontakt zwischen ehemaligen und aktuellen Mitarbeitern aufrecht zu halten und zu fördern.

Podcasts:

Als Podcast eignen sich z. B. Imagefilme oder Filme zu Vorträgen und Seminaren. Sie können einerseits zu Marketingzwecken auf der Homepage oder auf Plattformen wie YouTube veröffentlicht werden. Hier verdeutlichen sie das Renommee der Kanzlei, und die Expertise einzelner Anwälte. Intern könne Podcasts von Seminaren und Vorträgen zu Schulungszwecken der Mitarbeiter genutzt werden.

RSS-Feeds:

Newsfeeds stellen eine weitere Möglichkeit dar, um Pressemitteilungen oder aktuelle Informationen über ein Unternehmen weiterzuverbreiten.

Wikis:

Zum internen Gebrauch können Wikis zur Unterstützung des Wissensmanagement sein. So können sie beispielsweise zur Erstellung von Hauskommentaren eingesetzt werden (s. Kapitel Wissensmanagement). Allerdings ist die Erstellung und Pflege von Wikis sehr zeit- und arbeitsintensiv. Es wird zunächst eine größere Menge an Inhalten benötigt (die erst einmal erstellt werden müssen), bevor die Nutzung überhaupt Sinn macht.

Bei allen Social Media-Aktivitäten ist allerdings zu berücksichtigen, dass der Aufbau und die Pflege dieser sozialen Anwendungen im Allgemeinen sehr zeit- und arbeitsaufwendig sind. Beim internen Social Media-Einsatz für Kommunikation und Wissensmanagement ist problematisch, dass kein direkter Nutzen oder Mehrwert dieser Applikationen erkennbar ist, sondern erst eine kritische Masse an Inhalten produziert werden muss, damit Social Media „vernünftig" genutzt werden können.

Bei dem Einsatz sozialer Median für PR und Marketing könnten erste Resultate allerdings schneller sichtbare Erfolge erzielen. Daher ist dies auch der Bereich in dem Soziale Medien vorwiegend in Kanzleien oder Behörden eingesetzt werden. Die Relevanz von Social-Media-Marketing in der juristischen Praxis ist beispielsweise daran zu erkennen, dass zahlreiche Großkanzleien in Deutschland ihr Personal für PR und Marketing in den letzten Jahren erheblich aufgestockt haben. Nichts desto trotz, sollte bei jeder Marketingmaßnahme ernsthaft gefragt werden, wie sinnvoll diese ist. Wird mit der Maßnahme tatsächlich die gewünscht Kundengruppe erreicht? Spricht diese Aktivität wirklich die Kundengruppe an? Oder nutzt die gewünschte Kundengruppe das Medium, über das die Werbung platziert wird gar nicht?

Es soll daher gut überlegt sein, welche Social Media-Aktivitäten für die jeweilige juristische Institution interessant sein können. Wichtig ist vorab zu klären, ob die benötigten Ressourcen (Zeit, Geld und Personal) vorhanden sind, und ob die ausgewählten sozialen Medien – je nach internem oder externem Einsatz – entweder von dem Mitarbeitern oder den (potenziellen) Mandanten genutzt werden. Gerade für kleine Kanzleien oder Behörden wird zusätzliches Engagement in Social Media schwierig sein, da in der Regel die personellen Kapazitäten fehlen, bzw. nur wenige Juristen bei ihren eh hohen Arbeitspensum nur in seltenen Fällen das Bedürfnis verspüren mögen, in ihrer spärlichen Freizeit noch zu bloggen oder zu twittern.

Da Informationsspezialisten Experten für Informations- und Medienmanagement sind, Social Media als neue Medienformen betrachtet werden können, sind Informationsprofis somit prädestiniert für die Betreuung von Social Media-Aktivitäten. Eine weitere Aufgabe für die Informationseinrichtung kann es daher sein, Überlegungen zum Einsatz von Social Media innerhalb der Organisation anzustellen, und gegebenenfalls die Aktivitäten umzusetzen und kontinuierlich zu pflegen.

5.7 Business Development / Competitive Intelligence

In den letzten Jahren wurden in vielen Kanzleien die Bereiche Marketing und Business Development erheblich ausgebaut. Unter Business Development werden sämtliche Aktivitäten verstanden, die dazu dienen die Geschäftsentwicklung des Unternehmens zu fördern. Typische Tätigkeiten im Business Development sind z. B.:
– Erstellen von Präsentationen und Marketingmaterialien
– Erstellen von Angebotsunterlagen (sogenannte „Pitches")
– Markt- und Branchenanalysen zu potenziellen Mandanten
– Recherchen zu potenziellen neuen Mandanten
– Aber auch: Analyse von Wettbewerbern (Competitive Intelligence)

Die Auflistung zeigt deutlich, dass viele Aktivitäten im Business Development mit der Recherche und Analyse von Information zu tun hat. Während die Analysetätigkeit von dem Wirtschafts-Know How des jeweiligen Informationsspezialisten abhängig ist, kann die reine Recherche und Informationsbeschaffung auf jeden Fall von Informationsprofis übernommen werden.

Beispiel:
Angebotsphase eines Mandates
Mittlerweile ist es geläufig, dass viele Unternehmen keine „Haus- und Hofkanzlei" mehr mit sämtlichen Rechtsproblemen beauftragen, sondern je nach Rechtslage aus einem Pool von potenziellen Kanzleien ausgewählt wird. Die jeweiligen Kanzleien werden aufgefordert, für das entsprechende Projekt ein Angebot in Form eines sogenannten „Pitch" einzureichen (oftmals in Form einer PowerPoint-Präsentation). Um aber ein solches Angebot erstellen zu können, benötigt der Rechtsanwalt nähere Informationen zu dem Unternehmen und dem Projekt, das geplant wird. Gesucht werden also Unternehmensinformationen zum potenziellen Mandanten, Unternehmensinformationen zur Gegenseite oder Zielobjekt (beim Unternehmenskauf wird das zu kaufende Unternehmen als „Target" bezeichnet) und ggf. noch Hintergrundinformationen zur jeweiligen Branche. Dies sind natürlich alles Aufgaben, die von einem Informationsspezialisten getätigt werden können. Bevor sich also ein Anwalt mühselig durch einzelne Datenbanken und das Internet quält, ist es also viel zeitsparender und kostengünstiger, wenn der Informationsprofi diese Recherchen übernimmt.

Praxisbeispiel:
Die Kanzlei Meier, Müller, Schmidt soll ein Angebot für die ABC AG vorbereiten. Das Projekt betrifft den Kauf der 1234 GmbH. Folgende Informationen werden für das Angebot benötigt:

Informationen zur ABC AG:
– Dokumente aus dem Handelsregister: HR-Auszug, Liste der Aufsichtsratsmitglieder, Satzung, Jahresabschluss, eventuell Konzernabschluss
– Geschäftsbericht
– Presseinformationen
– Interessante Informationen von der Homepage
– Ggfs. Informationen über bisherige Transaktionen
– Bei börsennotierten Gesellschaften: Kapitalmarktinformationen aus dem Bundesanzeiger oder von der BaFin
– Informationen zum Ansprechpartner (meist Geschäftsführung/Vorstand)

Informationen zur 1234 GmbH:
– Dokumente aus dem Handelsregister: HR-Auszug, Liste der Gesellschafter, Gesellschafts-vertrag Jahresabschluss, ggf. Beherrschungs- und Gewinnabführungsverträge, Konzernabschluss
– eventuell auch HR-Informationen zu Beteiligungen (Tochterunternehmen)
– Allgemeine Presseinformationen
– Interessante Informationen von der Homepage
– Auffällige Informationen aus dem Internet/der Presse (Negativschlagzeilen, Infos zu Skandalen); Diese Infos dienen der Absicherung
– Je nachdem, was für ein Unternehmen gekauft werden soll, können Informationen aus Verbraucherforen sehr interessant sein

Competitive Intelligence

Ein weiterer Tätigkeitsbereich, der dem Business Development verwandt ist, ist die Analyse von Wettbewerbern, die neudeutsch auch als „Competitive Intelligence" bezeichnet wird. Hierunter wird das systematische, andauernde und legale Sammeln und Auswerten von Informationen über Konkurrenzunternehmen und -einrichtungen, Wettbewerbsprodukte, Marktentwicklungen oder Branchen verstanden. Diese Aktivität ist in deutschen juristischen Einrichtungen noch nicht allzu verbreitet, bietet aber enormes Potenzial. Durch die Analyse von Wettbewerbern können Unternehmen frühzeitig ihre Unternehmensstrategie auf geänderte Marktverhältnisse ausrichten, neue Trends auf dem Markt rechtzeitig erkennen, und erlangen somit einen Wettbewerbsvorteil gegenüber Konkurrenten. Das gewonnene Wissen kann anschließend in gezielten Maßnahmen durch die Institution umgesetzt werden. Competitive Intelligence ist nicht nur für Kanzleien zur Optimierung des Managements interessant, sondern auch für juristische Forschungseinrichtungen zur Ermittlung von Trends in den Rechtswissenschaften, sowie für Behörden zur Optimierung interner Arbeitsabläufe. Zu beachten ist dabei, dass bei Competitive Intelligence ausschließlich frei verfügbare und aus öffentlichen Quellen zugängliche Informationen verwendet werden.

5.8 Vertiefung

Zur Vertiefung des Themas können Sie die folgenden Fragen beantworten:

Welche Zusatzdienstleistungen bietet meine Informationseinrichtung neben den klassischen Bibliothekarischen Tätigkeiten an?

Nach welchen Informationsdienstleistungen wurde bereits von den Kunden gefragt?

Welche Dienstleistungen wären darüber hinaus für meine Kundengruppe interessant?

Welche Dienstleistungen können wir von unseren Kapazitäten (Zeit, Geld, Personal) her realisieren?

Welche Kooperationsmöglichkeiten zwischen Informationseinrichtung und IT-Abteilung bestehen bereits? Welche können noch weitere ausgebaut werden?

Welche erweiterten Dienstleistungen möchte ich innerhalb der nächsten 12 Monate aufbauen und den Kunden zur Verfügung stellen?

6 Schlussbemerkung

Wie wir gesehen haben, ist die juristische Praxis sehr vielseitig. Es gibt daher kein wirkliches Patentrezept, wie man eine juristische Bibliothek oder Informationseinrichtung aufbaut, bzw. wie man Informations- und Wissensmanagement in einer juristischen Institution „richtig" gestaltet. Die hier gegebenen Ausführungen sollen daher in erster Linie als Anregung dienen, Bibliotheks- und Informationsmanagement in juristischen Institutionen aktiv zu gestalten.

Der erste Teil des Buches hat gezeigt, dass juristische Bibliotheken und Informationseinrichtungen von der Größe, dem Aufbau und vor allem von der Kundengruppe sehr unterschiedlich sein können. Dementsprechend verschieden sind auch die einzelnen Informationseinrichtungen. Die routinemäßig anfallenden Aufgaben zur Pflege und zum kontinuierlichen Ausbau einer Bibliothek sind allerdings überall dieselben. Auch der organisatorische Rahmen ist vielerorts ähnlich, und unterscheidet sich nicht allzu sehr von anderen Spezialbibliotheken.

Der Aufbau einer juristischen Bibliothek, wie er im ersten Teil beschrieben wurde, kann als Ausgangsbasis für weitere Informations- und Wissensmanagementaktivitäten in einer juristischen Organisation dienen. Dabei wird Informationsmanagement in diesem Kontext als Management aller in der Institution vorhanden Informationsressourcen verstanden. Ein wesentlicher Bestandteil des Informationsmanagements ist die Beschaffung, Verwaltung und Aufbereitung der in der Praxis benötigten Fachinformationen. Die wichtigsten Informationsanbieter aus den Bereichen Recht, Steuern und Wirtschaft wurden dabei vorgestellt. Zur Ergänzung der klassischen Fachliteratur und der etablierten Datenbanken wurden auch einige exotischere Informationsquellen aufgeführt, die in der Arbeitspraxis vieler Juristen regelmäßig benötigt werden.

Auch das Wissensmanagement findet in der Berufspraxis von Informationsspezialisten eine immer wichtigere Bedeutung. Neben der Organisation des expliziten, dokumentierbaren Wissens, besteht die Kunst hier in der Erfassung des impliziten Wissens.

In den vergangen Jahren ist deutlich geworden, dass über die reine Bibliotheksverwaltung hinaus weitere Dienstleistungen angeboten werden müssen, um zukünftig als Informationseinrichtung bestehen zu können. Die hier vorgestellten Services sollen eine Anregung bieten, das Aufgabenspektrum des Informationsspezialisten kontinuierlich auszubauen.

Abschließend ist zu sagen, dass wir Information Professional viel mehr können, als es von Fachfremden wahrgenommen wird. Wir müssen es nur nach außen hin zeigen. Seien Sie also kreativ in der Gestaltung Ihrer Informationsangebote und der Entwicklung neuer Dienstleistungen. Steigen Sie von Ihrem bibliothekarischen Elfenbeinturm herunter, und mischen Sie sich unter das Volk. Und denken Sie immer daran: Der Erfolg einer Informationseinrichtung ist immer abhängig von den dort tätigen Informationsspezialisten!

Teil III: **Anhang**

Adressen

Bibliotheken mit besonderen juristischen Beständen

Bibliothek des Bundesarbeitsgerichts
Hugo-Preuß-Platz 1
99084 Erfurt
Tel.: 0361-2636-1710 (Auskunft)
Fax: 0361-2636-2003
Email: Bibliothek@Bundesarbeitsgericht.de
http://www.bundesarbeitsgericht.de/dasgericht/bibliothek.html

Öffnungszeiten:
Mo–Do: 8.00–15.30 Uhr
Fr: 8.00–13.00 Uhr

Bibliothek des Bundesgerichtshofes
Anschrift:
Bundesgerichtshof
- Bibliothek -
Herrenstraße 45 a
76133 Karlsruhe

Postanschrift:
Bundesgerichtshof
- Bibliothek -
76125 Karlsruhe

Tel.: 0721-159-5000
Fax: 0721-159-5612
Email: bibliothek@bgh.bund.de
http://www.bundesgerichtshof.de/DE/Bibliothek/Bibliothek_node.html

Öffnungszeiten für externe Benutzer:
Mo–Do: 8.30–15.00 Uhr
Fr: 8.30–14.00 Uhr

Bibliothek des Bundessozialgerichts
Graf-Bernadotte-Platz 5
34119 Kassel

Tel.: 0561-3107-408 oder 3107-357
Fax: 0561-3107-227
Email bibliothek@bsg.bund.de
http://www.bsg.bund.de/cln_339/nn_138308/DE/01__Das__Gericht/04__Organisation/05__Bibliothek/bibliothek__node.html?__nnn=true

Öffnungszeiten:
Mo–Do: 8.00–16.00 Uhr
Fr: 8.00–14.00 Uhr
Für externe Nutzer ist eine vorherige Anmeldung empfehlenswert!

Bibliothek des Bundesverwaltungsgerichts
Simsonplatz 1
04107 Leipzig
Tel.: 0341-2007-1632
Fax: 0341-2007-1602
Email: ausleihe@bverwg.bund.de
http://www.bverwg.de/informationen/bibliothek.php

Öffnungszeiten für externe Benutzer:
Mo–Fr: 8.00–14.30 Uhr
Die Benutzung ist nur nach Voranmeldung möglich!

Bibliothek des Bundestag
Deutscher Bundestag
Bibliothek
Platz der Republik 1
11011 Berlin
Tel.: 030-227-32312
Fax: 030-227-36087
Email: bibliothek@bundestag.de

Dienstgebäude:
Adele-Schreiber-Krieger-Straße 1
10117 Berlin

Benutzung und Information:
Tel.:030-227-32621 / - 32626
Fax: 030 227-36362
Email: information.id1@bundestag.de

Öffnungszeiten:
in Sitzungswochen:
Mo–Do: 9.00–18.00 Uhr
Fr.: 9.00 – 14.00 Uhr

in sitzungsfreien Wochen:
Mo–Do: 9.00–17.00 Uhr
Fr: 9.00–14.00 Uhr

Antrag auf Benutzung der Bibliothek des Deutschen Bundestags:
http://www.bundestag.de/dokumente/bibliothek/selbst/formular.pdf

Staatsbibliothek Berlin – Preußischer Kulturbesitz (Sondersammelgebiet Recht):
Haus unter den Linden
Unter den Linden 8
D-10117 Berlin (Mitte)
Öffnungszeiten:
Allgemeine Lesesäle:
Mo–Fr: 9.00 – 21.00 Uhr
Sa: 9.00 – 17.00 Uhr

Anmeldung:
Mo–Fr: 9.00–20.30 Uhr
Sa: 9.00–16.30 Uhr
Bücherausgabe / Buchausgabe in den Lesesaal:
Mo–Fr.: 9.00–21.00 Uhr
Sa: 9.00–17.00 Uhr
Informationszentrum:
Mo–Fr: 9.00–21.00 Uhr
Sa: 9.00–17.00 Uhr

Haus Potsdamer Straße
Potsdamer Straße 33
D-10785 Berlin (Tiergarten)

Öffnungszeiten:
Allgemeiner Lesesaal / Information:
Mo–Fr: 9.00–21.00 Uhr
Sa: 9.00–19.00 Uhr
Anmeldung:
Mo–Fr: 9.00–21.00 Uhr
Sa: 9.00–19.00 Uhr
Leihstelle:
Mo–Fr: 10.00–19.00 Uhr
Sa: 10.00–13.00 Uhr
Buchabholbereich für die Ausleihe außer Haus:
Mo–Fr: 10.00–19.00 Uhr
Sa: 10.00–13.00 Uhr

Tel.: 030-266-0
http://www.staatsbibliothek-berlin.de

Universitätsbibliothek Tübingen (Sondersammelgebiet Kriminalistik):
Wilhelmstraße 32
72074 Tübingen
Tel.: 07071-297-2846
http://www.uni-tuebingen.de/einrichtungen/universitaetsbibliothek/fachgebiete/sondersammelgebiete/ssg-21-kriminologie.html

Bibliotheken der juristischen Max-Planck-Institute
Die Nutzung der Bibliotheken der juristischen Max-Planck-Institute für externe Gäste ist nur bei einem berechtigten wissenschaftlichen Interesse möglich. Bitte klären Sie dies vorab mit der jeweiligen Bibliothek.

Bibliothek des Max-Planck-Institut für ausländisches und internationales Privatrecht
Mittelweg 187
20148 Hamburg
Tel.: 040-41900-0
Fax: 040-41900-288
http://www.mpipriv.de/ww/de/pub/bibliothek.htm

Öffnungszeiten der Lesesäle:
Mo–Fr: 8.00–21.00 Uhr
Sa: 13.00–18.00 Uhr
Für Tagesgäste gelten eingeschränkte Öffnungszeiten:
Mo–Fr: 8.00–19.00 Uhr

Bibliothek des Max-Planck-Instituts für ausländisches und internationales Sozialrecht
Amalienstr. 33
80799 München
Tel.: 089-38602-462
Fax: 089-38602-490
http://www.mpisoc.mpg.de/ww/de/pub/bibliothekar.cfm
OPAC: http://www.mpisoc.mpg.de/ww/de/pub/bibliothekar/recherche/online_katalog.cfm

Öffnungszeiten der Bibliothek für externe Gäste:
Mo–Do: 8.00–17.00 Uhr
Fr: 8.00–14.30 Uhr

Bibliothek des Max-Planck-Institut für ausländisches und internationales Strafrecht
Günterstalstraße 73
79100 Freiburg i. Br.
Tel.: 0761-7081-0
Fax: 0761-7081-417
http://www.mpicc.de/ww/de/pub/bibliothek.htm
OPAC: http://www.mpicc.de/ww/de/pub/bibliothek/recherche/opac.htm

Öffnungszeiten für Tagesgäste:
Mo–Fr: 9.00–12.00 Uhr
Do: 9.00–12.00 Uhr und 13.00–15.30 Uhr

Bibliothek des Max-Planck-Institut für ausländisches öffentliches Recht und Völkerrecht
Im Neuenheimer Feld 535
D-69120 Heidelberg
Tel.: 06221-482-1
Fax: 6221-482-288
http://www.mpil.de/ww/de/pub/bibliothek/ueber.cfm

Bibliothek des Max-Planck-Institut für Geistiges Eigentum, Wettbewerbs- und Steuerrecht

Bibliothek Immaterialgüter- und Wettbewerbsrecht
Marstallplatz 1
80539 München

Tel.: 089-24246-221
Fax: 089-24246-501
Email: bibliothek.ip@ip.mpg.de
http://www.ip.mpg.de

Öffnungszeiten
Mo–Fr: 08.00–21.00 Uhr
Sa: 10.00–14.00 Uhr

Bibliothek Steuerrecht und Öffentliche Finanzen
Marstallstr. 8
80539 München

Tel.: 089-24246-5402
Fax: 089-24246-501
Email: bibliothek@tax.mpg.de
http://www.tax.mpg.de

Öffnungszeiten
Mo–Do: 09.00–17.00 Uhr
Fr: 09.00–15.00 Uhr

Bibliothek des Max-Planck-Institut für europäische Rechtsgeschichte
Hausener Weg 120
60489 Frankfurt am Main
Tel.: 069-78978-0
Fax: 069-78978-169
http://www.rg.mpg.de/de/bibliothek/index/

Öffnungszeiten:
Mo–Do: 9.00–18.00 Uhr
Fr: 9.00–16.00 Uhr

Adressen — 151

Bibliothek des Deutschen Instituts für Menschenrechte
Zimmerstraße 26/27
10969 Berlin
Tel.: 030-259359-0
Fax: 030-259359-59
http://www.institut-fuer-menschenrechte.de/de/bibliothek.html

Öffnungszeiten:
Mo–Fr: 10–17 Uhr.

Juristische Fachverlage

Verlag C. H. Beck oHG
Wilhelmstraße 9
80801 München

Postanschrift:
Postfach 40 03 40
80703 München

Tel.:089-38189-0
Fax: 089-38189-398
Email: info@beck.de
http://www.beck.de

Bund-Verlag GmbH
Heddernheimer Landstraße 144
60439 Frankfurt am Main

Postanschrift:
Bund Verlag GmbH
60424 Frankfurt am Main
Tel.: 069-7950100
Fax: 069-795010-11
Email: kontakt@bund-verlag.de
http://www.bund-verlag.de/kontakt/
(hauptsächlich Literatur zum Arbeits- und Sozialrecht)

Bundesanzeiger Verlag GmbH
Amsterdamer Straße 192
50735 Köln
Tel.: 0221-97668-0
Fax: 0221-97668-278
service@bundesanzeiger.de
www.bundesanzeiger-verlag.de

Erich Schmidt Verlag GmbH & Co. KG
Genthiner Straße 30 G
D-10785 Berlin-Tiergarten
Tel.: 030-250085-0
Fax: 030-250085–305
Email: ESV@ESVmedien.de
www.ESV.info

Mohr Siebeck GmbH & Co. KG
Wilhelmstraße 18
72074 Tübingen

Postfach 2040
72010 Tübingen

Tel.: 07071-923-0
Fax: 07071-51104
Email: info@mohr.de
http://www.mohr.de

Nomos Verlagsgesellschaft mbH & Co. KG
Waldseestraße 3-5
76530 Baden-Baden
Tel.: 07221-2104-0
Fax: 07221-2104-27
Email: nomos@nomos.de
http://www.nomos.de

Verlag Dr. Otto Schmidt KG
Gustav-Heinemann-Ufer 58
50968 Köln

Postfachadresse:
Postfach 51 10 26
50946 Köln

Tel.: 0221-93738-01
Fax: 0221-93738-900
Email: info@otto-schmidt.de
http://www.otto-schmidt.de

Walter de Gruyter GmbH
Genthiner Straße 13
10785 Berlin
Tel.: 030-26005-0
Fax: 030-26005-251
Email: info@degruyter.com
http://www.degruyter.com

Wolters Kluwer Deutschland GmbH
Luxemburger Straße 449
50939 Köln
Tel.: 0221-94373-7000
Fax: 0221-94373-7201
Email: info@wolterskluwer.de
http://www.wolterskluwer.de

Zur Wolters-Kluwer-Gruppe gehören mehrere deutsche juristische Fachverlage, wie z. B.:
Carl Heymanns Verlag
Luchterhand
Werner Verlag
ZAP Verlag

Ebenfalls zur Wolters-Kluwer-Gruppe gehört die Datenbank Jurion

Juristische Fachbuchhandlungen

Lehmanns Media GmbH
Ottostraße 12
50859 Köln

E-Mail: info@lehmanns.de
http://www.lehmanns.de

Lehmanns ist eigentlich eine Fachbuchhandlung, die auf den medizinisch-naturwissenschaftlich-technischen Bereich ausgerichtet ist. In letzter Zeit werden aber die Fachgebiete Recht, Steuer, Wirtschaft ausgebaut.

Filialen sind in folgenden Städten zu finden:
- Berlin-Hardenbergstraße 5
- Berlin-Friedrichstraße 128
- Berlin-Charitéplatz 1
- Berlin-Rudower Chaussee 26
- Berlin-Helmholtzstraße (SIZ)
- Dresden-Blasewitzer Straße 78
- Düsseldorf-Himmelgeister Straße 131
- Erlangen-Universitätsstraße 6
- Essen-Robert-Koch-Straße 12
- Freiburg-Friedrichring 25
- Gießen-Frankfurter Straße 42
- Göttingen-Weender Straße 87
- Halle-Universitätsring 7
- Hamburg-Kurze Mühren 6
- Hamburg-Martinistraße 52 (UKE)
- Hannover-Georgstraße 10
- Hannover-Carl-Neuberg-Straße 1
- Heidelberg-Im Neuenheimer Feld 370
- Heidelberg-Universitätsplatz 12
- Köln-Kerpener Straße 75
- Leipzig-Grimmaische Straße 10
- Leipzig-Brüderstraße 53
- Mainz-Binger Straße 14-16
- Mannheim-Theodor-Kutzer-Ufer 1-3
- Marburg-Steinweg 35a
- Mülheim-Oberheidstraße 162/164
- München-Pettenkoferstraße 18
- München-Veterinärstraße 10
- Regensburg-Universitätsstraße 31
- Ulm-Wengengasse 27
- Viernheim-Werner-von-Siemens-Str. 2

Sack Mediengruppe GmbH & Co. KG
Gustav-Heinemann-Ufer 58
50968 Köln
E-Mail: service@sack.de
http://www.sack-mediengruppe.de

Fachbuchhandlung zu Recht, Steuern Wirtschaft.
Zur Sack-Mediengruppe gehören folgende Buchhandlungen:
- Struppe & Winckler, Berlin Mitte
- Struppe & Winckler, Berlin Dahlem
- Struppe & Winckler, Bielefeld
- Fachbuch Gebicke am Gericht, Darmstadt
- Fachbuchhandlung Sack, Düsseldorf

- Fachbuchhandlung Sack, Frankfurt
- Fachbuchhandlung Sack, Köln
- Fachbuchhandlung Sack, Leipzig
- Coppenrath & Boeser, Münster

Schweitzer Fachinformationen:
Schweitzer Sortiment oHG
Elsenheimerstraße 41-43
80687 München
http://www.schweitzer-online.de

Schweitzer Fachinformationen ist ein Verbund rechtlich selbstständiger Fach- und Universitätsbuchhandlungen. Zum Verbund gehören folgende Buchhandlungen:
- Boysen + Mauke oHG, Hamburg
- Buchhandlung Geist, Bremen
- Buchhandlung Thye, Oldenburg
- Dreist, Dortmund
- Fachbuchhandlung Herrmann, Hannover
- Goethe Buchhandlung Teubig GmbH, Chemnitz
- Goethe Buchhandlung Teubig GmbH, Dresden
- Goethe Buchhandlung Teubig GmbH, Düsseldorf
- Fachbuchhandlung Herrmann, Hannover
- Hoser & Mende KG, Karlsruhe
- Hoser & Mende KG, Stuttgart
- Kamloth & Schweitzer oHG, Bremen
- Kerst & Schweitzer oHG, Frankfurt am Main
- Kersl, Duisburg
- Pfaffelhuber, Regensburg
- Scherell & Mundt, Mainz
- Scherell & Mundt, Wiesbaden
- Schweitzer am Campus, Halle (Saale)
- Schweitzer Fachinformationen oHG, München
- Schweitzer Sortiment oHG. Berlin
- Schweitzer Sortiment oHG, Potsdam
- Witsch, Behrendt & Schweitzer oHG, Köln
- Witsch, Behrendt & Schweitzer oHG, Bonn
- Universitätsbuchhandlung Leipzig & Schweitzer oHG, Leipzig
- Zeiser & Büttner oHG, Nürnberg

vub GmbH
Sedanstraße 31–33
50668 Köln

Postfach 270209
50508 Köln

Tel.: 0221-2079-2141
Email: sales@vub.de
http://www.vub.de

Juristische Antiquariate

Altauflagen und vergriffene Bücher sind meistens nicht mehr über den normalen Buchhandel zu bekommen. Sie müssen in der Regel über ein Antiquariat bezogen werden. Leider gibt es nicht mehr viele Antiquariate, die juristische Fachliteratur anbieten. Das in Deutschland mittlerweile bekannteste Portal für vergriffene Bücher und Altauflagen ist das Zentrale Verzeichnis antiquarischer Bücher (ZVAB). Es bietet eine Recherche in den Beständen verschiedener Antiquariate. Die Bestellung kann einfach über das Internet erfolgen.

Zentrales Verzeichnis Antiquarischer Bücher (ZVAB)
AbeBooks Europe GmbH
Ronsdorfer Str. 77a
40233 Düsseldorf
Email: info@abebooks.de

Kundenservice:
ZVAB.com
Ronsdorfer Str. 77a
D-40233 Düsseldorf
Tel.: 0211-8280573-20
Fax: 0211-8280573-10
Email: info@zvab.com
www.zvab.com

Ein Antiquariat, das sich auf juristische Fachliteratur spezialisiert hat, ist das Antiquariat Pfeffer in Erlenbach. Pfeffer ist vor allem bekannt für seine großen Bestände an alten juristischen Zeitschriften. Eine Anzeige mit den aktuellen Angeboten wird regelmäßig in der NJW veröffentlicht.

Fa. Pfeffer
Inh. Gabriele Pfeffer
Fachbuchhandlung/Antiquariat
Müllersweg 14
63906 Erlenbach
Tel.: 06022-264840
Fax: 06022-264841
Email: g-pfeffer@t-online.de
http://www.pfeffer-books.com

Neben diesen beiden Antiquariaten haben auch einige Filialen der Fachbuchhandlungen Lehmanns, Sack, sowie des Schweitzer Sortiments kleine Antiquariate über die Standardtitel besorgt werden können. Sprechen Sie einfach ihren jeweiligen Kundenbetreuer darauf an.

Anbieter von Rechtsdatenbanken

Beck-Online
Verlag C. H. Beck oHG
Wilhelmstraße 9
80801 München

Postfach 40 03 40
80703 München
Email: info@beck.de
www.beck.de

Management beck-online
Tel.: 089-38189-635
Fax: 089-38189-134
Email: info@beck.de

Kunden Service Center (KSC)
Tel.: 089-38189-747
Fax: 089-38189-297
Email: beck-online@beck.de

Juris GmbH
Gutenbergstraße 23
66117 Saarbrücken

Postfach 101564
66015 Saarbrücken

Tel.: 0681-5866-0
Fax: 0681-5866-239
Email: info@juris.de
http://www.juris.de

Jurion
Wolters Kluwer Deutschland GmbH
Luxemburger Straße 449
50939 Köln
Tel.: 0221-94373-7000
Fax: 0221-94373-7201
Email: info@wolterskluwer.de
www.jurion.de

Makrolog – Recht für Deutschland
Makrolog Content Management Aktiengesellschaft
Patrickstraße 43
65191 Wiesbaden
Tel.: 0611-95782-0
Fax.: 0611-95782-28
Email: postmaster@makrolog.de
www.makrolog.de

LexisNexis
LexisNexis GmbH
Heerdter Sandberg 30
40549 Düsseldorf
Tel.: 0211-417435-40
Fax: 0211-417435-10
Email: kontakt@lexisnexis.de
http://www.lexisnexis.de

Westlaw
Thomson Reuters
610 Opperman Drive
Eagan, MN 55123
USA
Tel.: +1-651-687-7000
www.westlaw.com

HeinOnline
1285 Main St.
Buffalo, NY 14209
USA
Toll Free: 800-828-7571
Local: +1-716-882-2600
International: +1-716-882-2600
Fax: +1-716-883-8100
Email: mail@wshein.com
http://home.heinonline.org/

Anbieter Steuer- und Bilanzrechtsinformationen

CCH
CCH, a Wolters Kluwer business
Wolters Kluwer Law & Business
2700 Lake Cook Road
Riverwoods, IL 60015
http://www.cchgroup.com

oder

Wolters Kluwer Deutschland GmbH
Heddesdorfer Straße 31a
56564 Neuwied
Telefon: 02631-801-2222
Telefax: 02631-801-2223
Email: info@wolterskluwer.de
http://www.wolterskluwer.de

Datev eG
Paumgartnerstr. 6 - 14
90429 Nürnberg
Tel.: 0911-319-0
Fax: 0911-319-3196
Email: info@datev.de
http://www.datev.de

Haufe Steuer-Office
Haufe-Lexware GmbH & Co. KG
Munzinger Straße 9
79111 Freiburg
Tel.: 0800-5050-445
Fax: 0800-5050-446
Email: online@haufe.de
http://www.haufe.de

IASB
Über den Online Shop des IASB können offizielle Publikationen zu den International Accounting Standards und International Financial Reporting Standards erworben werden. Ebenfalls auf der Website befindet sich der Zugang zu den eIFRS

IFRS Foundation
Content Services
30 Cannon Street
London EC4M 6XH
Großbritannien

Tel.: +44-(0)20-7332-2730
Fax: +44-(0)20-7332-2749
Email: publications@ifrs.org
http://shop.ifrs.org/ProductCatalog/Default.aspx

eIFRS:
http://eifrs.ifrs.org/eifrs/Menu

International Bureau of Fiscal Documentation (IBFD)
Ein führender Anbieter für internationale Steuerrechtsinformationen

IBFD Head Office
Visitors' Address:
H.J.E. Wenckebachweg 210,
1096 AS Amsterdam
Niederlande
Tel.: +31-20-554 0100
Fax: +31-20-620 8626
Email: info@ibfd.org
http://www.ibfd.org

Customer Services:
Tel.: +31-20-554 0176
Fax: +31-20-620 8626
Opening hours: 9:00–17:00 CET
info@ibfd.org

Verlag Neue Wirtschaftsbriefe (NWB)

NWB Verlag GmbH & Co. KG
Eschstraße 22
44629 Herne
Tel.: 02323-141-900
Fax: 02323-141-123
Email: service@nwb.de
http://www.nwb.de

NWB-Datenbank:
http://www.nwb-datenbank.de

SIS Verlag GmbH
Am Hochacker 2 – Technopark
85630 Grasbrunn bei München
Tel.: 089-4301021
Fax: 089-44307215
Email: info@sis-verlag.de
http://www.sis-verlag.de

Stollfuß Medien GmbH & Co. KG
Dechenstraße 3–11
53115 Bonn
Tel.: 0228-7240
Fax: 0228-7249-1181
Email: info@stollfuss.de
http://www.stollfuss.de

IDW Verlag GmbH
Wirtschaftsprüferhaus
Tersteegenstraße 14
40474 Düsseldorf
Tel.: 0211-4561-222
Fax: 0211-4561-206
Email: post@idw-verlag.de
http://www.idw-verlag.de
Verlag des Instituts der Wirtschaftsprüfer.

Anbieter Wirtschaftsdatenbanken

Bundesanzeiger: Handelsregister, Unternehmensregister, Firmextra

Handelsregister:
Amtsgericht Hagen
-Servicestelle Registerportal-
Heinitzstr. 42
58097 Hagen
Tel.: 02331-36748-0
Fax: 0211-87565-114100
Email: service@handelsregister.de
http://www.handelsregister.de

Unternehmensregister:
Führung des Unternehmensregisters im Auftrag des Bundesministeriums der Justiz
Postfachanschrift: 11015 Berlin
Hausanschrift: Mohrenstraße 37
10117 Berlin
Tel.: 030-18580-0

Bundesanzeiger Verlag GmbH
Hausanschrift:
Amsterdamer Straße 192
50735 Köln

Postfachanschrift:
Postfach 10 05 34
50445 Köln
Tel.: 0221-97668-0
Fax: 0221-97668-278 (Vertrieb)
Email: service@bundesanzeiger.de
http://www.unternehmensregister.de

Firmextra
Bundesanzeiger Verlag GmbH
Amsterdamer Str. 192
50735 Köln
Tel.: 0221-97668-0
Fax: 0221-97668-271
Email: firmextra@bundesanzeiger.de
http://www.firmextra.de

Bureau van Dijk (Deutschland)
Hanauer Landstraße 175-179
60314 Frankfurt am Main
Tel.: 069-963665-0
Fax: 069-963665-50
Email: frankfurt@bvdinfo.com
Helpline: 069-963665-55
Help E-Mail: help.frankfurt@bvdinfo.com
http://www.bvdinfo.com

Datenbanken: z. B. Amadeus, Markus, Zypher

Bürgel
Bürgel Wirtschaftsinformationen GmbH & Co. KG
Gasstraße 18
22761 Hamburg
Tel.: 040-89803-0
Fax: 040-89803-777
Email: Info@buergel.de
http://www.buergel.de

Inhalte:
Wirtschaftsinformationen
Bonitätsauskünfte

Creditreform / Firmenwissen
Verband der Vereine Creditreform e.V.
Hellersbergstraße 12
41460 Neuss
Tel.: 02131-109-0
Fax: 02131-109-8000
Email: creditreform@verband.creditreform.de
http://www.creditreform.de

Firmenwissen
Verband der Vereine Creditreform e.V.
Hellersbergstraße 12
41460 Neuss
Tel.: 02131-109-0
Fax: 02131-109-8000
Email: info@firmenwissen.de
http://www.firmenwissen.de

Inhalte:
Firmendaten aus Deutschland
- Ca. 3,1 Mio. Firmenprofile
- Ca. 1,2 Mio. Finanzprofile
- Ca. 5,5 Mio. Jahresabschlüsse
- Ca. 3,1 Mio. Bonitätsprüfungen
- Ca. 1,5 Mio. Marketing-Adressen

Dialog
2250 Perimeter Park drive
Suite 300
Morrisville, North Carolina 27560
United States
Tel.: +1-919-804-6400
Fax: +1-919-804-6410
http.//www.dialog.com

Kontakt in Europa:
Tel.: +44-207-8321700
Fax: +44-207-8321710

Dun & Breadstreet
Corporate Headquarters - US
103 JFK Parkway
Short Hills, NJ 07078
973.921.5500
www.dnb.com

D&B Deutschland GmbH
Havelstraße 9
64295 Darmstadt
Tel.: Zentrale: 06151-1375-0
Tel.: Kundenservice: 06151-1375-777
Fax: 06151-1375-675
E-Mail: kundenservice@dnbgermany.de

Inhalte:
Globale Wirtschaftsdatenbank mit Informationen zu mehr als 205 Millionen Unternehmen aus ca. 200 Ländern.

Factiva
Dow Jones News GmbH
Baseler Arkaden
Wilhelm-Leuschner-Str. 78
60329 Frankfurt am Main
Tel.: 069-29725-350
Fax: 069-29725-360
Email: info.germany@dowjones.com
http://www.dowjones.de/site/factivacom.html

Inhalte:
– rund 28.000 Nachrichtenquellen aus 159 Ländern in 25 Sprachen,
– Informationen von Nachrichtenagenturen
– Aktuelle und archivierte Ausgaben führender Zeitungen,
– Abschriften von Fernseh- oder Radiosendungen
– Allgemeine Wirtschaftsmagazine und Branchenpublikationen
– Presse-Bilder
– Sowie Unternehmensberichte, historische Marktdaten und Web-Content.

Genios
GBI-Genios Deutsche Wirtschaftsdatenbank GmbH
Freischützstr. 96
81927 München
Tel.: 089-992 79-0
Fax: 089-992879-99
Email: info@genios.de
http://www.genios.de

Helpdesk bei Fragen zur Recherche (ausschließlich zu Inhalten von Datenbanken, Suchtechniken etc.):
Mo–Fr.: 8.00 - 18.00 Uhr
Fax: 089 - 992879-48
Email: recherche@genios.de

Inhalte:
- Unternehmensinformationen
- Tages- und Wochenzeitungen
- Fachzeitschriften
- eBooks (zu Wirtschaftsthemen)
- Markt- und Branchenstudien
- Personeninformationen
- FVorlagen und Muster

Hoppenstedt
Hoppenstedt Firmeninformationen GmbH
Havelstraße 9
64295 Darmstadt
Tel.: 06151-380-0
Fax 06151- 380-360
Email: info@hoppenstedt.de
http://www.hoppenstedt.de

Inhalte:
- Ca. 850.000 Firmenadressen
- Informationen zu den 300.000 größten Firmen in Deutschland.
- Kreditinformationen

Hoover's Inc.
5800 Airport Blvd.
Austin
TX 78752
USA
Tel.: +1-521-374-4500
Fax: +1-512-374-4051
http://www.hoovers.com

LexisNexis Wirtschaft
LexisNexis GmbH
Heerdter Sandberg 30
40549 Düsseldorf
Telefon: 0211-417435-40
Email: kontakt@lexisnexis.de
http://www.lexisnexis.de

MergerMarket
80 Strand
London
WC2R 0RL
Großbritannien
Tel.: +44-20-7010-6100
Email: sales.emea@mergermarket.com
http://www.mergermarket.com

Newsletter und RSS-Feeds

Für den Juristen ist es wichtig, dass er sich über juristische Neuerungen, aber auch über das allgemeine wirtschaftliche, politische und gesellschaftliche Tagesgeschehen auf dem Laufenden hält. Die folgenden Newsletter sind dazu sehr hilfreich. Die Meisten von ihnen sind kostenlos für jeden frei zugänglich. Einige Angebote können allerdings nur kostenpflichtig bezogen werden. Alternativ zum klassischen Newsletter können oftmals auch RSS-Feeds abonniert werden.

Allgemeine juristische Newsletter

Beck-Ticker
Nachrichten des Tages aus der beck-aktuell-Redaktion
Herausgegeben von: Verlag C. H: Beck
http://www.beck-online.de
Erscheinungsweise: Mo-Fr täglich
(Registrierung für den Newsletter nur mit Beck-Online-Kennung möglich)
RSS-Feed: beck-aktuell.beck.de/rss.xml

Juris-Newsletter
Herausgegeben von: Juris
http://www.juris.de/jportal/nav/service/newsletterbersicht/newsletter.jsp
Erscheinungsweise: nach Bedarf

Otto-Schmidt-Verlag-Newsletter:
Arbeitsrecht, IP-Recht, Mietrecht, Steuerrecht, Wirtschaftsrecht, Zivilrecht
Herausgegeben von: Verlag Otto Schmidt
http://www.otto-schmidt.de/newsletter/
Erscheinungsweise: wöchentlich

Newsletter vom IWW-Institut
BGH-Leitsatzentscheidungen, BFH-Leitsatzentscheidungen, Honorar und Recht für Architekten und Ingenieure (HRAI), BFH anhängige Verfahren; Urteilsservice Versicherung und Vermittlung; Steuern und Kapitalanalgen;
Neben diesen kostenlosen Newslettern könne auch kostenpflichtige Nachrichtendienste zu verschiedenen Rechtsthemen abgeschlossen werden.
Herausgegeben von: IWW-Institut
http://www.iww.de
Erscheinungsweise: wöchentlich oder monatlich

Juristische Branchennewsletter

Juve-Newsline
Herausgegeben von: Juve Verlag
http://www.juve.de
Erscheinungsweise: wöchentliche (donnerstags)

The Lawyer News Daily
Herausgegeben von: The Lawyer
http://www.thelawyer.com/rss-feeds
Erscheinungsweise: Mo-Fr

Legal Week
Herausgegeben von: Legal Week (Incisive Media)
http://app.emails.legalweek.com/prefcenter/signup.cfm?b=50&/
Erscheinungsweise: Mo-Fr täglich

Rechtsprechung

BFH-Leitsatzentscheidungen / BGH-Leitsatzentscheidungen
IWW-Institut
http://www.iww.de
Erscheinungsweise: unregelmäßig

RSS-Feeds des Bundesarbeitsgericht
http://www.bundesarbeitsgericht.de/rss.html
Erscheinungsweise: unregelmäßig

RSS-Feeds des Bundesfinanzhofs:
http://www.bundesfinanzhof.de/service/RSS-Feeds
Erscheinungsweise: unregelmäßig

Newsletter und RSS-Feeds des Bundesgerichtshofs:
Newsletter:
https://www.bundesgerichtshof.de/DE/Service/Newsletter/newsletter_bestellen_node.html
RSS-Feeds: http://juris.bundesgerichtshof.de/rechtsprechung/bgh/feed.xml
Erscheinungsweise: unregelmäßig

RSS-Feeds des Bundessozialgerichts:
http://www.bsg.bund.de/cln_339/nn_1321/2/DE/Service/RSSFeed/RSSFeed__node.html?__nnn=true
Erscheinungsweise: unregelmäßig

Newsletter und RSS-Feeds des Bundesverfassungsgerichts:
Newsletter: http://www.bundesverfassungsgericht.de/newsletter/newsletter.html
RSS-Feeds: http://www.bundesverfassungsgericht.de/rss/pressemitteilungen/
http://www.bundesverfassungsgericht.de/rss/entscheidungen/
Erscheinungsweise: unregelmäßig

RSS-Feeds des Bundesverwaltungsgerichts:
http://www.bverwg.de/informationen/rss_feeds.php
Erscheinungsweise: unregelmäßig

Newsletter und RSS-Feeds von Parlament und Ministerien

BMF-Newsletter
Email-Abonnement für: Artikel, BMF-Schreiben, Monatsbericht, Pressemitteilungen, Umsatzsteuerumrechnung, Europa und internationale Beziehungen, Finanz- und Wirtschaftspolitik, Steuern und Zölle
Herausgegeben von: Bundesministerium der Finanzen
http://www.bundesfinanzministerium.de/nn_54/DE/BMF__Startseite/Service/Newsletter/node.html
Erscheinungsweise: Unregelmäßig

Bundesregierung: Artikel, Pressemitteilungen, Quartalsberichte
Hrsg. von der Bundesregierung
https://www.bundesregierung.de/Webs/Breg/DE/Service/Abos/abo_nachrichten_node.html
Erscheinungsweise: Unregelmäßig

Heute im Bundestag (HIB)
Herausgegeben von: Deutscher Bundestag
http://www.bundestag.de/service/newsletter/index.html
Erscheinungsweise: mehrmals täglich

Pressenewsletter

FAZ-Newsletter
Herausgegeben von: Frankfurter Allgemeine Zeitung
https://www.faz.net/mein-faz-net/
Erscheinungsweise: täglich

Handelsblatt-Schlagzeilen
Herausgegeben von: Handelsblatt
http://www.handelsblatt.com/newsletter
Erscheinungsweise: täglich

Newsletter „manager-update"
Herausgegeben von: Manager Magazin
http://www.manager-magazin.de
Erscheinungsweise: täglich

N-TV-Newsletter
Herausgegeben von: N-TV
http://www.n-tv.de/newsletter/
Erscheinungsweise: täglich

Spiegel-Newsletter „Der Tag"
Herausgegeben von: Der Spiegel
http://www.spiegel.de/dienste/a-634551.html
Erscheinungsweise: täglich

Newsletter sueddeutsche.de - Online Ausgabe
Herausgegeben von: Süddeutsche Zeitung
http://www.sueddeutsche.de
Erscheinungsweise: werktäglich

Tagesschau-Newsletter
Herausgegeben: ARD
http://www.tagesschau.de/
Erscheinungsweise: täglich

DIE WELT.de Newsletter
http://www.welt.de
Erscheinungsweise: täglich (sonntags: WamA)

ZEIT-Brief, Inhaltsverzeichnis
Herausgegeben von: Die Zeit
http://www.zeit.de
Erscheinungsweise: wöchentlich (donnerstags)

Sonstiges

DIHK-Courier
Herausgegeben von: Deutsche Industrie und Handelskammer
http://www.dihk.de
Erscheinungsweise: wöchentlich

Google-Alerts
Benachrichtigungen zu News, Web-Inhalte oder Blogs zu beliebigen Themen
Herausgegeben von: Google
http://www.google.de/alerts
Erscheinungsweise: nach Bedarf

Stiftung Warentest - Newsletter
Herausgegeben von: Stiftung Warentest
http://www.test.de/meintest/newsletter/newsletterabonnieren/
Erscheinungsweise: unregelmäßig

Links

Bibliothekskataloge
Behördenbibliotheken NRW:
http://bvlb.nrw.de/webopac/
Bibliothek des Bundesarbeitsgerichts:
http://bag-webopac.barbg.de:8080/webOPACClient/start.do
Bibliothek des Bundesgerichtshofes:
http://www.bundesgerichtshof.de/DE/Bibliothek/Recherche/KatalogBGH/katalogBGH_node.html;jsessionid=A377BEBCB79EC48C6E5F6FAFC072B6FD.2_cid354
Bibliothek des Bundesverfassungsgerichts:
http://swb.bsz-bw.de/DB=2.317/EXIT?DEST=START_ABOUT
Bibliothek des Bundesverwaltungsgerichts:
http://swb.bsz-bw.de/DB=2.332/START_WELCOME?ADI_MAT=A&COOKIE=U998,Pbszgast,I17,B0728+,SY,NRecherche-DB,D2.332,E9959cb72-0,A,H,R217.228.107.239,FY
Bibliothek des Bundestag:
http://opac.bibliothek.bundestag.de/aDISWeb/app?service=direct/0/Home/$DirectLink&sp=Slocalhost%3A4103
Karlsruher Virtueller Katalog (KVK):
http://www.ubka.uni-karlsruhe.de/kvk.html
Staatsbibliothek Berlin – Preußischer Kulturbesitz (Sondersammelgebiet Recht):
http://stabikat.de/DB=1/LNG=DU/

Bibliografien (eine Auswahl)
Kuselit:
http://www.kuselit.de
Bibliography of German Statutes in English Translation:
http://www.iuscomp.org/gla/statutes/biblstindex.htm
German Business and Commercial Laws : Guide to Translations into English and Select Auxiliary Sources:
http://www.llrx.com/features/german.htm

Buchhandel
Amazon:
http://www.amazon.de
Buchkatalog:
http://www.buchkatalog.de
Buchhandlung Sack:
http://www.sack-mediengruppe.de
Buchhandlung Schweitzer:
http://www.schweitzer-online.de
Buchhandlung Lehmanns:
http://www.lehmanns.de
Vub GmbH:
http://www.vub.de

Rechts- und Steuerdatenbanken
Beck Online:
http://www.beck-online.de
Jurion:
http://www.jurion.de
Juris:
http://www.juris.de
LexisNexis:
http://www.lexisnexis.de

Makrolog - Recht für Deutschland:
   http://www.recht.makrolog.de
Westlaw classic:
   http://web2.westlaw.com
Westlaw International:
   http://www.westlawinternational.com/Welcome.html
HeinOnline
   http://home.heinonline.org/

Frei zugängliche juristische Informationsquellen
ALEX:
   http://alex.onb.ac.at/
DIP-Datenbank des Bundestags:
   http://dip.bundestag.de
Drucksachen und Plenarprotokolle des Bundestages von 1949–2005:
   http://pdok.bundestag.de
Parlamentsspiegel:
   http://www.parlamentsspiegel.de
Centre for German Legal Information:
   http://www.cgerli.org/index.php?id=61
Gesetze im Internet:
   http://www.gesetze-im-internet.de
BGBl.:
   http://www.bgbl.de/

Materialien zum Europarecht
EurLex:
   http://eur-lex.europa.eu/de/index.htm
Europäischer Gerichtshof – Rechtsprechungsdatenbank:
   http://curia.europa.eu
HUDOC-Datenbank des Europäischen Gerichtshofs für Menschenrechte:
   http://cmiskp.echr.coe.int/tkp197/search.asp?skin=hudoc-en
OEIL (europäische Verfahrensgänge):
   http://www.europarl.europa.eu/oeil/
Tenders Electronic Daily (Supplement des Amtsblatts der EU):
   http://ted.europa.eu
N-lex:
   eur-lex.europa.eu/n-lex/
PreLex:
   http://ec.europa.eu/prelex/apcnet.cfm?CL=de
E-Justice:
   https://e-justice.europa.eu

Rechtsprechung deutscher Gerichte
Übersicht Rechtsprechungsdatenbanken:
   http://www.justiz.de/onlinedienste/rechtsprechung/index.php
Bundesarbeitsgericht:
   http://juris.bundesarbeitsgericht.de/cgi-bin/rechtsprechung/list.py?Gericht=bag&Art=en
Bundesfinanzhof:
   http://www.bundesfinanzhof.de
Bundesgerichtshof:
   http://www.bundesgerichtshof.de
Bundesverfassungsgericht:
   http://www.bundesverfassungsgericht.de/entscheidungen.html

Bundesverwaltungsgericht:
: http://www.bverwg.de/entscheidungen/entscheidungen.php
Baden-Württemberg:
: http://lrbw.juris.de/cgi-bin/laender_rechtsprechung/list.py?Gericht=bw&Art=en
Bayern-Recht:
: http://www.gesetze-bayern.de/jportal/portal/page/bsbayprod.psml?st=ent
Berlin Brandenburg:
: http://www.gerichtsentscheidungen.berlin-brandenburg.de/
Hamburg - Gerichtsentscheidungen:
: http://www.rechtsprechung.hamburg.de/jportal/portal/page/bshaprod.psml?st=ent
Rechtsprechungsdatenbanken in der niedersächsischen Justiz:
: http://www.rechtsprechung.niedersachsen.de/jportal/portal/page/bsndprod.psml
Rechtsprechungsdatenbank NRW:
: http://www.justiz.nrw.de/RB/nrwe2/index.php
Hessische Landesrechtsprechungsdatenbank (LaReDa):
: http://www.lareda.hessenrecht.hessen.de/jportal/portal/page/bslaredaprod.psml
Entscheidungsdatenbank Rheinland-Pfalz:
: http://www.justiz.rlp.de/icc/justiz/nav/704/70479ed1-9880-11d4-a735-0050045687ab.htm
Saarland:
: http://www.rechtsprechung.saarland.de/cgi-bin/rechtsprechung/sl_frameset.py
Landesrechtsprechung Schleswig-Holstein:
: http://www.gesetze-rechtsprechung.sh.juris.de/jportal/portal/page/bsshoprod.psml

Handelsregister
Handelsregister Deutschland:
: http://www.handelsregister.de
Unternehmensregister Deutschland:
: http://www.unternehmensregister.de
Links zu den nationalen Handelsregister-Datenbanken über das E-Justice-Portal:
: https://e-justice.europa.eu/content_business_registers_in_member_states-106-EU-de.do?clang=de

Datenbanken Steuer- und Bilanzrecht
DATEV
: http://www.datev.de
NWB-Datenbank
: http://www.nwb-datenbank.de
SIS-Datenbank
: http://www.sis-verlag.de
STOTAX
: http://www.stollfuss.de
IBFD Tax Treaties
: http://www.ibfd.org

Wirtschaftsdatenbanken
Bureau van Dijk:
: http://www.bvdep.com
Creditreform:
: http://www.creditreform.de
Dun & Breadstreet:
: http://www.dnb.com
Firmenwissen
Genios:
: http://www.genios.de
Hoppenstedt:
: http://www.hoppenstedt.de

Presserecherchen
Factiva:
>http://www.dowjones.de/site/factivacom.html

Genios (Tages- und Wochenpresse; Fachpresse):
>http://wwww.genios.de

Google News:
>http://news.google.de

LexisNexis:
>http://www.lexisnexis.de

Paperball:
>http://www.paperball.de/

Yahoo News:
>http://news.yahoo.de

Sonstiges
Investitionsschutzabkommen:
>http://www.unctadxi.org/templates/DocSearch____779.aspx

Virtuelle Fachbibliothek Recht (ViFa-Recht):
>http://www.vifa-recht.de

Juristisches Internetprojekt Saarbrücken (JIPS):
>http://www.jura.uni-saarland.de

Makrolog – Recht für Deutschland:
>http://www3.recht.makrolog.de

Literaturverzeichnis

Die Behördenbibliothek im Zeitalter elektronischer Information – Leipziger Memorandum der Arbeitsgemeinschaft der Parlaments- und Behördenbibliotheken. In: Bibliotheksdienst, 2004, S. 627–636

Berger, Christoph / Pinger, Kerstin / Schalast, Christoph / Ulrich, Alexander: Die Anwaltsboutique – klein, aber fein. In: JURAcon-Jahrbuch 2009/2010, S. 52–56

Bertram, Jutta: Einführung in die inhaltliche Erschließung – Grundlagen, Methoden, Würzburg 2005

Bolt, Nancy / Burge, Suzanne: Richtlinien für Behördenbibliotheken. IFLA Professional Reports, No. 118
URL: http://www.ifla.org/files/assets/hq/publications/professional-report/118.pdf (gesehen am: 15. 2. 2013)

Fank, Matthias: Einführung in das Informationsmanagement, München 1996

Goemann-Singer, Anja / Graschi, Petra / Weissenberger, Rita: Recherche-Handbuch Wirtschaftsinformationen – Vorgehen, Quellen und Praxisbeispiele, 2. Aufl., Berlin [u.a.] 2004

Hacker, Rupert: Bibliothekarisches Grundwissen, 7. Aufl., München 2000

Haller, Klaus: Katalogisierung nach den RAK-WB – Eine Einführung in die Regeln für die alphabetische Katalogisierung in wissenschaftlichen Bibliotheken, 6. Aufl., München 2003

Haller, Klaus: Katalogkunde – Eine Einführung in die Formal- und Sacherschließung, 3. Aufl., München 1998

Hoeren, Thomas: Internetrecht, Stand: September 2012
URL: http://www.uni-muenster.de/Jura.itm/hoeren/material/Skript/Skript_Internetrecht_Oktober_2012.pdf (gesehen am: 15. 2. 2013)

Hohbohm, Hans-Christian / Umlauf, Konrad: Erfolgreiches Management von Bibliotheken und Informationseinrichtungen – Fachratgeber für Bibliotheksleitung und Bibliothekare, Hamburg 2002-

Jacobs, Anne: Embedded Library und Embedded Librarian. Theorie und Praxis in einer Kanzleibibliothek. In: RBD 2011, S. 14–27

Kiel, Ewald: Einführung in die Wissensorganisation – Grundlegende Probleme und Begriffe, Würzburg : Ergon, 2002

Kröger, Detlef: Rechtsdatenbanken – Angebote, Inhalte, Kosten, Wissensmanagement, München 2001

Kuhlen, Rainer: Informationsmarkt. Chancen und Risiken der Kommerzialisierung von Wissen, Konstanz 1995

Lenz: Die Rechtsabteilung – Der Syndikus und Steuerberater im Unternehmen. Wiesbaden 2012

Merkle, Anthea J.: Aufbau einer Bibliothek, OPL-Checkliste Nr. 8, 2004
URL: http://www.bib-info.de/fileadmin/media/Dokumente/Kommissionen/Kommission%20f%FCr%20One-Person-Librarians/Checklisten/check8.pdf (gesehen am 27.6.2012)

Müller, Harald: Angebote im Netz : Was ist bei Lizenzverträgen zu beachten? In: Bibliotheksdienst 1999, S. 1129–1137

Noack, Ulrich / Beurskens, Michael / Kremer, Sascha: Die großen Fünf. Professionelle Online-Dienste für Juristen im Test, 2004
http://www.jura.uni-duesseldorf.de/informationsrecht/materialien/studie_onlinedienste.pdf

Nohlen, Meike: Zaghafte Annäherung. In: Juve Rechtsmarkt 2012 H. 8 S. 25–30

Pieschel, Katrin: Bibliothekssoftware, OPL-Checkliste Nr. 4, 2004
URL: http://www.bib-info.de/fileadmin/media/Dokumente/Kommissionen/Kommission%20f%FCr%20One-Person-Librarians/Checklisten/check4.pdf (gesehen am 27. 8. 2012)

Plieninger, Jürgen: „Umsystematisieren", OPL-Checkliste Nr. 9, 2005
URL: http://www.bib-info.de/fileadmin/media/Dokumente/Kommissionen/Kommission%20f%FCr%20One-Person-Librarians/Checklisten/check9.pdf (gesehen am: 27. 7. 2012)

Payer, Margarete: Grundlagen der Formalerschließung
URL: http://www.payer.de/grundlagenfe/fegscr01.htm (gesehen am 15. 2. 2013)

Probst, Gilbert: Wissen managen – Wie Unternehmen ihre wertvollste Ressource optimal nutzen, 4. Aufl., Wiesbaden 2003

Schmidt-Tanger, Martina: Veränderungscoaching: kompetent verändern; NLP im Changemanagement, im Einzel- & Teamcoaching, Paderborn 2005

Schulz, Martin / Klugmann, Marcel: Wissensmanagement für Anwälte, Köln 2005

Schütt, Peter: Wissensmanagement – Mehrwert durch Wissen, Nutzenpotenziale ermitteln, den Wissenstransfer organisieren, Niederhausen/Ts. 2000

Stock, Wolfgang G.: Informationswirtschaft, München 2000

Stock, Wolfgang G.: Information Retrieval, München 2007

Umlauf, Konrad: Einführung in die bibliothekarische Klassifikationstheorie und -praxis :
　　Mit Übungen, Berlin 1999–2006
　　(Berliner Handreichungen zur Bibliotheks- und Informationswissenschaft. 67)
　　　URL: http://www.ib.hu-berlin.de/~kumlau/handreichungen/h67/ (gesehen am 15. 2. 2013)
Vogel, Ivo: Erfolgreich recherchieren: Jura, Berlin 2012

Sachregister

A
Abstracts 29
AJBD 11
Alerts 114, 136
ALEX 82
anhängige Verfahren 101
APBB 11
Arbeitsrecht 90
ASpB 11
Aufbau 14
Ausleihe 35

B
Basisinformationen 105
Baulastenverzeichnis 91
Baurecht 91
Bebauungsplan 91
Beck-Online 77, 99, 155
bedirect 106
Behörde 5, 59
Berufsrecht 89, 99
Bestandsaufbau 22
Bestellart 24
Best Practices 127
Bibliotheksaufstellung 34
Bibliothekseinführung 135
Bibliothekssoftware 36
Bilanzrecht 99, 102
Bilaterale Verträge: 87
Bodenrichtwert 92
Brancheninformationen 113
Buchbinder 33
Buchhaltung 39
Bundesanzeiger 151, 159
Bundesgesetzblatt 81, 87
Bund-Verlag 151
Bureau van Dijk 106, 111, 112, 113, 160
Bürgel 106, 111, 160
Business Development 140

C
CCH 101, 157
CD-Rom 19
Centre for German Legal Information (CGerLI) 87
Changemanagement 47
Competitive Intelligence 140
Creditreform 106, 111, 112, 160
Current Content-Dienst 135

D
Daten 57
Datenbank 20, 62
Datenbankauswahl 69
Datenschutz 125
Datev 100, 157
de Gruyter 152
DGI 11
Dialog 161
DIP-Datenbank 82
Document Management 137
Dokumentlieferdienste 62
Doppelbesteuerungsabkommen 101
Dun & Breadstreet 106, 111, 112, 161

E
eJustice 84
Erich Schmidt Verlag 151
Erschließung 26
Erwerbung 24
Etatplanung 39
EU-Amtsblatt 86
EUR-Lex 85
Expertenverzeichnisse 124, 125

F
Fachinformationen 67
Factiva 114, 161
Finanzdaten 110
Firmenwissen 106, 160
Firmextra 160
Flächennutzungsplan 91
Formalerschließung 27
Fortbildungspflicht 136
Fortsetzungen 19
Fortsetzungsverwaltung 31
Fusionen und Übernahmen *siehe* Unternehmenstransaktionen

G
Gemeinsames Justizportal 80
Genios 114, 161
Germany Trade & Invest 88
Geschäftsgang 20
Gesetze im Internet 81, 87
Gesetzesbegründungen 84
Gesetzesentwurf 83
Gesetzestexte 81
Gesetzes- und Verordnungsblätter 81
Gewerblicher Rechtsschutz 94
Google News 114
Grundbuchauszug 91

H
Handelsregister 106, 159
Haufe Steuer-Office 100, 157
Hauskommentare 128
HeinOnline 80, 157
Hoover's 106
Hoppenstedt 106, 111, 112, 162

I
IAS 102
IASB 158
IDW-Verlag 159
IFRS 102
Immobilienrecht 91

Information 57
Informationsbedarf 61
Informationsfreiheitsgesetz 88
Informationskompetenzvermittlung 134
Informationsmanagement 56
Inhaltserschließung 28
Insolvenzbekanntmachung 93
Insolvenzrecht 93
Institut der Wirtschaftsprüfer (IDW) 102
International Bureau of Fiscal Documentation (IBFD) 101, 158
Investitionsschutzabkommen 87

J
Jahresabschluss 110
Jour Fix 15
Jurion 78, 99, 156
Juris 76, 99, 156
Juristische Antiquariate 155
Juristische Fachbuchhandlungen 153
Juristische Fachverlage 151
Juristische Forschungseinrichtungen 9

K
Kanzlei 3, 59, 60, 99
Kapitalmarktinformationen 111
Kartellrecht 95
Klassifikation 28
Know How-Datenbanken 126
Kommerzielle Datenbanken 99
Kommunikationsforen 129
Konsortialverträge 71
Konzernstrukturen 112
Kostenrechner 95

L
LexisNexis 78, 79, 106, 111, 114, 156, 162
Lizenzen 70
Loseblattsammlung 19, 32

M
Majunke Consulting 113
Makrolog 156
M&A Review 113
Marketing 45
Medienform 67
MergerMarket 113, 162
Microblog 96, 138
Mietspiegel 92
Mohr Siebeck 152
Monographien 18

N
Nachrichten.de 114
Newsletter 97, 163
N-lex: 86
Nomos 78, 152
Notar 89
NWB-Datenbank 100, 158

O
Öffentlichkeitsarbeit 45
Online-Medien 68
Orts- und Gerichtsverzeichnis 109
Otto Schmidt Verlag 152

P
Parlamentsdrucksache 82
Parlamentsspiegel 83
Personalentwicklung 128
Personalmanagement 41
Personeninformationen 115
Pfeffer 155
Plenarprotokolle 82
Podcast 96, 139
Praxisgruppen 126
PreLex 86
Presserecherchen 114
Printmedien 68
Projektdatenbank 127
Prozessrecht 95
Publikationsformen 18

R
Rechnungsbearbeitung 39
Rechtsabteilung 8
Rechtsanwalt 3, 89
Rechtsdatenbanken 75
Rechtsinformationen 75
Rechtsprechung 84
Richter 89
RSS-Feeds 97, 139, 163

S
Sack Mediengruppe 153
Schweitzer Fachinformationen 154
SIS Verlag 100, 158
Social Media 96, 138
Sondersammelgebiet Recht 10
Soziale Netzwerke 97, 138
Sozialversicherungsabkommen 90
Staatsanwalt 89
Statistik 41
Steuerberater 9
Steuerrecht 99
Stollfuß Verlag 101, 159
STOTAX 100, 101

T
Tarifvertrag 90
Technische Buchbearbeitung 32
Tenders Electronic Daily 86, 96
Thomson ONE 112, 113

U
Unternehmensinformationen 105
Unternehmensjuristen 90
Unternehmensregister 106, 109, 110, 159
Unternehmenstransaktionen 112

V
Vergaberecht 95
Veris 95
Verlag C. H. Beck 151
Verlag Neue Wirtschaftsbriefe 100, 101, 158
Verschlagwortung 28
Vertragsdokumentationen 33

W
Weblog 96, 138
Westlaw 79, 156
Wettbewerbsrecht 95
Wiki 139
Wirtschaftsinformationen 104

Wirtschaftsprüfer 9
Wissen 57
Wissensmanagement 117
Wolters Kluwer 152

Y
Yahoo 114

Z
Zeitschriften 19
Zeitschriftenverwaltung 30
Zentrales Verzeichnis Antiquarischer Bücher 155

Über die Autorin

Anne Jacobs, Diplom-Bibliothekarin und Wirtschaftsjuristin (LL.M. (Com.)), arbeitet seit vielen Jahren in Wirtschaftskanzleien. Zunächst war sie Leiterin der Düsseldorfer Bibliothek einer internationalen Großkanzlei. Seit 2006 ist sie bei ARQIS Rechtsanwälte tätig, wo sie unter anderem für die Bereiche Bibliothek, Recherche und Wissensmanagement verantwortlich ist. Anne Jacobs hält Vorträge und publiziert zu den Themenfeldern Unternehmensbibliotheken, Management von kleinen Bibliotheken und Informationseinrichtungen (OPLs), Rechtsinformationen und Embedded Library.